国家职业资格培训教材
技能型人才培训用书

汽车修理工（技师、高级技师）

第2版

国家职业资格培训教材编审委员会　组编
关文达　张凯良　主编

机 械 工 业 出 版 社

本书是依据最新《国家职业标准》对汽车修理工技师、高级技师的知识要求和技能要求，按照岗位培训需要的原则编写的。本书的主要内容包括：汽车修理技师专业知识、编制汽车修理工艺规程、解决汽车修理过程中的技术难题、组织协调维修作业、诊断发动机疑难故障、诊断汽车底盘疑难故障、汽车修理的生产管理、撰写技术文件。本书还附有大量的知识要求试题和技能要求试题，以便于企业培训、考核和读者自测自查。

本书主要用作企业培训和职业技能鉴定培训的教材，也可作为高级技校、技师学院、高职院校以及各种短训班的教学用书，还可供有关工人自学使用。

图书在版编目(CIP)数据

汽车修理工：技师、高级技师/关文达，张凯良主编．—2版．—北京：机械工业出版社，2012.5（2025.4 重印）
国家职业资格培训教材
ISBN 978-7-111-38119-8

Ⅰ.①汽… Ⅱ.①关… ②张… Ⅲ.①汽车—车辆修理—技术培训—教材 Ⅳ.①U472.4

中国版本图书馆 CIP 数据核字（2012）第 075917 号

机械工业出版社（北京市百万庄大街22号 邮政编码100037）
策划编辑：陈玉芝 责任编辑：陈玉芝 王华庆
责任校对：肖 琳 责任印制：单爱军
北京虎彩文化传播有限公司印刷
2025年4月第2版第8次印刷
169mm×239mm · 19印张 · 375千字
标准书号：ISBN 978-7-111-38119-8
定价：49.90元

电话服务	网络服务
客服电话：010-88361066	机 工 官 网：www.cmpbook.com
010-88379833	机 工 官 博：weibo.com/cmp1952
010-68326294	金 书 网：www.golden-book.com
封底无防伪标均为盗版	机工教育服务网：www.cmpedu.com

国家职业资格培训教材（第2版）
编审委员会

第2版 序

在“十五”末期，为贯彻落实“全国职业教育工作会议”和“全国再就业会议”精神，加快培养一大批高素质的技能型人才，机械工业出版社精心策划了与原劳动和社会保障部《国家职业标准》配套的《国家职业资格培训教材》。这套教材涵盖41个职业工种，共172种，有十几个省、自治区、直辖市相关行业的200多名工程技术人员、教师、技师和高级技师等从事技能培训和鉴定的专家参加编写。教材出版后，以其兼顾岗位培训和鉴定培训需要，理论、技能、题库合一，便于自检自测的特点，受到全国各级培训、鉴定部门和广大技术工人的欢迎，基本满足了培训、鉴定和读者自学的需要，在“十一五”期间为培养技能人才发挥了重要作用，本套教材也因此成为国家职业资格鉴定考证培训及企业员工培训的品牌教材。

2010年，《国家中长期人才发展规划纲要（2010—2020年）》、《国家中长期教育改革和发展规划纲要（2010—2020年）》、《关于加强职业培训促就业的意见》相继颁布和出台，2012年1月，国务院批转了七部委联合制定的《促进就业规划（2011—2015年）》，在这些规划和意见中，都重点阐述了加大职业技能培训力度、加快技能人才培养的重要意义，以及相应的配套政策和措施。为适应这一新形势，同时也鉴于第1版教材所涉及的许多知识、技术、工艺、标准等已发生了变化的实际情况，我们经过深入调研，并在充分听取了广大读者和业界专家意见的基础上，决定对已经出版的《国家职业资格培训教材》进行修订。本次修订，仍以原有的大部分作者为班底，并保持原有的“以技能为主线，理论、技能、题库合一”的编写模式，重点在以下几个方面进行了改进：

1. 新增紧缺职业工种——为满足社会需求，又开发了一批近几年比较紧缺的以及新增的职业工种教材，使本套教材覆盖的职业工种更加广泛。

2. 紧跟国家职业标准——按照最新颁布的《国家职业技能标准》（或《国家职业标准》）规定的工作内容和技能要求重新整合、补充和完善内容，涵盖职业标准中所要求的知识点和技能点。

3. 提炼重点知识技能——在内容的选择上，以“够用”为原则，提炼出应重点掌握的必需专业知识和技能，删减了不必要的理论知识，使内容更加精练。

4. 补充更新技术内容——紧密结合最新技术发展，删除了陈旧过时的内容，补充了新的技术内容。

5. 同步最新技术标准——对原教材中按旧技术标准编写的内容进行更新，所有内容均与最新的技术标准同步。

6. 精选技能鉴定题库——按鉴定要求精选了职业技能鉴定试题，试题贴近教材、贴近国家试题库的考点，更具典型性、代表性、通用性和实用性。

7. 配备免费电子教案——为方便培训教学，我们为本套教材开发配备了配套的电子教案，免费赠送给选用本套教材的机构和教师。

8. 配备操作实景光盘——根据读者需要，部分教材配备了操作实景光盘。

一言概之，经过精心修订，第2版教材在保留了第1版精华的同时，内容更加精练、可靠、实用，针对性更强，更能满足社会需求和读者需要。全套教材既可作为各级职业技能鉴定培训机构、企业培训部门的考前培训教材，又可作为读者考前复习和自测使用的复习用书，也可供职业技能鉴定部门在鉴定命题时参考，还可作为职业技术院校、技工院校、各种短训班的专业课教材。

在本套教材的调研、策划、编写过程中，得到了许多企业、鉴定培训机构有关领导、专家的大力支持和帮助，在此表示衷心的感谢！

虽然我们已经尽了最大努力，但是教材中仍难免存在不足之处，恳请专家和广大读者批评指正。

国家职业资格培训教材第2版编审委员会

第1版 序一

当前和今后一个时期，是我国全面建设小康社会、开创中国特色社会主义事业新局面的重要战略机遇期。建设小康社会需要科技创新，离不开技能人才。“全国人才工作会议”、“全国职教工作会议”都强调要把“提高技术工人素质、培养高技能人才”作为重要任务来抓。当今世界，谁掌握了先进的科学技术并拥有大量技术娴熟、手艺高超的技能人才，谁就能生产出高质量的产品，创出自己的名牌；谁就能在激烈的市场竞争中立于不败之地。我国有近一亿技术工人，他们是社会物质财富的直接创造者。技术工人的劳动，是科技成果转化为生产力的关键环节，是经济发展的重要基础。

科学技术是财富，操作技能也是财富，而且是重要的财富。中华全国总工会始终把提高劳动者素质作为一项重要任务，在职工中开展的“当好主力军，建功‘十一五’，和谐奔小康”竞赛中，全国各级工会特别是各级工会职工技协组织注重加强职工技能开发，实施群众性经济技术创新工程，坚持从行业和企业实际出发，广泛开展岗位练兵、技术比赛、技术革新、技术协作等活动，不断提高职工的技术技能和操作水平，涌现出一大批掌握高超技能的能工巧匠。他们以自己的勤劳和智慧，在推动企业技术进步，促进产品更新换代和升级中发挥了积极的作用。

欣闻机械工业出版社配合新的《国家职业标准》为技术工人编写了这套涵盖41个职业的172种“国家职业资格培训教材”。这套教材由全国各地技能培训和考评专家编写，具有权威性和代表性；将理论与技能有机结合，并紧紧围绕《国家职业标准》的知识点和技能鉴定点编写，实用性、针对性强，既有必备的理论和技能知识，又有考核鉴定的理论和技能题库及答案，编排科学，便于培训和检测。

这套教材的出版非常及时，为培养技能型人才做了一件大好事，我相信这套教材一定会为我们培养更多更好的高技能人才做出贡献！

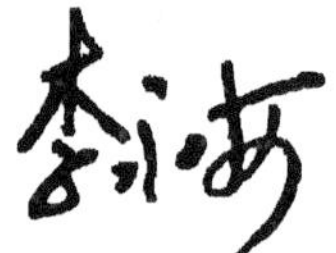

（李永安　中国职工技术协会常务副会长）

第1版　序二

为贯彻“全国职业教育工作会议”和“全国再就业会议”精神，全面推进技能振兴计划和高技能人才培养工程，加快培养一大批高素质的技能型人才，我们精心策划了这套与劳动和社会保障部最新颁布的《国家职业标准》配套的《国家职业资格培训教材》。

进入21世纪，我国制造业在世界上所占的比重越来越大，随着我国逐渐成为“世界制造业中心”进程的加快，制造业的主力军——技能人才，尤其是高级技能人才的严重缺乏已成为制约我国制造业快速发展的瓶颈，高级蓝领出现断层的消息屡屡见诸报端。据统计，我国技术工人中高级以上技工只占3.5%，与发达国家40%的比例相去甚远。为此，国务院先后召开了“全国职业教育工作会议”和“全国再就业会议”，提出了“三年50万新技师的培养计划”，强调各地、各行业、各企业、各职业院校等要大力开展职业技术培训，以培训促就业，全面提高技术工人的素质。

技术工人密集的机械行业历来高度重视技术工人的职业技能培训工作，尤其是技术工人培训教材的基础建设工作，并在几十年的实践中积累了丰富的教材建设经验。作为机械行业的专业出版社，机械工业出版社在“七五”、“八五”、“九五”期间，先后组织编写出版了“机械工人技术理论培训教材”149种，“机械工人操作技能培训教材”85种，“机械工人职业技能培训教材”66种，“机械工业技师考评培训教材”22种，以及配套的习题集、试题库和各种辅导性教材约800种，基本满足了机械行业技术工人培训的需要。这些教材以其针对性、实用性强，覆盖面广，层次齐备，成龙配套等特点，受到全国各级培训、鉴定和考工部门和技术工人的欢迎。

2000年以来，我国相继颁布了《中华人民共和国职业分类大典》和新的《国家职业标准》，其中对我国职业技术工人的工种、等级、职业的活动范围、工作内容、技能要求和知识水平等根据实际需要进行了重新界定，将国家职业资格分为5个等级：初级（5级）、中级（4级）、高级（3级）、技师（2级）、高级技师（1级）。为与新的《国家职业标准》配套，更好地满足当前各级职业培训和技术工人考工取证的需要，我们精心策划编写了这套《国家职业资格培训教材》。

这套教材是依据劳动和社会保障部最新颁布的《国家职业标准》编写的，

为满足各级培训考工部门和广大读者的需要，这次共编写了41个职业的172种教材。在职业选择上，除机电行业通用职业外，还选择了建筑、汽车、家电等其他相近行业的热门职业。每个职业按《国家职业标准》规定的工作内容和技能要求编写初级、中级、高级、技师（含高级技师）四本教材，各等级合理衔接、步步提升，为高技能人才培养搭建了科学的阶梯型培训架构。为满足实际培训的需要，对多工种共同需求的基础知识我们还分别编写了《机械制图》、《机械基础》、《电工常识》、《电工基础》、《建筑装饰识图》等近20种公共基础教材。

在编写原则上，依据《国家职业标准》又不拘泥于《国家职业标准》是我们这套教材的创新。为满足沿海制造业发达地区对技能人才细分市场的需要，我们对模具、制冷、电梯等社会需求量大又已单独培训和考核的职业，从相应的职业标准中剥离出来单独编写了针对性较强的培训教材。

为满足培训、鉴定、考工和读者自学的需要，在编写时我们考虑了教材的配套性。教材的章首有培训要点、章末配复习思考题，书末有与之配套的试题库和答案，以及便于自检自测的理论和技能模拟试卷，同时还根据需求为20多种教材配制了VCD光盘。

为扩大教材的覆盖面和体现教材的权威性，我们组织了上海、江苏、广东、广西、北京、山东、吉林、河北、四川、内蒙古等地相关行业从事技能培训和考工的200多名专家、工程技术人员、教师、技师和高级技师参加编写。

这套教材在编写过程中力求突出“新”字，做到“知识新、工艺新、技术新、设备新、标准新”；增强实用性，重在教会读者掌握必需的专业知识和技能，是企业培训部门、各级职业技能鉴定培训机构、再就业和农民工培训机构的理想教材，也可作为技工学校、职业高中、各种短训班的专业课教材。

在这套教材的调研、策划、编写过程中，曾经得到广东省职业技能鉴定中心、上海市职业技能鉴定中心、江苏省机械工业联合会、中国第一汽车集团公司以及北京、上海、广东、广西、江苏、山东、河北、内蒙古等地许多企业和技工学校的有关领导、专家、工程技术人员、教师、技师和高级技师的大力支持和帮助，在此谨向为本套教材的策划、编写和出版付出艰辛劳动的全体人员表示衷心的感谢！

教材中难免存在不足之处，诚恳希望从事职业教育的专家和广大读者不吝赐教，批评指正。我们真诚希望与您携手，共同打造职业培训教材的精品。

国家职业资格培训教材编审委员会

前言

《汽车修理工（技师、高级技师）》自2007年出版以来，已重印多次，得到了广大读者的认可与好评。但在其使用过程中，我们也发现了一些问题，如理论的推导过程过于详细，可使用性不太高；所涉及的技术、工艺、标准、名词术语等已发生了变化。另外，近几年汽车新技术得到了迅速发展，相关的新技术、新知识不断涌现。因此，我们组织相关专家对第1版教材进行了修订，以使其更能满足读者的需求。

本教材在修订过程中，以满足岗位培训需要为宗旨，以实用、够用为原则，以技能为主线，使理论为技能服务，并将理论知识和操作技能结合起来，有机地融于一体。第2版教材的主要特点是：

1. 内容先进。本教材在强调实用性、典型性的前提下，充分重视内容的先进性，尽可能反映与本职业相关联的新技术、新工艺、新设备、新材料和新方法，并采用法定计量单位和最新名词术语，能充分满足职业资格培训的需要。

2. 最大限度地体现技能培训特色。本教材以最新《国家职业标准》为依据，以职业技能鉴定要求为尺度，以满足本职业对从业人员的要求为目标，以岗位技能需求为出发点，按照《国家职业标准》对汽车修理工技师、高级技师的技能要求确定核心技能模块，编写每一个技能训练单元所需掌握的相关知识、技能训练、试题库、模拟试卷等。

3. 服务目标明确。本教材主要用于企业培训和职业技能鉴定培训，也可作为高级技校、技师学院、高职院校以及各种短训班的教学用书，还可供有关工人自学使用。

本教材由关文达、张凯良任主编，吴明、王巍任副主编，文建辉、王雨琴、王超、刘兆惠、刘宏飞、张忠伟、李凤英、陈殿辉、鲁春山、李春荣、初立东参加编写，王耀斌主审。

文中标有“*”的内容为高级技师选修内容，请在学习过程中予以注意。

由于编者水平有限，书中难免存在缺点和不足之处，恳请广大读者批评指正！

编　者

目录

第一章

汽车修理技师专业知识

培训学习目标 掌握发动机特性、汽车性能、典型的汽车电子控制的基本知识；了解汽车电路原理图、汽车电器线路图；了解质量管理的基础知识。

第一节 发动机特性和汽车性能简介

一、发动机特性

发动机的特性主要有：速度特性、调整特性、负荷特性和万有特性。

1. 发动机速度特性

发动机性能指标随着转速变化而变化的关系称为发动机速度特性。

（1）汽油机速度特性 汽油机节气门开度不变，发动机有效功率 P_e、有效转矩 T_{tq}、耗油率 b_e、每小时耗油量 B 等性能指标随着转速变化而变化的关系称为汽油机速度特性。节气门全开时所得到的速度特性称为汽油机外特性（见外特性曲线图 1-1）；节气门部分开启时所得到的速度特性称为汽油机部分特性。

（2）柴油机速度特性 喷油泵油量调节机构（油量调节拉杆或齿条拉杆）位置不动，柴油机性能指标 P_e、T_{tq}、b_e、B 等随着发动机转速变化而变化的关系称为柴油机速度特性。

当油量调节拉杆固定在标定功率循环供油量位置时，测得的速度特性习惯上称为柴油机外特性（见外特性曲线图 1-2）；当油量调节拉杆固定在小于标定功率循环供油量位置时，测得的速度特性称为柴油机部分速度特性。

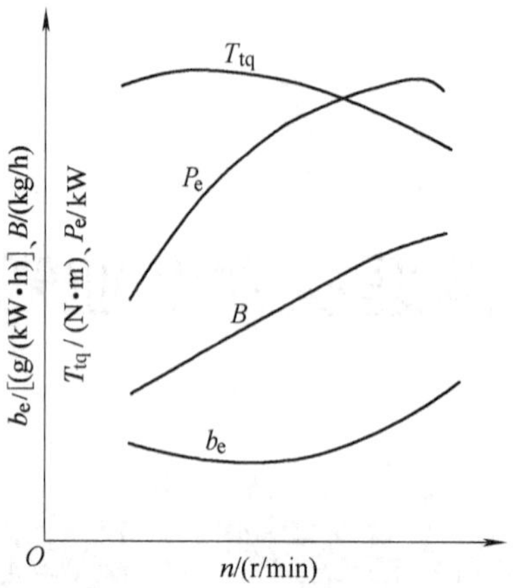

图 1-1　汽油机外特性曲线

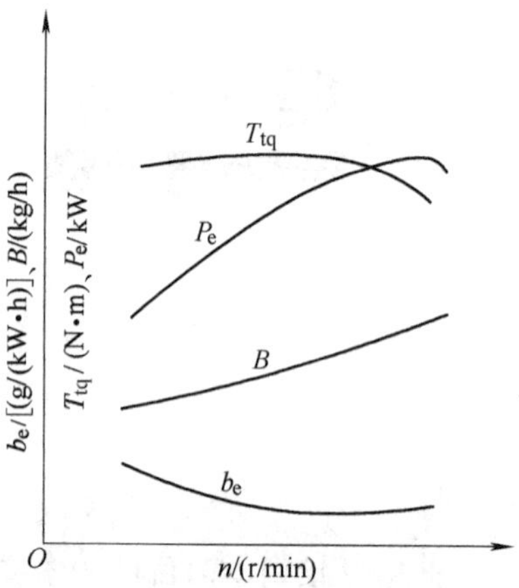

图 1-2　柴油机外特性曲线

2. 发动机负荷特性

（1）汽油机负荷特性　当汽油机转速不变，逐渐改变节气门开度，同时调节测功器负荷（如改变水力测功器水量，以保持发动机转速不变）时，每小时耗油量 B 和耗油率 b_e 随着有效功率 P_e（或有效转矩 T_{tq}、平均有效压力 p_{me}）变化而变化的关系称为汽油机负荷特性。汽油机负荷特性曲线如图 1-3 所示。

（2）柴油机负荷特性　当柴油机保持某一转速不变，移动喷油泵油量调节拉杆，改变每循环供油量 Δb 时，B、b_e 随着 P_e（T_{tq}、P_{me}）变化而变化的关系称为柴油机负荷特性。柴油机负荷特性曲线如图 1-4 所示。

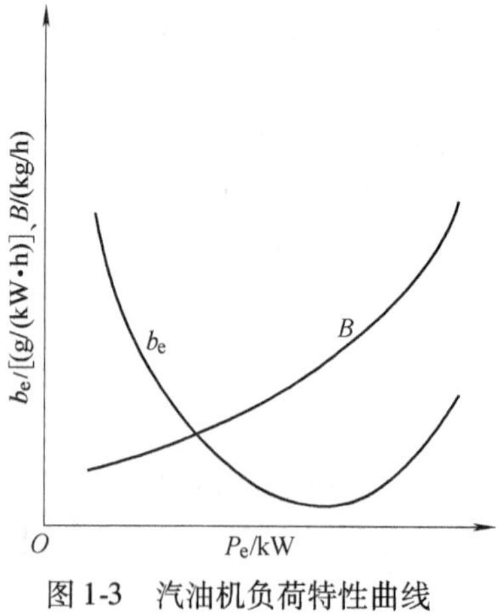

图 1-3　汽油机负荷特性曲线

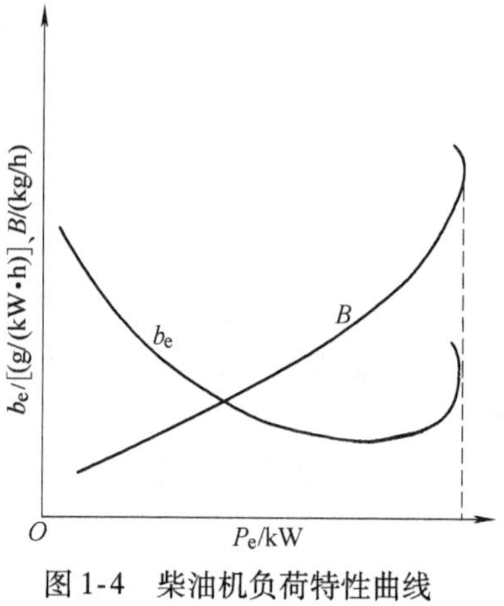

图 1-4　柴油机负荷特性曲线

3. 发动机调整特性

发动机的性能指标随着调整情况变化而变化的关系称为调整特性。

汽油机的调整特性有燃料调整和点火提前角的调整。

柴油机的调整特性有供油时刻的调整和速度的调整。速度的调整又称为调速特性。

在调速器起作用，喷油泵调速手柄位置固定时，柴油机的性能指标随着转速变化而变化的关系称为调速特性。调速特性的表达方式有两种：一种以有效功率 P_e 为横坐标，相当于负荷特性的形式（见图 1-5）；另一种以发动机转速 n 为横坐标，相当于速度特性的形式（见图 1-6）。

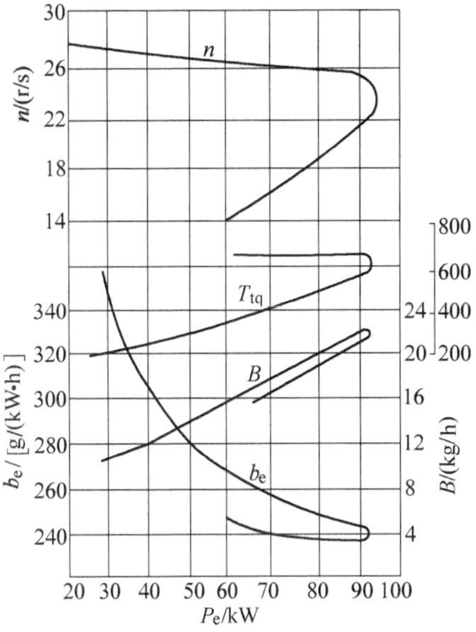

图 1-5　6135K—2 型柴油机调速特性

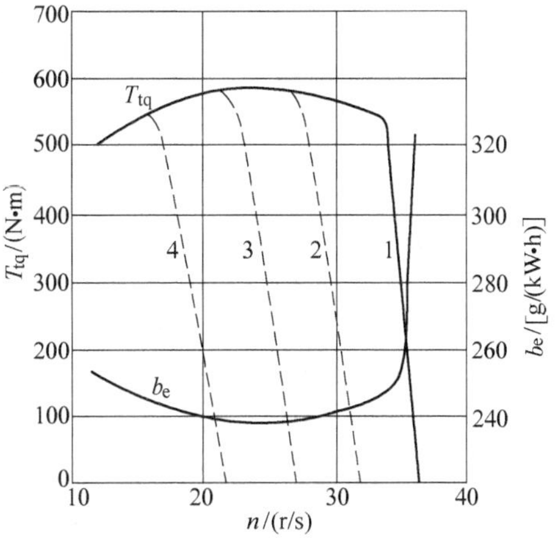

图 1-6　6120 型柴油机调速特性

4. *发动机万有特性*

负荷特性和速度特性只能表示发动机在某一转速或某一个节气门开度（或某一油量调节拉杆位置）时发动机参数间的变化规律。然而，汽车工况变化范围很广，要分析各种工况下的发动机性能，需要许多负荷特性和速度特性图。显然，这样做既不清楚，又不方便。为了能在一张图上较全面地表示发动机的相关性能，常采用多参数的特性曲线——万有特性曲线。

应用较为广泛的万有特性曲线是用发动机转速 n 作横坐标，用平均有效压力 P_{me}（或转矩 T_{tq}）作纵坐标，在图上画出许多等耗油率 b_e 曲线和等功率 P_e 曲线而得到的。

等耗油率 b_e 曲线是根据各种转速下的负荷特性曲线用作图法得到的。

图 1-7 所示为某型号的汽油机万有特性曲线。从图 1-7 中可以看出，最内层的等耗油率 b_e 曲线是最经济的区域，耗油率最低。曲线越向外，经济性越差。应尽量使发动机常用转速和负荷处于最经济区，并且希望等耗油率曲线沿横坐标

方向长一些，以使发动机在较大的转速范围内有较好的经济性。

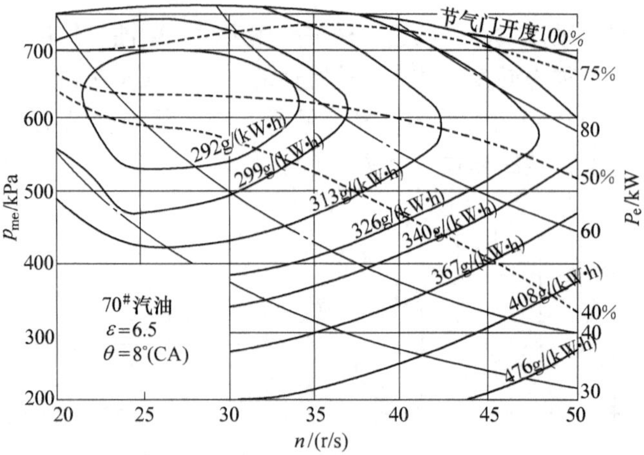

图 1-7　某型号的汽油机万有特性曲线

二、汽车性能

1. 汽车动力性

(1) 汽车动力性指标　汽车动力性指标包括：汽车的最高车速、汽车的加速时间和汽车的最大爬坡度。

1) 汽车的最高车速指在良好的水平路面（混凝土或沥青）上汽车所能达到的最高车速，用 U_{amax} 表示，单位为 km/h。一般轿车的最高车速为 150 ~ 200km/h，少数轿车可达 200km/h 以上。

2) 汽车的加速时间表示汽车的加速能力，用 t 表示，单位为 s。加速时间分原地起步加速时间与超车加速时间两种。原地起步加速时间指汽车由低挡起步，并以最快的加速度逐步换至最高挡，达到某一距离和车速所需的时间。超车加速时间指用高挡由某一较低车速全力加速至某一高速所需的时间。

3) 汽车的最大爬坡度指汽车挂一挡时的最大爬坡度。爬坡度可用角度表示，也可用每百米水平距离内坡度的升高 h 与百米之比 i 来表示，即

$$i = h/100 \times 100\% = \tan\alpha$$

(2) 汽车的驱动力图和驱动力-行驶阻力平衡图

1) 汽车的驱动力图。用驱动力与车速的函数关系曲线 F_t-v_a 来表示汽车驱动力的图称为汽车的驱动力图，如图 1-8 所示。根据汽车发动机外特性曲线、传动系的传动比、传动系效率和车轮半径等参数，可求出各个挡位的发动机相应转速的驱动力 F_t 值。

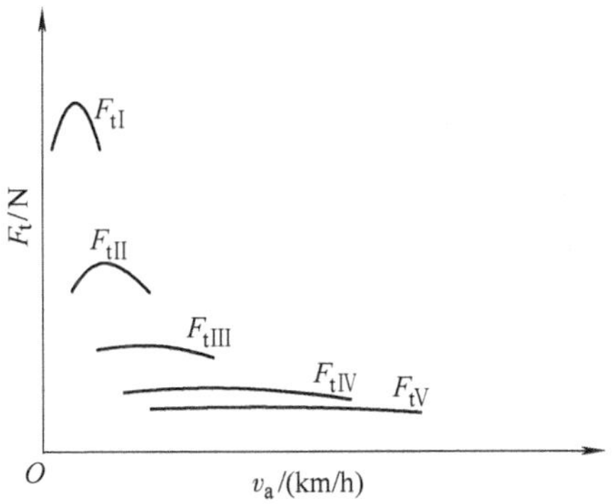

图 1-8　汽车的驱动力图

2）汽车驱动力-行驶阻力平衡图　汽车的行驶方程式为

$$F_t = F_f + F_i + F_w + F_j \tag{1-2}$$

或

$$F_t = T_{tq} i_g i_o \eta_t / r = Gf + Gi + C_D A v_a^2 / 21.15 + \delta m \mathrm{d}v/\mathrm{d}t$$

式中　F_t——汽车驱动力（N）；

F_f——滚动阻力（N）；

F_i——坡度阻力（N）；

F_w——空气阻力（N）；

F_j——加速阻力（N）；

T_{tq}——发动机转矩（N·m）；

i_g——变速器的传动比；

i_o——主减速器的传动比；

η_t——传动系的机械效率；

r——车轮半径（m）；

G——汽车重力（N）；

f——滚动阻力系数；

i——路面坡度（%）；

$C_D A$——空气阻力系数与迎风面积（m^2）；

v_a——汽车行驶速度（km/h）；

δ——旋转质量换算系数；

m——汽车质量（kg）；

$\mathrm{d}v/\mathrm{d}t$——汽车加速度（m/s^2）。

汽车的行驶方程式表明了汽车行驶时驱动力与外界阻力之间的关系。若发动机转速特性、变速器的传动比、主减速器的传动比、传动系的机械效率、车轮半径、空气阻力系数、迎风面积及汽车质量等确定后，则可利用汽车行驶方程式分析汽车的行驶能力。

图1-9所示是某一个装有四挡变速器的汽车的驱动力-行驶阻力平衡图。图1-9中既有各挡的驱动力，又有滚动阻力和滚动阻力及空气阻力叠加后得到的行驶阻力曲线。

从图1-9中可看到不同车速时的驱动力与行驶阻力之间的关系。

（3）汽车动力特性图　若将汽车行驶方程式

$$F_t = F_f + F_i + F_w + F_j \tag{1-3}$$

$$F_t = Gf + Gi + C_D A v_a^2/21.15 + \delta m \mathrm{d}v/\mathrm{d}t$$

两边分别除以汽车重力，则得到

$$(F_t - F_w)/G = f + i + \delta/g \mathrm{d}v/\mathrm{d}t$$

设 $D = (F_t - F_w)/G$，称 D 为汽车动力因数。

汽车各挡的动力因数与车速的关系曲线图称为汽车动力特性图，如图1-10所示。

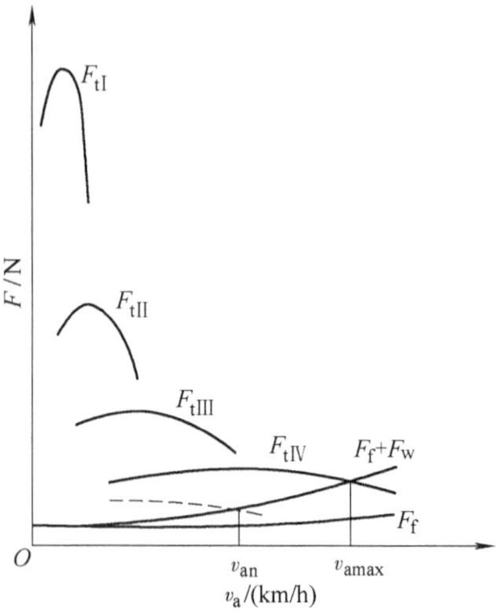

图1-9　汽车的驱动力-行驶阻力平衡图

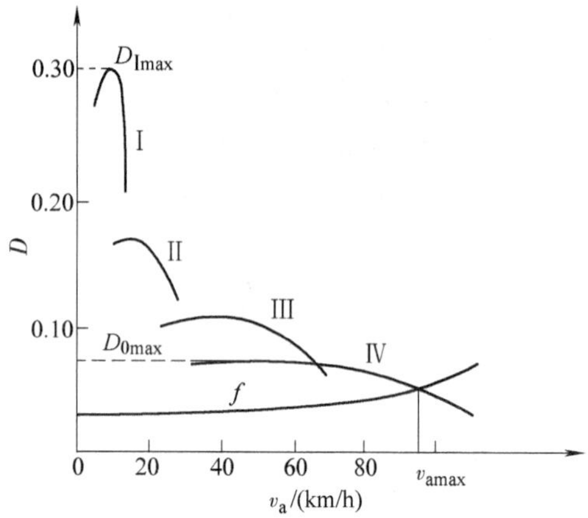

图1-10　汽车动力特性图

（4）汽车功率平衡图　若以纵坐标表示功率，横坐标表示车速，将发动机功率 P_e 和汽车行驶阻力功率 $(P_f + P_w)/\eta_t$ 对车速 v_a 的关系曲线绘制在坐标图上，则可得到汽车功率平衡图，如图1-11所示。

2. 汽车的燃料经济性

汽车的燃料经济性是指在保证动力性的条件下，汽车以最小的燃料消耗量完成单位运输工作的能力。

（1）燃料经济性评价指标

1）等速行驶百公里燃料消耗量。它是汽车在额定载荷下，以最高挡在水平良好的路面上等速行驶100km的燃料消耗量，可用等速百公里燃料消耗量（Q_s）曲线表示，如图1-12所示。

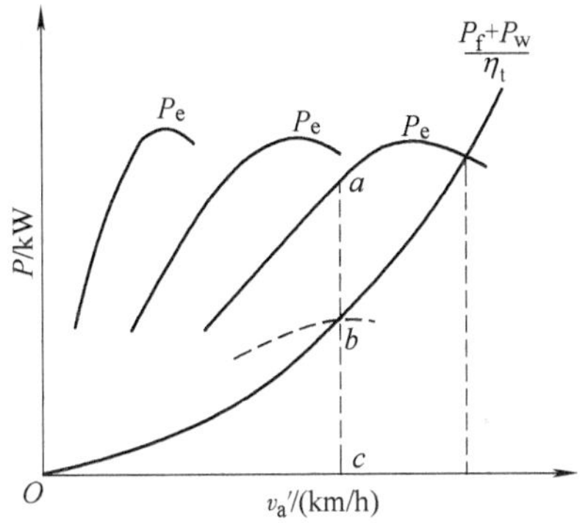

图1-11　汽车功率平衡图

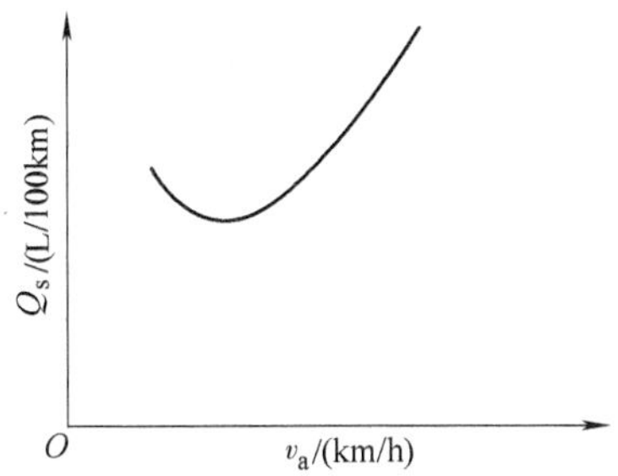

图1-12　汽车等速百公里燃料消耗量曲线

2）循环工况行驶百公里燃料消耗量。等速行驶工况不能全面反映汽车实际运行情况，因此，可制订一些典型的循环行驶试验工况来模拟汽车实际运行状况，并以其百公里燃料消耗量来评定相应行驶工况的燃料经济性。我国制订了货车及客车的路上行驶循环工况。货车为六工况，1.075km循环，如图1-13a所示；客车为城市四工况，0.70km循环，如图1-13b所示。

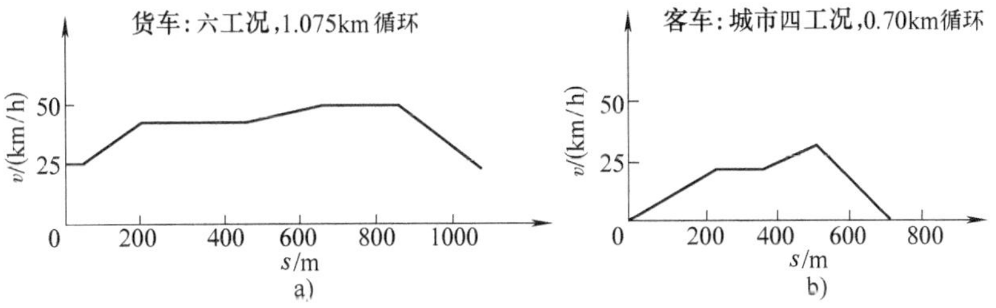

图1-13　我国货车、客车燃料经济性的行驶工况

（2）汽车燃料经济性的计算方法　汽车燃料经济性可根据发动机台架试验得到的万有特性图和汽车功率平衡图进行估算。

1）等速行驶百公里燃料消耗量的计算

$$Q_s = P_e b_e / 1.02 v_a \rho g$$

式中　Q_s——百公里燃料消耗量（L/100km）；

P_e——发动机有效功率（kW）；

b_e——燃油消耗率［g/（kW·h）］；

v_a——车速（km/h）；

ρ——燃料的密度，汽油取0.71～0.73kg/L，柴油取0.81～0.83kg/L；

g——重力加速度（m/s^2）。

2）循环工况燃料消耗量的计算。循环工况除了等速行驶外，还包括加速、减速和怠速停车等行驶工况。

由等速、等加速、等减速、怠速停车等行驶工况组成的整个循环工况燃料消耗量，等于所有工况的燃料消耗量总和，即

$$Q_s = \frac{\sum Q}{s} \times 100$$

式中 $\sum Q$——所有过程燃料消耗量之和(mL)；

s——整个循环的行驶里程(m)。

（3）油耗标准　与汽车运行燃料消耗量相关的国家标准中给出了载货汽车、大客车和轿车的运行燃料消耗量计算公式。它们分别是：

1）某种运行模式的载客汽车运行燃料消耗量计算公式为

$$Q_i = \left(Q_k \frac{S}{100} + Q_b \frac{PS}{100}\right) K_r K_t K_h K_x$$

式中 Q_i——某种运行模式的载客汽车运行燃料消耗量（L）；

Q_k——某种运行模式的载客汽车基本燃料消耗量（L/100km）；

S——载客汽车在同一运行条件下的行驶里程（km）；

Q_b——载客汽车质量变化附加燃料消耗量［L/（100km·人）］；

P——实际载客人数（人）；

K_r——道路修正系数；

K_t——气温修正系数；

K_h——海拔高度修正系数；

K_x——其他影响因素修正系数，由用车单位自行规定。

2）某种运行模式的载货汽车运行燃料消耗量计算公式为

$$Q_i = \left(Q_k \frac{S}{100} + Q_b \frac{\Delta GS}{100}\right) K_r K_t K_h K_x$$

式中 Q_i——某种运行模式的载货汽车运行燃料消耗量（L）；

Q_k——某种运行模式的载货汽车基本燃料消耗量（L/100km）；

S——载货汽车在某种运行模式下的行驶里程（km）；

Q_b——某种运行模式载货汽车质量变化附加燃料消耗量［L/（100km·t）］；

ΔG——载货汽车总质量变化量，即载货汽车实际总质量G（包括载质量、整备质量和挂车整备质量减去汽车生产企业给出的载货汽车整备质量G_o（t）。

3. 汽车的制动性

（1）汽车制动性的评价指标

1）制动效能。

2）制动效能的恒定性。

3）制动时汽车的方向稳定性。

（2）制动器制动力的分配曲线

1）理想的制动器制动力分配曲线。汽车制动时，制动效果最佳状态是前、后轮同时抱死拖滑。在附着系数为 φ 的路面上，均能保证前、后车轮同时抱死的前、后轮制动器制动力分配曲线，称为理想的制动器制动力分配曲线。

若用 F_{μ_1} 表示前轮制动器制动力，F_{μ_2} 表示后轮制动器制动力，则它们之间的关系为

$$F_{\mu_2} = I(F_{\mu_1}) = \left[G/h_g \sqrt{b^2 + \frac{4h_g L}{G} F_{\mu_1}} - (Gb/h_g + 2F_{\mu_1}) \right] / 2 \qquad (1\text{-}4)$$

式中　G——汽车总重量（N）；

h_g——质心高度（m）；

L——汽车轴距（m）；

b——质心至后轴的距离（m）。

由式（1-4）画成的曲线即是理想的前、后轮制动器制动力分配曲线，简称为 I 曲线，如图 1-14 所示。

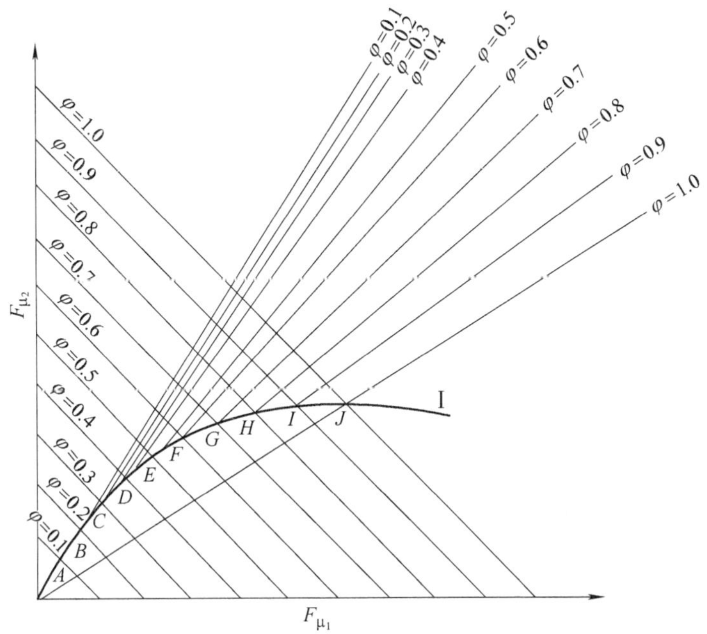

图 1-14　理想的前、后轮制动器制动力分配曲线

2）具有固定比值的前、后制动器制动力。一般汽车的前、后制动器制动力的比值常为一个常数。此时的前、后制动器制动力之比，通常用前制动器制动力 F_{μ_1} 与全车制动器制动力 F_{μ} 之比来表示，称为制动器制动力分配系数，并以符号 β 表示，即

$$\beta = F_{\mu_1}/F_{\mu}$$

其中，$F_{\mu} = F_{\mu_1} + F_{\mu_2}$。

图1-15所示为某一汽车的 β 线。从图1-15中可看出，β 线与Ⅰ曲线在 B 点相交，该点的附着系数 φ_0 称为同步附着系数。它是汽车制动性能的一个重要参数。它表明，前、后制动器制动力为固定比值的汽车，只有在附着系数为 φ_0 的路面上制动时，才能使前、后轮同时抱死。

（3）制动时的方向稳定性　汽车制动时的方向稳定性是指在制动过程中，汽车按驾驶人给定的轨迹行驶的能力，即维持直线行驶或按预定弯道行驶的能力。

汽车制动时，常常会出现制动跑偏或侧滑现象。

1）制动跑偏。制动时原期望按直线方向减速停车的汽车自动向左或向右偏驶，称为制动跑偏。制动跑偏的原因有两个：

① 左、右转向轮制动器制动力不相等，其受力分析如图1-16所示。

② 悬架导向杆系统和转向系统拉杆的运动不协调。

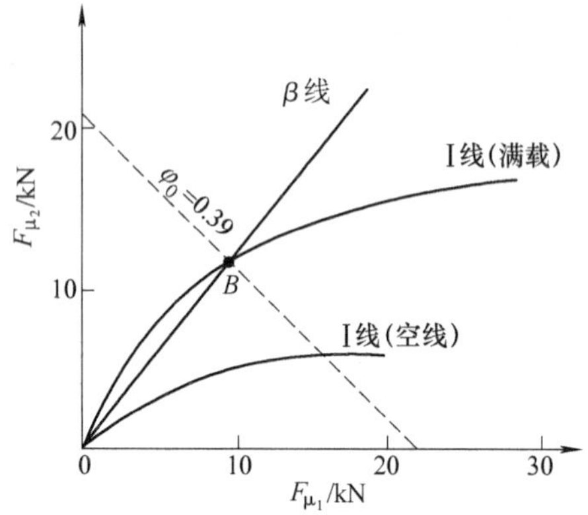

图1-15　某载货汽车制动器的 β 线和Ⅰ曲线

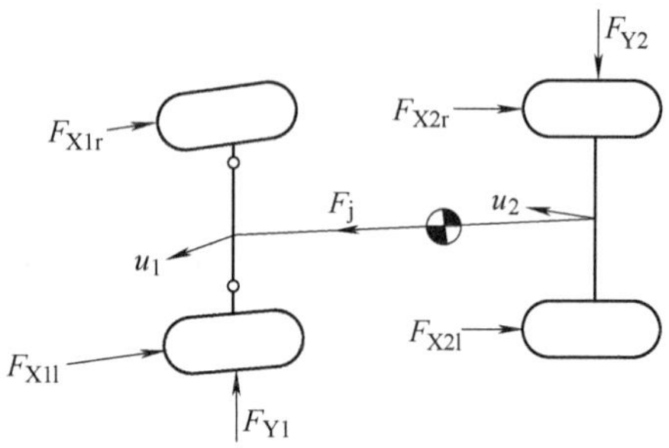

图1-16　汽车制动跑偏时的受力分析

2）侧滑。侧滑是指制动时汽车的某一轴或两轴发生横向移动。

汽车侧滑时的运动情况如图1-17所示。

4. 汽车的操纵稳定性和转向特性

（1）汽车的操纵稳定性　汽车的操纵稳定性包括操纵性和稳定性两部分。操纵性是指汽车能够确切地响应驾驶人转向指令的能力；稳定性是指汽车受到外

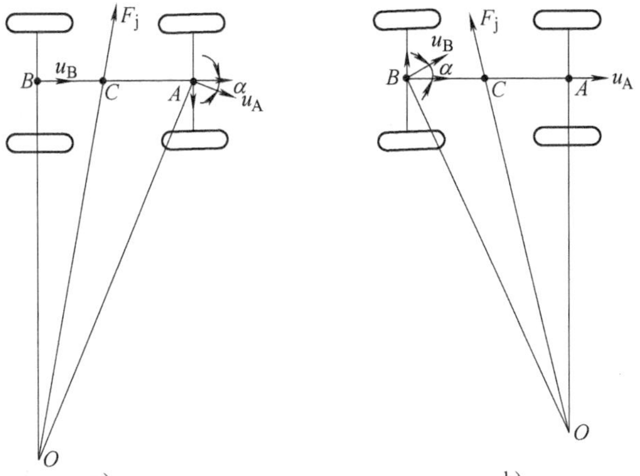

图 1-17　汽车侧滑时的运动情况

a）汽车前轴侧滑　b）汽车后轴侧滑

界干扰时保持稳定行驶的能力。

（2）转向特性　汽车稳态转向特性分三种，即不足转向特性、中性转向特性和过多转向特性，如图 1-18 所示。可通过式（1-5）判定汽车的稳态转向特性。

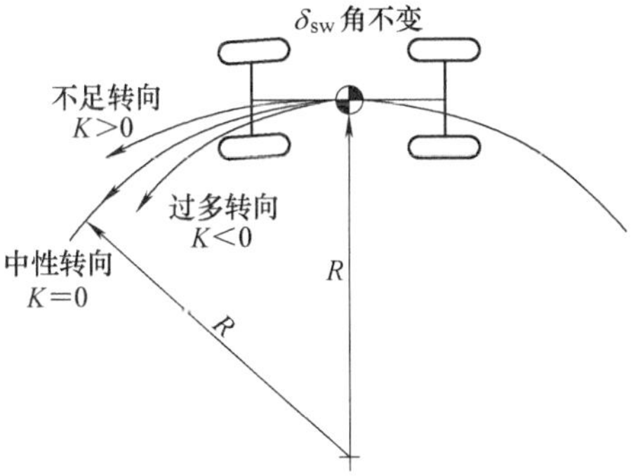

图 1-18　汽车的三种稳态转向特性

$$K = m/L^2(a/k_2 - b/k_1) \tag{1-5}$$

式中　K——稳定性因数（s^2/m^2）；

m——汽车质量（kg）；

L——汽车轴距（m）；

a——汽车质心至前轴距离（m）；

k_2——后轮侧偏刚度（N/rad）；

b——汽车质心至后轴距离（m）；

k_1——前轮侧偏刚度（N/rad）。

汽车具有中性转向特性时 $K=0$，具有不足转向特性时 $K>0$，具有过多转向特性时 $K<0$，如图1-19所示。

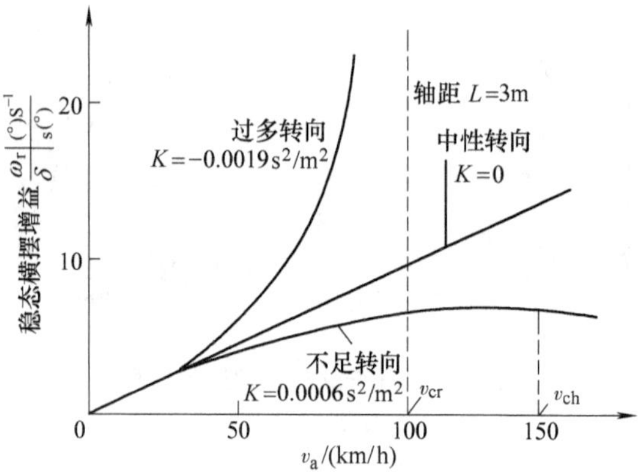

图1-19 汽车的稳态横摆角速度增益曲线

第二节 汽车电子控制系统

一、汽车电路原理图、电器线路图

1. 电路原理图

（1）概述 为了详细表示实际设备、电路的全部基本组成和连接关系，便于详细理解其作用原理，需要绘制电路原理图。

汽车电路原理图是用电器图形符号，按工作顺序或功能布局绘制的，用于详细表示汽车电路的全部组成和连接关系，不考虑实际位置的简图。

汽车电路原理图具有以下的特点：

1）对全车电路有完整的概念。它既是一幅完整的全车电路图，又是一幅互相联系的局部电路图。

2）图上建立起电位高低的概念。负极电位最低，用图中最下面的一条导线表示；正极电位最高，用最上面的一条导线表示。

3）尽可能减少导线的曲折与交叉，图面简洁清晰，图形符号照顾元件外形和内部结构，便于联想分析。

4）电路系统的相互关系清楚。发电机与蓄电池之间以及各电路系统之间连接点尽量保持原位，熔断器、开关、仪表的接法与原图吻合。

（2）用途

1）可详细表达对象的线路布置。

2）为检测、寻找和排除故障提供信息。

3）为绘制接线图提供依据。

（3）电路原理图的绘制方法

1）元器件的表示方法。绘图时，国家标准中规定的图形符号均可选用。有些元器件在国家标准中没有对应的图形符号，可根据标准中给出的规则，使用一般符号、基本符号派生出所需要的符号。

为了便于对电路进行分析和检查，在电路图中除了用图形符号表示元器件外，还应在图形符号旁标注项目代号。

2）电路与导线的排列。电路的安排要求清楚、一目了然，各个电路的排列必须优先采用从左到右、从上到下的原则，并尽可能用直线、无交叉点、不改变方向的标记方式。

3）标注。利用字母和数字可对设备、部件或电路图中的线路符号进行标注，标注位于线路符号的左边或下边。如果设备的定义明确，那么标准内所规定的几种设备可不作标注。

（4）电路原理图的识读方法　由于各国汽车电路原理图的绘制方法、符号标注方法、文字标注方法、技术标准的不同，各汽车生产厂家对汽车电路图的画法有很大差异，甚至同一国家不同公司的汽车电路图表示方法也存在较大的差异，这就给读图带来许多麻烦。因此，掌握汽车电路原理图识读的基本方法显得十分重要。

1）认真阅读图注。认真阅读图注，明确图形符号的含义，建立元器件和图形符号间一一对应的关系。

2）掌握回路的原则。在电学中，回路是一个最基本、最重要，同时也是最简单的概念。任何一个完整的电路都由电源、用电器、开关、导线等组成。一个用电器要想正常工作，总要得到电能。对于直流电路而言，电流总是要从电源的正极出发，通过导线，经熔断器、开关到达用电器，再经过导线（或搭铁）回到同一电源的负极。在这一过程中，只要有一个环节出现错误，此电路就不会有效。

3）熟悉开关作用。开关是控制电路通断的关键。电路中主要的开关往往汇集许多导线，如点火开关、车灯总开关。

4）了解汽车电路原理图的一般规律

① 电源部分到各熔断器或开关之间的导线是电器设备的公共相线，在电路原理图中一般将其画在上部。

② 对于标准画法的电路图，开关的触点位于零位或静态，即开关处于断开状态或继电器线圈处于不通电状态，晶体管、晶闸管等具有开关特性的元件的导通与截止视具体情况而定。

③ 汽车电路是单线制，各电器相互并联，继电器和开关串联在电路中。

④ 大部分用电设备都接熔断器，受熔断器的保护。

⑤ 把整车电路按功能及工作原理划分成若干独立的电路系统，这样可解决整车电路庞大复杂、分析困难的问题。现在汽车整车电路一般都按各个电路系统来绘制，如电源系统、起动系统、点火系统、照明系统、信号系统等。

5）识图的一般方法

① 先看全图，把一个个单独的系统框出来，各电器系统的电源和电源总开关是公共的。任何一个系统都应该是一个完整的电路，都应遵循回路原则。

② 分析各系统的工作过程、相互间的联系。在分析某个电器系统之前，要清楚该电器系统所包含各部件的功能、作用和技术参数等。在分析过程中应特别注意开关、继电器触点的工作状态。大多数电器系统都是通过开关、继电器不同的工作状态来改变回路，实现不同功能的。

③ 通过对典型电路的分析，达到触类旁通。不同车型的汽车电路原理图中，原理部分大都是类似或相近的，通过一个具体的例子，举一反三，对照比较，触类旁通，可以掌握汽车的一些共同规律。

图1-20所示为起动系统电路原理图。

2. 电器线路图

（1）作用　汽车电器线路图是汽车检修中重要的技术图样之一，对提高检修速度有着举足轻重的影响。检修时，先通过故障现象和对电器原理图的分析，在电器原理图上建立逻辑的检查步骤，再通过电器线路图的指示，在电器线路图上具体实施。

（2）读识步骤

1）先读懂电器原理图。汽车电器原理图是汽车电器线路图、线束图的基础。对于具有电器原理图的线路图，先看懂电器原理图，有助于快速读懂电器线路图，这在读识复杂的电器线路图时尤为有用。

2）找出主要元器件的位置。在汽车电器线路图上，主要元器件的标注都比较明显，一般都不难找到。例如：电源系统的发电机、蓄电池，起动系统的起动机，灯光系统的前照灯、灯光开关，点火系统的点火线圈、分电器，喇叭系统的电喇叭等。

当找到了所需要检查的单元电路主要元器件后，再将其与汽车上的实物对上号，就可根据电器线路图上各导线的颜色和去向，找到所要找的导线或其他元器件了。

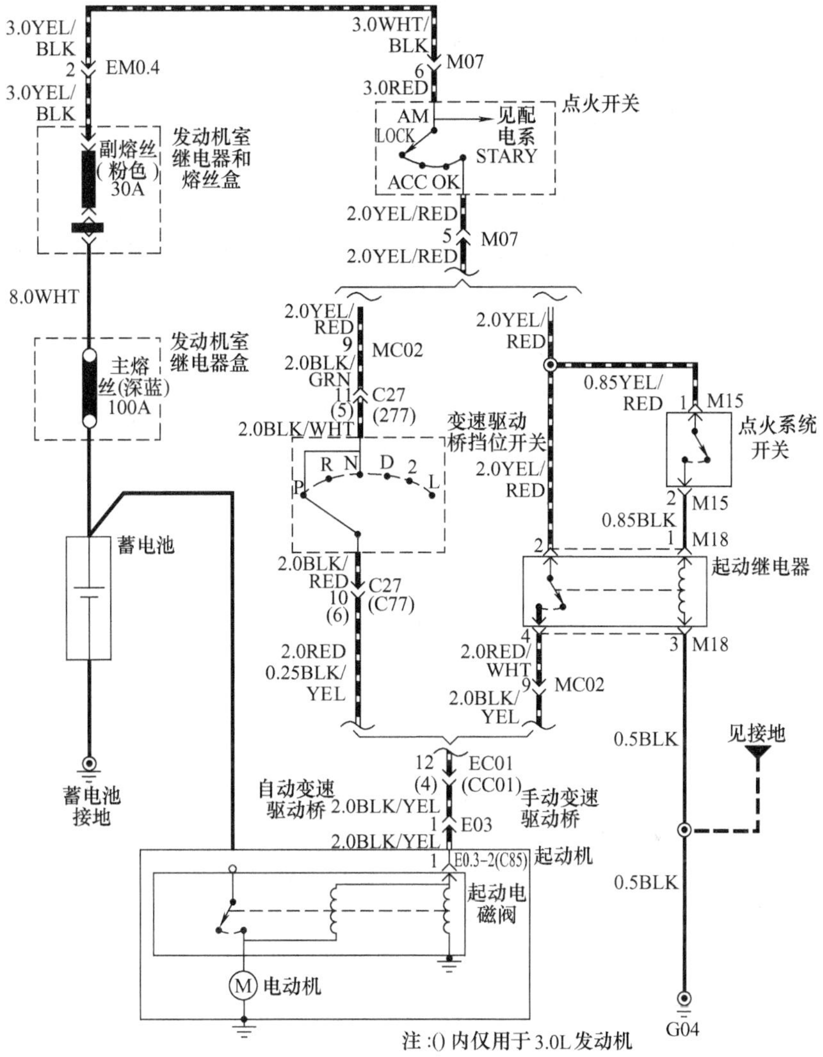

图 1-20 起动系统电路原理图

3）了解电器线路图提供的信息。各种电器线路图上提供的信息归纳起来主要有以下几方面：

① 电线的颜色、直径及去向。对于某些未给出导线去向的电器线路图，若要查找两元器件间的连线，在有电器原理图时，则可先通过电器原理图看两元器件间的连接情况，看看有几个分支线路，这样查找起来速度较快。

② 元器件及其大概部位。汽车电器线路图上的元器件多以其外形轮廓表示，然后直接用文字或数字代号给出该元器件的名称。用文字给出的名称直观明了，

不用说明便知；用数字代号给出的名称，一般都另外给出解释，但要注意，不要将其与代表导线颜色和直径的代号相混。用作元器件名称的数字代号一般用细线指示，且从元器件上引出来，然后画一条横线，在横线上标注出该元器件的数字代号。用作导线颜色与直径的代号一般夹在导线走线中间。

汽车电器线路图上的元器件名称若用数字（也有用字母和数字组合使用的，例如奔驰系列汽车等）代号表示，则该数字代号（或字母和数字组合代号）一般与电器原理图、电器线束图、汽车电器安装位置图、单元电路图上的数字代号（或字母和数字组合代号）的含义是一致的，如图1-21所示。

二、汽车电器系统符号标准

汽车电路图是利用图形符号和文字符号，表示汽车电路构成、连接关系和工作原理，而不考虑其实际安装位置的一种简图。

要想看懂电路图，必须了解图形符号和文字符号的含义、标注原则和使用方法。

1. 图形符号

图形符号是用于电气图或其他文件中表示项目或概念的一种图形、标记或字符，是电气技术领域中最基本的工程语言。图形符号分为基本符号、一般符号和明细符号3种。

（1）基本符号　基本符号不能单独使用，不表示独立的电器元件，只说明电路的某些特征。例如“—”表示直流，“～”表示交流，“+”表示电源的正极，“-”表示电源的负极，“N”表示中性线。

（2）一般符号　一般符号用以表示一类产品和此类产品特征的一种简单符号。一般符号广义上代表各类元器件，如电阻、电容等。

（3）明细符号　明细符号表示某一种具体的电器元件。它是由基本符号、一般符号、物理量符号、文字符号等组合派生出来的。例如，*是指示仪表的一般符号，当要表示电流、电压的种类和特点时，将“*”处换成“A”、“V”，就成为明细符号，分别表示电流表、电压表。

2. 文字符号

文字符号由电气设备、装置和元器件的种类（名称）字母代码和功能（与状态、特征）字母代码组成。

文字符号分为基本文字符号和辅助文字符号两大类。基本文字符号又分为单字母符号和双字母符号。

（1）基本文字符号

1）单字母符号。单字母符号是指用拉丁字母将各种电气设备、装置和元器件划分为23大类，每大类用一个专用单字母符号表示，如“C”表示电容器，

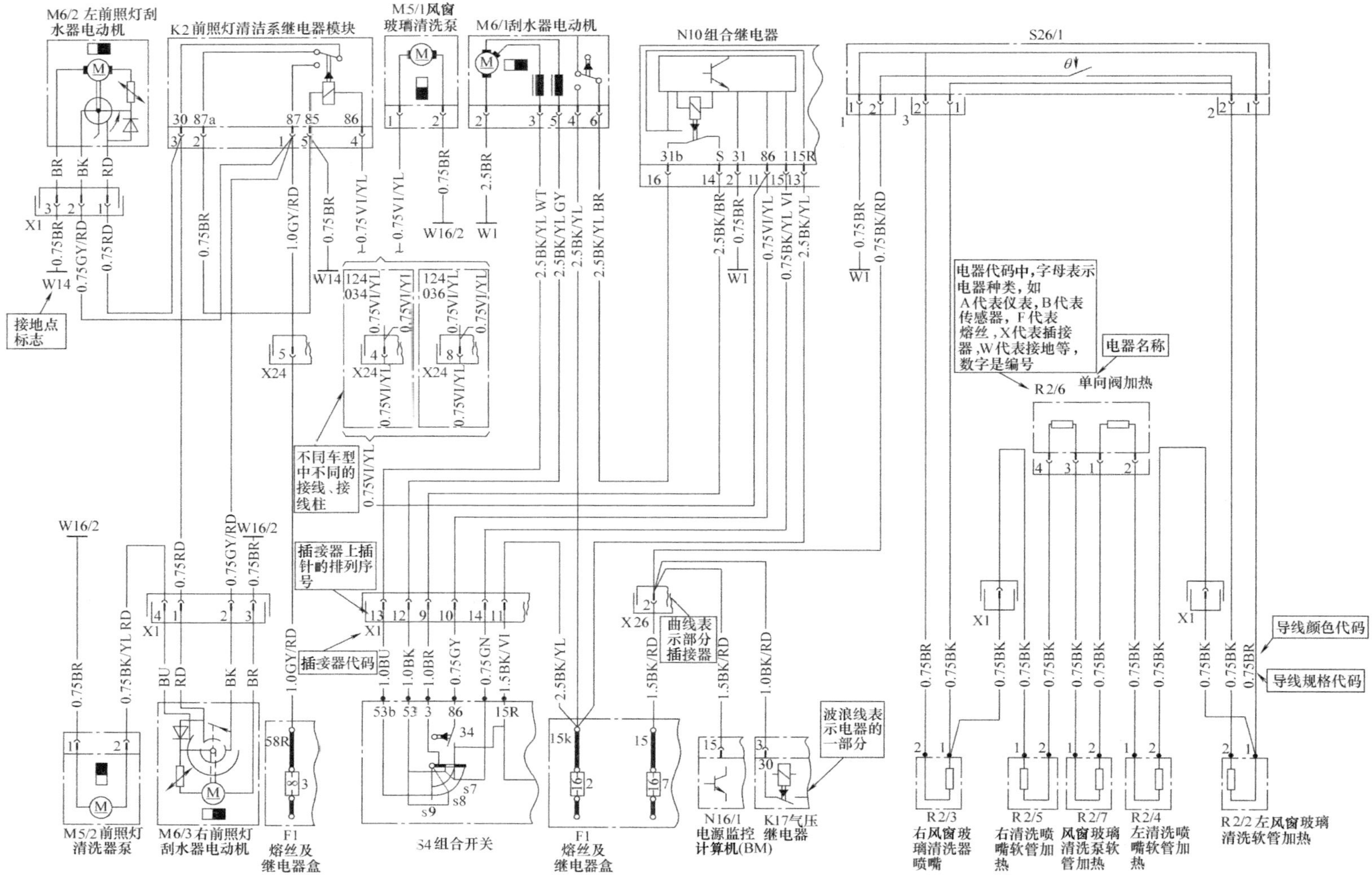

图1-21　奔驰汽车电器线路图

“R”表示电阻器等。

2）双字母符号。双字母符号由一个表示种类的单字母符号与另一字母组成，其组合形式应以单字母符号在前而另一字母在后的次序列出，如“R”表示电阻器，“RP”表示电位器，“RT”表示热敏电阻。

（2）辅助文字符号　辅助文字符号表示电气设备、装置和元器件以及线路的功能、状态和特征，如“L”表示低，“RD”表示红色，“ON”表示闭合，“OFF”表示断开等。

3. 电路图形符号标准

我国汽车电路图形常用符号见表1-1。

表1-1　我国汽车电路图常用图形符号

序号	名　称	图形符号	序号	名　称	图形符号
1	直流	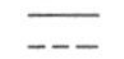	18	多级插头与插座（图示为三级）	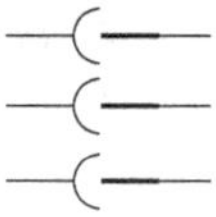
2	交流		19	屏蔽（护罩）	
3	正极	+	20	屏蔽线	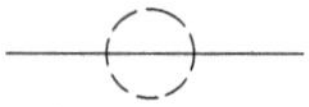
4	负极	-	21	指示仪表（星号以规定符号填入）	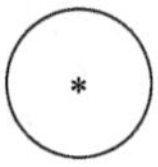
5	中性	N	22	电流表	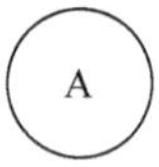
6	磁场	F	23	电压表	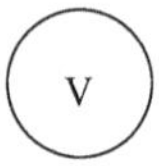
7	搭铁		24	欧姆表	
8	交流发电机输出端子	B	25	温度表	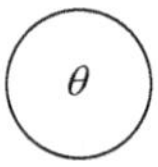
9	磁场二极管输出端子	D+	26	燃油表	
10	边界线		27	油压表	
11	接点				
12	端子				
13	导线的交叉连接				
14	导线的跨越				
15	插座的一级	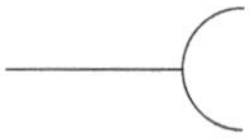			
16	插头的一级				
17	插头与插座				

（续）

序号	名称	图形符号	序号	名称	图形符号
28	转速表	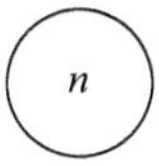	39	空气压力传感器	
29	速度表	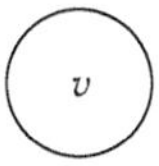	40	制动压力传感器	
30	时钟	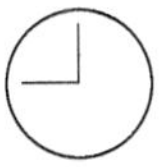	41	蓄电池	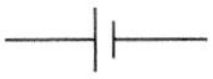
31	数字式时钟	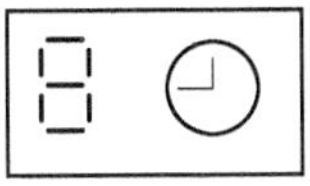	42	交流发电机（定子绕组为星形联结）	
32	传感器一般符号（星号以规定符号填入）		43	外接电压调节器的交流发电机	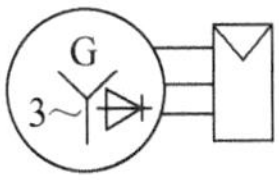
33	油压表传感器		44	整体式交流发电机	
34	温度表传感器		45	直流电动机	
35	燃油表传感器		46	直流串励电动机	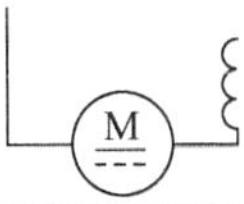
36	氧传感器		47	直流并励电动机	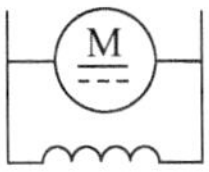
37	爆燃传感器		48	起动机（带电磁开关）	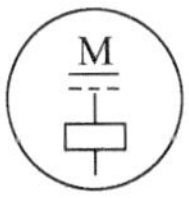
38	转速传感器		49	点火线圈	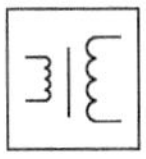
			50	磁感应信号发生器	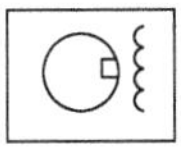
			51	霍尔信号发生器	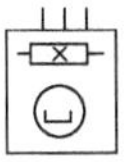

(续)

序号	名　称	图形符号	序号	名　称	图形符号
52	分电器	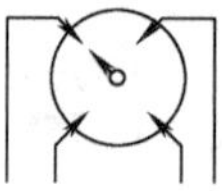	66	天线	
53	火花塞		67	收音机	
54	断电器	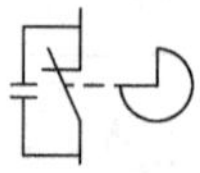	68	收放机	
55	照明灯、信号灯、仪表灯、指示灯		69	永磁直流电动机	
56	电喇叭		70	脉冲发生器	
57	报警器		71	闪光器	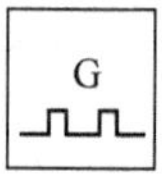
58	蜂鸣器	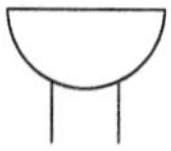	72	间歇刮水继电器	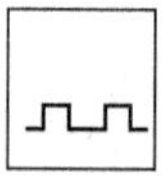
59	刮水电动机		73	电压调节器	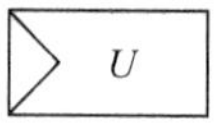
60	燃油泵电动机、洗涤电动机		74	报话器	
61	电动燃油泵	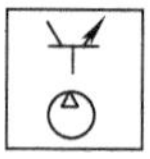	75	电磁离合器	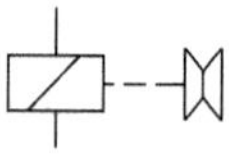
62	加热定时器		76	电磁阀的一般符号	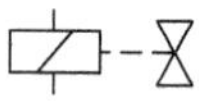
63	信号发生器	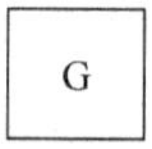	77	常开电磁阀	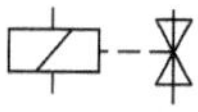
64	防盗报警系统		78	常闭电磁阀	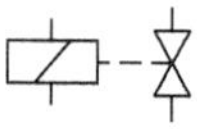
65	加热器(除霜器)	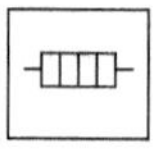	79	用电动机操纵的怠速装置	

三、汽车电子仪表

汽车电子仪表是驾驶人与汽车进行信息交流的重要接口。汽车电子仪表表盘如图 1-22 所示。

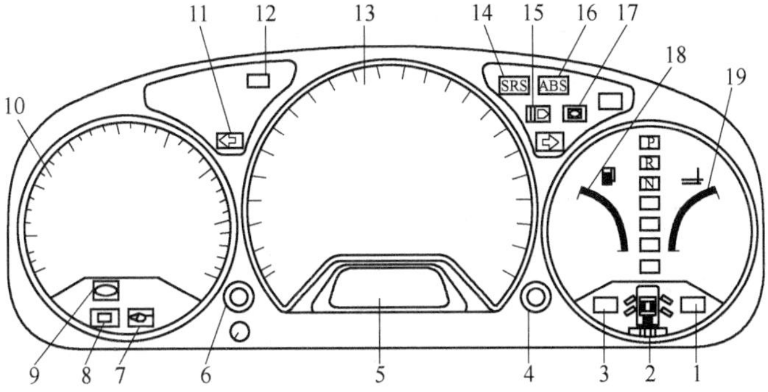

图 1-22　汽车电子仪表表盘

1—座椅安全带提示灯　2—车门和制动灯监视器　3—燃油指示灯　4—行程选择/复位按钮　5—汽车里程表　6—亮度调节　7—机油压力指示灯　8—充电指示灯　9—故障指示灯　10—发动机转速表　11—转向信号指示灯　12—巡航控制指示灯　13—车速表　14—安全气囊指示灯　15—前照灯远光指示灯　16—制动防抱死指示灯　17—制动系指示灯　18—燃油表　19—冷却液温度表

1. 电子仪表显示装置

电子仪表显示装置用来向驾驶人指示汽车主要系统和机构工作状况。目前，汽车上使用的电子仪表显示装置有：发光二极管（LED）、真空荧光屏显示器（VFD）、液晶显示器（LCD）和阴极射线管（CRT）等。

2. 电子仪表显示装置的显示方法

电子仪表显示装置的显示方法有以下几种：

（1）字符段显示法　它是一种利用七字符段、十四字符段或十六字符段进行数字或字符显示的方法，如 1-23 所示。

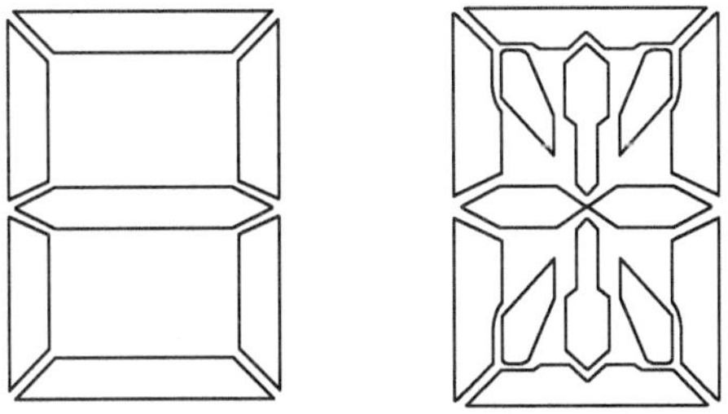

a)　　b)

图 1-23　字符段显示法

a）七字符段　b）十四字符段

液晶显示器、真空荧光显示器和发光二极管可采用这种显示方法。

（2）点阵显示法　点阵是一组成行和成列排列的元件，有7行5列、9行7列等。图1-24所示为发光二极管组成的5×7点阵显示。

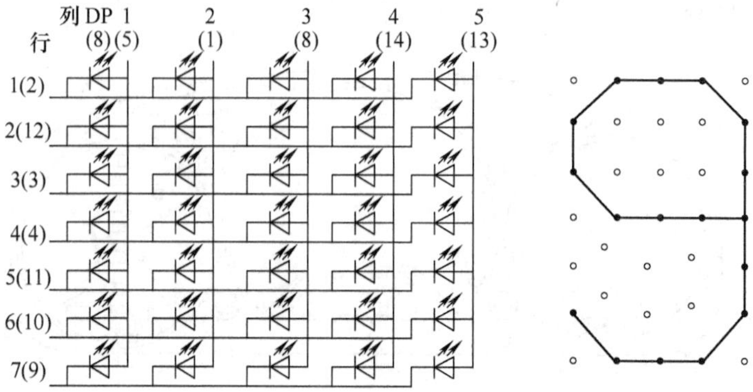

图1-24　发光二极管组成的5×7点阵显示

（3）特殊符号显示法　真空荧光显示器与液晶显示器还可显示一些特殊符号。汽车仪表盘上经常使用的一些特殊符号如图1-25所示。

图1-25　汽车仪表盘上经常使用的一些特殊符号

3. 奥迪100型轿车仪表与报警装置电路

图1-26所示为奥迪100型轿车仪表及报警装置电路，主要包括冷却液温度表电路、燃油表电路、冷却液温度及制动警告灯电路、机油压力警告灯电路、发

电机充电指示灯电路、冷却液液位警告灯电路、制动液液位警告灯电路、仪表照明灯及部分电器位置灯变光系统工作电路、驻车制动工作指示灯电路和时钟工作电路等。

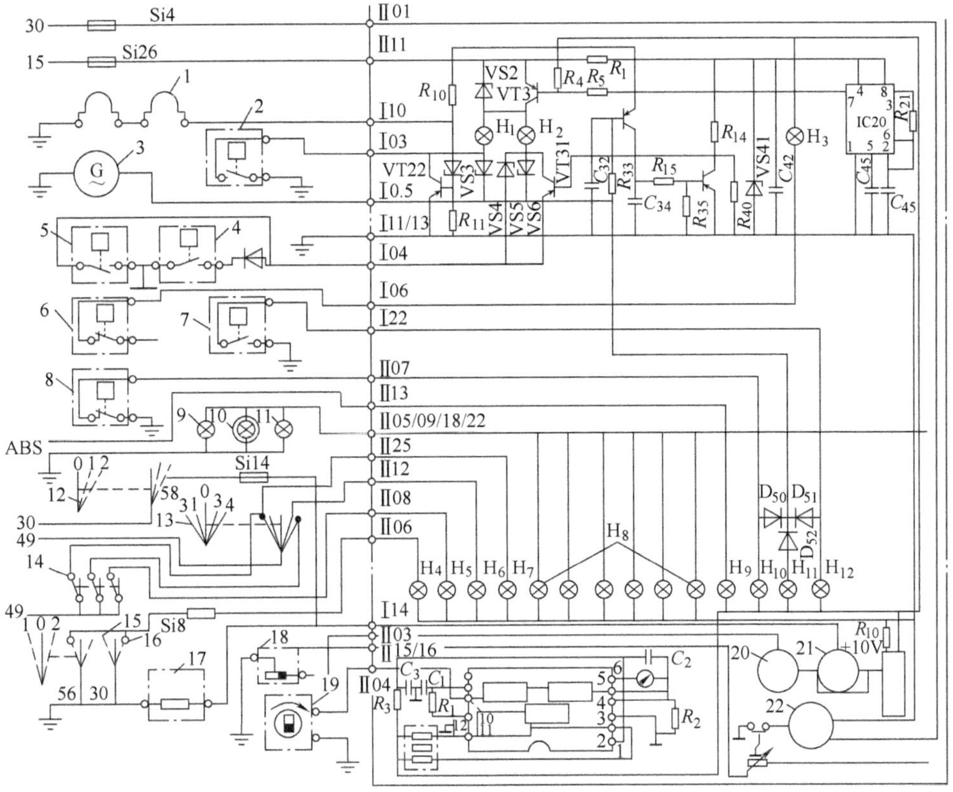

图 1-26 奥迪 100 型轿车仪表及报警装置电路

1—制动器摩擦衬片磨损报警开关 2—制动液液位开关 3—发动机转速开关 4—冷却液温度报警开关 5—冷却液液位开关 6—机油压力开关 7—阻风门灯开关 8—驻车制动灯开关 9—点烟器照明灯 10—烟灰盒照明灯 11—空调开关照明灯 12—车灯开关 13—转向开关 14—危险报警开关 15—变光开关 16—超车灯开关 17—冷却液温度传感器 18—燃油量传感器 19—车速传感器 20—燃油表 21—冷却液温度表 22—时钟

4. 常用汽车电子仪表

(1) 转速表 发动机转速表用于指示发动机的运转速度。

发动机电子转速表电路原理图如图 1-27 所示。

(2) 车速里程表 车速里程表主要用来指示汽车行驶速度和累计行驶里程，即利用车速传感器的测量信号，计算并显示汽车时速的大小并储存汽车阶段行驶的里程。

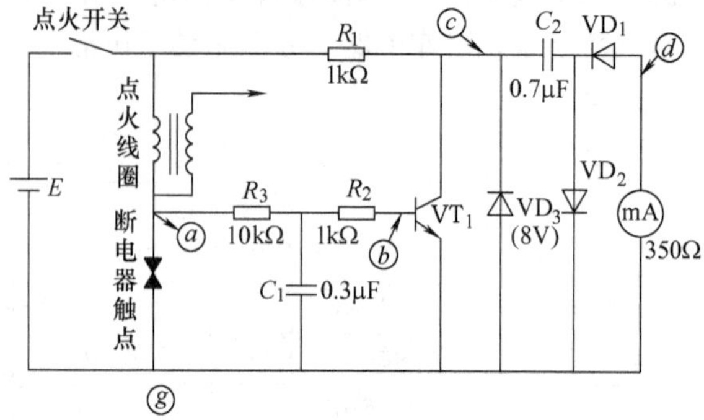

图 1-27　发动机电子转速表电路原理图

图 1-28 所示为电子车速里程表结构框图。

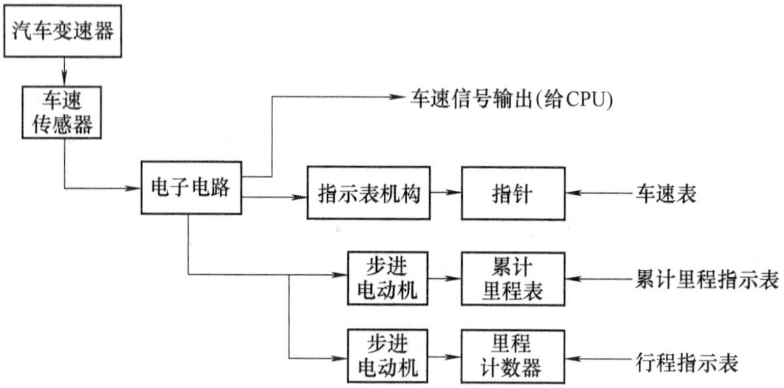

图 1-28　电子车速里程表结构框图

(3) 燃油表　燃油表可以随时测量并显示汽车油箱内的燃油量。

图 1-29 所示为汽车电子燃油表电路。

当油箱中燃油量达到下限时，RH 的阻值最大，A 点电位最高，集成块 IC_2 的第 5 脚电位高于第 6 脚的基准电位，6 只绿色发光二极管全部熄灭，红色发光二极管 VD_1 点亮，提醒驾驶人补充燃油。

(4) 汽车智能组合仪表　汽车智能组合仪表基本由工况信息采集、单片机、控制及信号处理器、显示器等系统组成。

1) 信息采集。汽车工况信息通常分为模拟量、频率量和开关量。

① 模拟量。汽车发动机冷却液温度、油箱燃油量、机油压力等，经过各自的传感器转换成模拟电压量，经放大处理后，再由模/数转换器转换成单片机能够处理的二进制数字量，输入单片机进行处理。

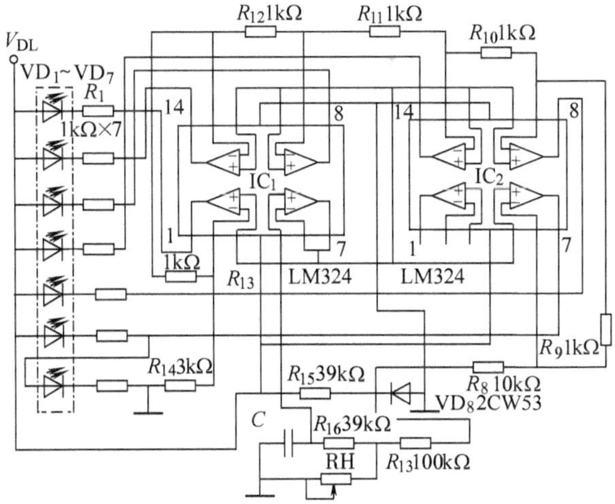

图 1-29 汽车电子燃油表电路

RH—燃油传感器（可变电阻） V_{DL}—接电源正极

VD_1 ~ VD_7—发光二极管，顺序为自下而上

② 频率量。汽车发动机转速和汽车速度等，经过各自的传感器转换成脉冲信号，再经单片机相应接口输入单片机进行处理。

③ 开关量。汽车由开关控制的汽车左转弯、右转弯、制动、倒车信号，以及各种灯光控制信号、各车门开关信号等，经电压转换和抗干扰处理后，根据需要，一部分输入单片机进行处理，另一部分直接输送至显示器进行显示。

2）信息处理。汽车工况信息经采集系统采集并转换后，按各自的显示要求输入单片机进行处理。例如，汽车速度信号除了要由车速显示器显示外，还要根据里程表显示的要求处理后输出里程量。车速信息在单片机系统中按一定算法处理后送存储器累计并存储。

3）信息显示。信息显示可采用指针指示、数字显示、声光和图形辅助显示等。

除了显示装置以外，汽车仪表系统还设有功能选择键盘。计算机与汽车电气系统的接头和显示装置连接，当点火开关接通时，输入信号有蓄电池电压、燃油箱传感器、温度传感器、行驶里程传感器、喷油脉冲以及键盘的信号，计算机即按相应的汽车动态方式进行计算与处理，除了发出时间脉冲以外，还可用程序按钮，选择显示瞬时燃油消耗、平均燃油消耗、平均车速、距离、行程时间和外界温度等各种信息。

四、发动机电子控制系统

1. 发动机电子控制系统的组成及工作原理

发动机电子控制系统由各种传感器、执行器、发动机电控单元（ECU）组成，如图1-30所示。

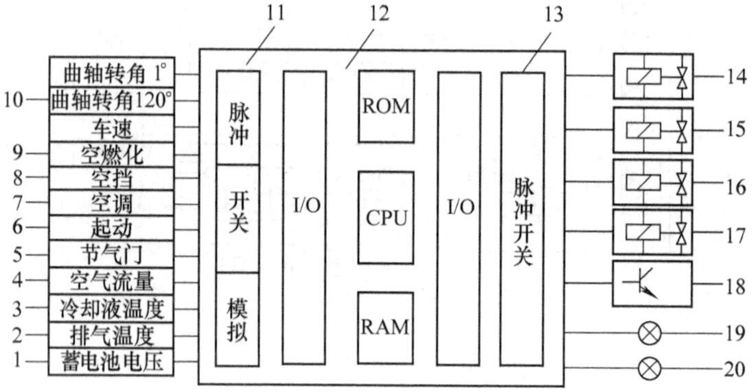

图1-30　发动机电子控制系统的组成框图

1—蓄电池电压信号　2—排气温度传感器　3—冷却液温度传感器　4—空气流量传感器
5—节气门开关　6—起动开关　7—空调开关　8—空挡开关　9—氧传感器
10—发动机转速与曲轴位置传感器　11—整形与信号处理电路　12—控制器　13—驱动电路
14—燃油泵继电器　15—燃油喷射器　16—废气再循环控制阀　17—怠速转速控制电磁阀
18—点火控制电路　19—排气温度警报灯　20—空燃比反馈控制监视灯

电子控制系统以ECU为控制中心，利用发动机不同部位上的各种传感器，测得各种工作参数，然后按照在ECU中设定的控制程序，控制执行机构动作，使发动机在各种工况下稳定工作。

2. 电子控制系统的功能

（1）电控燃油喷射（EFI）　电控燃油喷射主要包括喷油量、喷射正时、燃油停供及燃油泵的控制。

（2）电控点火装置（ESA）　主要包括点火提前角、通电时间及爆燃控制等。

（3）怠速控制（ISC）　汽车在发动机空转、空调压缩机工作、变速器挂入挡位、发动机负荷加大等不同怠速运转工况下，由ECU控制怠速控制阀，使发动机都能处在最佳怠速转速下运转。

（4）排放控制　排放控制项目主要有：排气再循环控制（EGR），氧传感器及三元催化转化器开环、闭环控制，二次空气喷射控制，活性炭罐电磁阀控制等。

（5）进气控制　包括可变进气道控制和涡流增压控制。

(6) 警告提示　ECU控制各种指示和警告装置，显示有关控制系统的工作状况。当控制系统出现故障（如氧传感器失效、催化剂过热、油箱油温过高等）时，它能及时发出警告信号。

(7) 自我诊断与报警系统　当控制系统出现故障时，ECU会点亮仪表板上的“检查发动机”（CHECK ENGINE）灯，提醒驾驶人发动机已出现故障，并将故障信息储存到ECU中。通过一定程序，能将ECU中的故障码及有关信息资料调出，供检修用。

(8) 失效保护　当ECU检测到传感器或线路故障时，会自动按ECU预设的程序提供预设定值，以便发动机仍能保持运转，但性能将有所下降。

(9) 计算机故障备用控制系统　ECU发生故障时，会自动启动备用系统，使发动机转入强制运转状态，以便驾驶人将车辆开到检修厂进行修理。

*五、电控自动变速器

1. 自动变速器换挡系统的组成

自动变速器换挡系统主要由离合器和制动器、液压操纵系统及电子控制系统组成。

(1) 离合器和制动器　为了使行星齿轮变速器中的各组件能按各种方式连接或制动，形成降速、升速、倒转、空转等不同挡位的动力传递，在行星齿轮变速器中设有离合器和制动器。

1) 离合器。其作用是将行星齿轮机构中某一组件与主动件相连，使该组件成为主动部件，实现转矩的传递；将行星齿轮机构中的某两个组件连成一体，使第三个组件具有相同的转速，进而将行星齿轮机构连成一个刚性的整体，实现直接传动。

如图1-31所示，多摩擦片式离合器主要由离合器壳体1、主动片7、从动片8及回位弹簧3等组成。

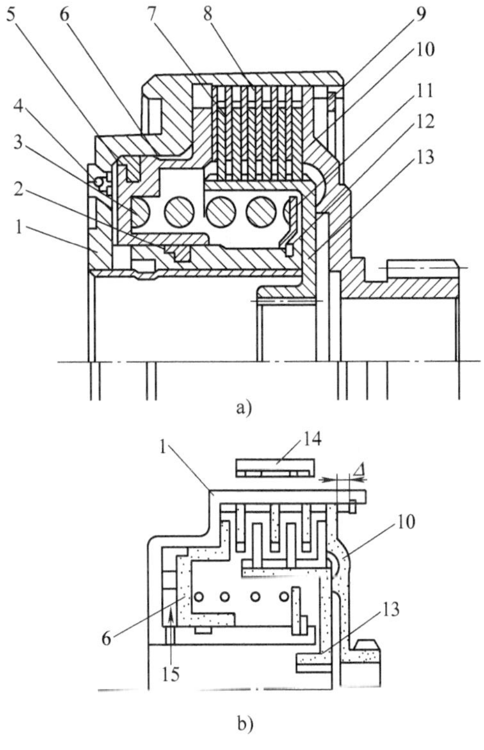

图1-31　多摩擦片式离合器

a) 组成　b) 原理示意图

1—离合器壳体　2、5—皮碗　3—回位弹簧　4—泄油阀　6—活塞　7—主动片（钢片）　8—从动片（摩擦片）　9—卡环　10—太阳轮（从动组件）　11—弹簧座　12—卡环　13—花键毂　14—制动带　15—油液

离合器壳体为主动件，与它连接

的另一组件太阳轮10为从动件。当液压缸中没有油压时，活塞6在回位弹簧的作用下移向左端，使离合器处于分离状态，离合器壳体与从动件脱开；当液压控制系统使液压缸中充入油液15时，活塞被压向右端，使主、从动片压紧，离合器处于结合状态，离合器壳体与太阳轮连成一体，成为主动部件或实现直接传动。

2）制动器。制动器的作用是制动和约束。它将行星齿轮机构中的某一组件与变速器壳连成一体，使该组件被约束或制动，成为固定件，改变变速器中组件的组合，形成不同的传动路线。

常用的制动器有片式和带式两种。

片式制动器的结构与多摩擦片式离合器的结构相同，但其制动器的壳体是固定不动的，当制动器的主动片与从动片处于接合状态时，从动组件与制动器壳连成一体。

如图1-32所示，带式制动器由制动带1、液压缸2、活塞4和调整螺钉6等组成。带式制动器轴向间隙小，工作平顺性差，所以油路中应配有缓冲阀。

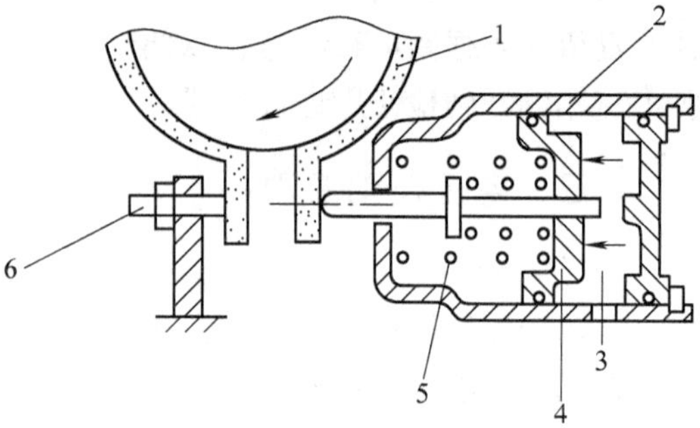

图1-32　带式制动器示意图
1—制动带　2—液压缸　3—油液
4—活塞　5—回位弹簧　6—调整螺钉

(2) 液压操纵系统　液压操纵系统是自动变速器的重要组成部分，由液压泵、阀体、电磁阀以及由它操纵的离合器和制动器与连接上述组件的流体组成，如图1-33所示。

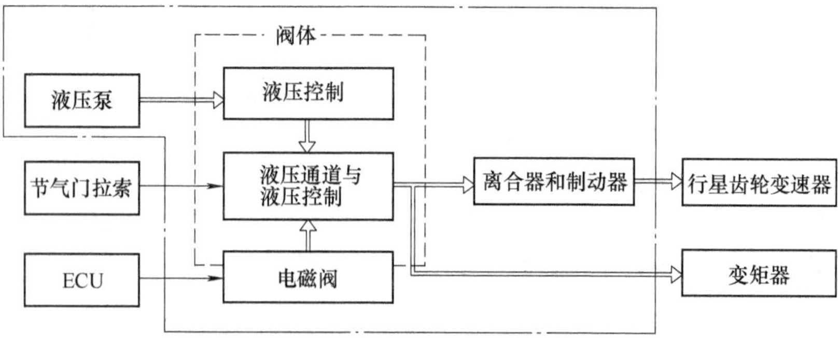

图1-33　液压操纵系统示意图

液压操纵系统在电控单元的控制下，既可以操纵离合器的接合与分离，又可以操纵制动器的制动与释放，以改变动力传递路线，实现自动换挡。此外，它还向液力变矩器的润滑油路供油，并根据车辆的运行情况调节作用于液力变矩器的油压。

（3）电控系统　在电控自动变速器中，电控系统根据各传感器输入的信号和发动机的运行情况，精确计算换挡点和换挡时刻，并发出控制信号，控制各电磁阀的动作，通过对各离合器、制动器接合与分离的操作，实现挡位的自动变换。

电控系统还具有故障自诊断和故障保险系统，在系统发生故障时能自动报警并记录故障，使车辆能维持运行，回维修站修理。

与其他控制系统一样，自动变速器的电控系统也由传感器、电控单元（ECU）和执行机构等组成。

2. 自动变速器挡位的组成

装有自动变速器的车辆，在驾驶室内装有变速杆和程控开关（即模式选择开关），用于驾驶人选择变速器的挡位和车辆的运行模式。

由于不同车型的自动变速器在结构和控制方式上存在差异，所以挡位设置和运行模式的设置也不完全相同。现代轿车的电控自动变速器一般都具有四个前进挡和一个倒挡。一般自动变速器设有 P、R、N、D、Z、L 或 P、R、N、D、3、2、1 等挡位。图 1-34 所示为奥迪轿车电控自动变速器的变速杆挡位示意图。它具有 P、R、N、D、3、2、1 七个换挡位置和 S、E、M 三种换挡模式。

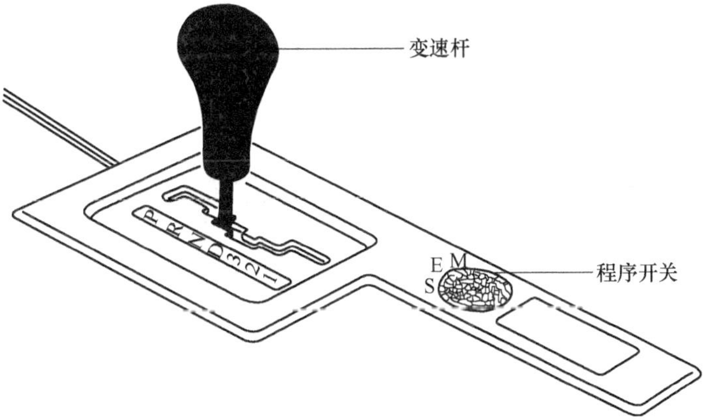

图 1-34　奥迪轿车电控自动变速器的变速杆挡位示意图

丰田汽车自动变速器具有 P、R、N、D、Z、L 六个挡位。

P——停车位，变速器机械锁止。

R——倒车位。

N——空位，发动机怠速。

D——前进位，当变速杆置于 D 位时，具有 1、2、3、4 四个挡位，4 挡一般为超速挡，简称 O/D 挡。在 D 位时，自动变速器可以根据汽车的运行情况，在

1→2→3→4 或 4→3→2→1 挡位间自动地升挡或降挡，实现自动变速。

Z——锁定位，当变速杆置于 Z 位时，自动变速器可以根据运行条件的变化，自动地在 1→2 挡，2→1（或 1→2→3，3→2→1）挡间自动换挡，但不能自动升入更高的挡位。

L——低位，当变速杆置于 L 位时，自动变速器只能在 1 挡行驶或只能在1→2 挡，2→1 挡之间自动换挡（有些自动变速器），而不能换入更高的挡位。

在汽车上坡或下坡行驶时，一般使用 Z 位或 L 位，以使汽车上坡行驶时具有足够的驱动力稳定上坡，下坡时可以利用发动机制动。

3. 自动变速器的控制原理

如图 1-35 所示，自动变速器将各种传感器传来的发动机转速信号、节气门开度信号 8、车速信号 10、发动机冷却液温度信号、变速器油温信号等各种参数转变成电信号，并输入 ECU。ECU 根据这些信号，按照设定的换挡规律，向换挡电磁阀 5、油压电磁阀 6 等发出电子控制信号。换挡电磁阀 5 和油压电磁阀 6 再将电控单元发出的控制信号转变成液压控制信号。阀体中的各个控制阀根据这些液压控制信号，控制换挡执行机构，实现自动换挡。

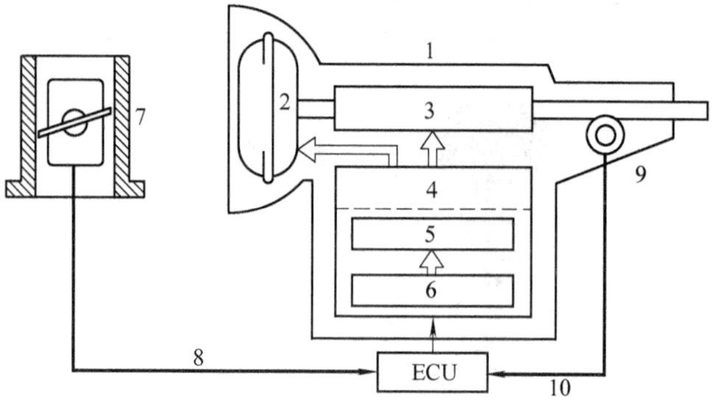

图 1-35　自动变速器控制原理示意图

1—自动变速器　2—液力变矩器　3—行星齿轮变速器　4—液压控制系统
5—换挡电磁阀　6—油压电磁阀　7—节气门体　8—节气门开度信号
9—车速传感器　10—车速信号

*六、电控巡航系统

电控巡航系统又称为恒速行驶系统或巡航控制系统。它利用电子技术对汽车的行驶速度进行自动控制，进而实现以事先设定的速度行驶的一种电子控制装置。

1. 电控巡航系统的组成

电控巡航系统主要由操作开关、传感器、电控单元和执行器等组成。

（1）操作开关 用于巡航车速的设定及取消，包括主开关、控制开关和退出巡航控制开关。

1）主开关是电控巡航系统的电源开关，采用按键方式，只要将主开关推入，电控巡航系统的电源就接通或关闭，如图 1-36 所示。当主开关接通时，若关闭点火开关，则主开关也关闭，即使再次接通点火开关，主开关也处于关闭状态。

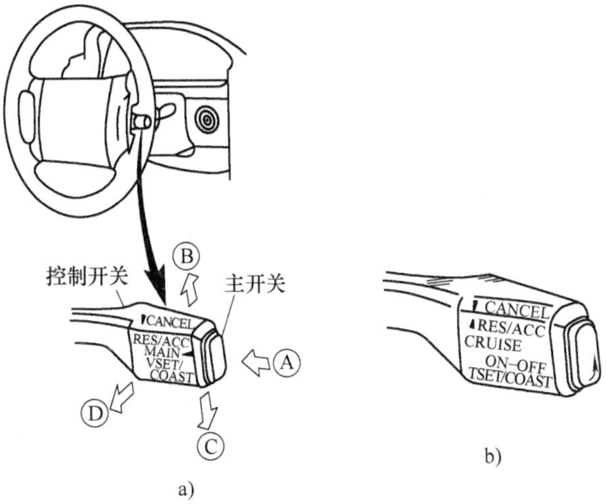

图 1-36 巡航控制系统操作开关
a）雷克萨斯 LS400 b）丰田佳美

2）控制开关采用手柄式，其模式有设置（SET）、减速（COAST）、恢复（RES）、加速（ACC）和取消（CANCEL）。设置（SET）与减速（COAST）模式共享一个开关；恢复（RES）和加速（ACC）模式共享另一个开关。当沿图 1-36 中所示方向操作此开关时，该开关接通，松开时，则关断。它是一个自动回位开关。

3）退出巡航控制开关包括停车灯开关、驻车制动开关、离合器开关和空挡起动开关。其中任何一个开关接通，巡航控制将被自动取消。若取消电控巡航系统瞬间的车速不低于 35km/h，则该车速将被存储在电控巡航系统的电控单元中，当接通 RES 开关时，最后存储的车速会自动恢复。

① 停车灯开关。它包括两个开关。当踩下制动踏板时，两个开关同时工作。当其中一个开关闭合时，电流经过停车灯开关使停车灯亮。同时，蓄电池电压经过这个开关加在电控巡航系统电控单元上，使其判断制动器是否处于工作状态。当另一个开关切断时，执行器得不到电控巡航系统电控单元的信号，停止工作。

② 离合器开关。当踩下手动变速器离合器踏板时，该开关接通，取消传至电控巡航系统电控单元的信号。

③ 空挡起动开关。当把变速杆置于自动变速器的P位或N位时，空挡起动开关即接通，取消传至电控巡航系统电控单元的信号。

（2）传感器　包括车速传感器、节气门位置传感器和节气门控制摇臂传感器。

（3）电控单元　电控单元组成框图如图1-37所示。其主要功能如下：

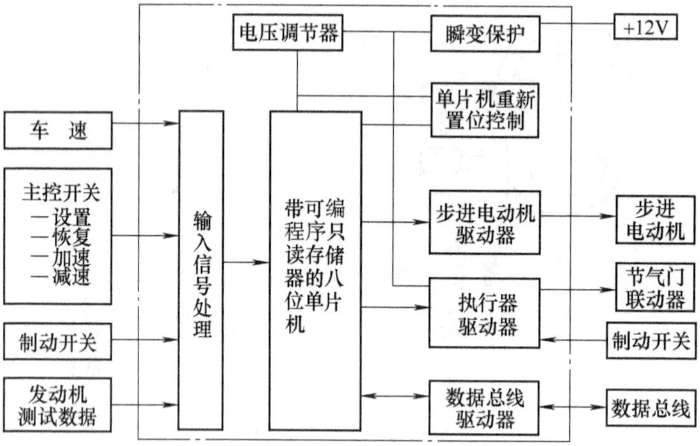

图1-37　电控巡航系统电控单元组成框图

1）设定功能。当主开关接通后，车辆在40～200km/h车速范围内行驶时，如果SET/COAST开关接通后松开，那么电控单元将此车速存储在其存储器内，并使汽车按这个车速行驶。

2）加速功能。若汽车以巡航控制模式行驶，则当SET/COAST开关接通时，执行器将节气门适当开启，使汽车加速。

3）匀速控制功能。电控单元将实际车速与设定车速进行比较，如果实际车速高于设定车速，那么电控单元控制执行器使节气门适当关闭；反之，适当开大节气门。

4）滑行功能。当汽车选定巡航控制模式行驶时，如果SET/COAST开关接通后不松开，那么执行器将关闭节气门，使汽车减速，并且电控单元将开关松开时的车速存储，使汽车以此车速行驶。

5）恢复功能。当车速不低于40km/h时，若用任何一个取消开关，以手动的方法将巡航控制模式取消，则再接通RES/ACC开关时，即可恢复设定车速。一旦车速低于40km/h，便不能再恢复设定车速。

6）手动取消功能。当汽车以巡航控制模式行驶时，若有下列中任何一个信号传到电控单元，则巡航控制就会取消：真空驱动执行器的释放阀和控制阀同时关闭；电动机驱动执行器关断执行器内的电磁离合器。

7）自动取消功能。当汽车以巡航控制模式行驶时，若伺服调速电动机或安全电磁阀晶体管驱动电流过大，则存储器中设置的车速被清除，安全电磁阀离合器断电，巡航控制模式取消，主控开关同时关闭。

8）自动变速器控制功能。若汽车以超速挡上坡行驶，则当车速降至超速挡切断速度时，电控单元自动取消超速挡并增加驱动力，以防止车速进一步降低；当车速升至超速挡恢复速度时，约6s后电控单元恢复超速挡。

9）诊断功能。当电控巡航系统出现故障时，电控单元可确定故障并使组合仪表上的电源指示灯闪烁，以提示驾驶人。同时，电控单元存储相应的故障码。故障码可通过电源指示灯读取。

（4）执行器 执行器将电控单元输出的电流或电压转变成机械运动，控制节气门的开度，借以控制车速。执行器目前有两种类型，一种是真空驱动型，另一种是电动机驱动型。真空驱动型由负压操纵节气门，而电动机驱动型则由电动机操纵节气门。

2. 电控巡航系统的使用方法

1）巡航速度的设定。电控巡航系统的最低车速控制点一般为40km/h，低于该车速时电控巡航系统不起作用。设定方法是：开启电控巡航系统，按下CRUISE ON/OFF按钮，踏下加速踏板，使汽车加速，当车速达到设定速度时，把电控巡航系统手柄置于SET/COAST位置并释放，即进入自动行驶状态。若需要超车，则驾驶人踩下加速踏板即可，超车后再松开加速踏板，汽车又按设定的巡航速度行驶。

2）取消设定的巡航速度。有以下几种方法：

①将电控巡航系统手柄置于CANCEL位置并释放。

②踏下制动踏板使汽车减速。

③对于装备手动变速器的汽车，踏下离合器踏板即可，而对于装有自动变速器的汽车，将变速杆置于空挡即可。

若设定的巡航速度不是由于上述原因而自动取消，或仪表板上的巡航控制CRUISE ON/OFF开关指示灯出现闪烁现象，则表明该系统有故障。

3）设定装有自动变速器的汽车加、减速。把电控巡航系统手柄置于RES/ACC位置并保持手柄位置不动，此时车速将逐步提高，当车速达到要重新设定的巡航速度时释放手柄；把电控巡航系统手柄置于SET/COAST位置并保持手柄位置不动，此时车速将逐步降低，当车速降低到所要求设定的巡航速度时释放手柄。

4）恢复到原来设定的巡航速度。把电控巡航系统手柄置于RES/ACC位置，汽车即可恢复到原来设定的车速。一旦车速降低到40km/h以下，巡航控制系统就会自动停止工作。

第三节 质量管理的基础知识

一、质量的基本概念

1. 质量

质量一般是指产品满足用户需要的程度。根据中国质量管理协会的定义，质量是指“产品满足使用要求所具备的特性，即适用性”。GB/T19000—2008 把质量定义为：一组固有特性满足的程度。

质量不能简单地理解为产品质量，它还包括工作质量和服务质量。从三者关系来看，后两者是实现前者的有力保证。

（1）产品质量　产品质量是指产品适合一定用途，满足国家建设和人民生活需要所具备的自然属性或特性。对于汽车产品来说，质量通常是指它的使用性能，如动力性、经济性、可靠性、安全性、通过性、平顺性、排放与噪声的优劣等。

产品质量关系到产品的使用价值，即满足人们某种需要的属性。一般来说，产品的质量高，产品的使用价值也就大，但质量太高，成本也高，反而会影响使用价值的实现。

（2）工作质量　工作质量是指企业为保证产品质量和提高产品的使用价值，所采取的技术组织管理工作的水平和完善程度。

在生产过程中，决定和影响产品质量的因素有六种，即人、设备、材料、工艺、检测方法、环境。这些因素涉及企业的各个部门、各个环节及每个职工的工作，统称为工作质量。维修质量是指维修对象恢复所规定产品质量标准的程度。

（3）服务质量　服务质量是指企业满足用户或顾客精神需求方面的特性，常用顾客对服务环境、服务设施、服务项目、服务时间、服务态度等方面的满意程度来衡量。

服务质量不仅反映了企业精神文明建设的情况，而且反映了职工是否有良好的职业道德和敬业精神，是企业各方面工作的综合体现。在企业公平竞争、顾客是“上帝”的时代，服务质量直接关系到企业经济效益的好坏。

2. 质量特性

产品质量特性可分为定量特性与定性特性。定量特性是指可以直接测量、计数的质量特性，如尺寸精度、强度、配合间隙、油耗、功率等。定性特性是指不能测量和计数的质量特性，如形状、外观、舒适性、安全性、公害等。

3. 质量管理

质量管理是指确定质量方针、目标和职责，并在质量体系中通过诸如质量优化、质量控制、质量保证和质量改进，来实施全部管理职能的所有活动。

维修质量管理是指在维修生产活动中，为确保维修质量所进行的各项管理活动的总称。质量管理是各级管理者的职责，涉及所有参与质量管理的人员。它是企业管理的重要组成部分，是提高质量的重要保证。

质量是企业的生命。企业要想使自身得以生存和发展，在竞争中取胜，扩大市场占有率，提高质量是最有效的手段。企业的产品质量好、服务周到、价格合理，就会受到客户的好评和肯定，赢得更多的消费者，从而能够提高企业的经济效益，促进企业加速发展。

4. 全面质量管理

全面质量管理是企业发动全体职工，运用各种管理技术、专业技术以及计算手段与方法，通过对生产全过程、全因素的控制，保证用最经济的方法生产出用户满意的优质品的一套科学管理制度。因此，这种质量管理制度的突出特点是：全员参加，全过程，全面运用一切有效方法，全面控制质量因素，力求全面经济效益的质量管理。

全员参加是指质量管理不应由少数人（检验人员、专家）去做，而是全体职工，上自厂长，下至工人，都要参加质量管理，制订质量决策，确定质量目标，处理有关质量问题，分担质量责任。据统计，质量问题的80%左右归因于各级领导的质量管理失策，20%左右归因于现场工作工人。因此，要想实现全员参加的质量管理并取得成效，必须搞好质量教育，强化全体职工的质量意识。

全过程是针对过去质量检验与质量控制只限于某一环节而说的。全面质量管理的全过程包括市场调查、开发设计、试制试验、供应、制造、检验、销售，一直到使用、维修等所有环节。

全面运用一切有效方法是指不能只用数理统计一种方法进行质量管理，而要用一切有效方法（包括计算机网络）来达到质量管理优化的目的。

全面控制质量因素是指对影响质量因素的人、机器设备、材料配件、加工方法、检测手段、使用环境等，全部予以事前控制，以确保产品质量的稳定。

全面的经济效益是指质量与成本、企业与用户的经济效益关系。也就是说，产品应该质量好，成本低，寿命周期总费用少，产生的社会效益和经济效益最大。

在推行全面质量管理过程中，我们一方面要努力学习国外的先进经验和科学方法，摸索出一套适用于我国情况的全面质量管理模式；另一方面要重视我国在传统质量管理中的经验。例如，我国过去的专检、自检、互检相结合的经验，首检、抽检和终检相结合的经验，管理人员、技术人员、工人相结合的经验，都是质量管理中行之有效的好形式。我们一定要“以我为主、博众之长、融合提炼、自成一家”，走出一条具有我国特色的全面质量管理的路子来。

5. 全面质量管理的工作方式

全面质量管理采用PDCA循环的工作方式。PDCA是英文Plan（计划）、Do（执行）、Check（检查）、Action（处理）的缩写。四段工作互相衔接，不停地运转，主要工作内容如下：

1）计划阶段主要是通过市场调查、用户访问、主管部门计划指标等，摸清用户对产品质量的要求，确定质量政策、质量目标、质量计划等。上述内容的确定，应有事实根据，用数据说话，应制订出达到目标的对策，其中包括对策方法、进度要求、负责部门或人，以使有关部门或人明确干什么，怎么干，什么时候干，在什么地方干，由谁干。

2）执行阶段主要是实施计划阶段所制订的内容或项目，并把它落实到质量管理的全过程中，其中包括执行计划之前的人员培训。

3）检查阶段主要是在计划执行中或之后，检查执行情况是否符合计划的预期结果，例如，产品是否符合技术标准，用户对质量是否满意等。

4）处理阶段主要是根据检查结果，采取相应措施。对于成功的经验，予以肯定，形成技术文件，进一步提高产品质量；对于失败的教训，要认真总结，防止再发生，并把没有解决的问题转入下一循环，同时对用户的反映进行技术服务，并把情况反馈到下一循环中去。

PDCA循环的四个阶段及八个工作步骤如图1-38所示。

（1）PDCA的工作过程

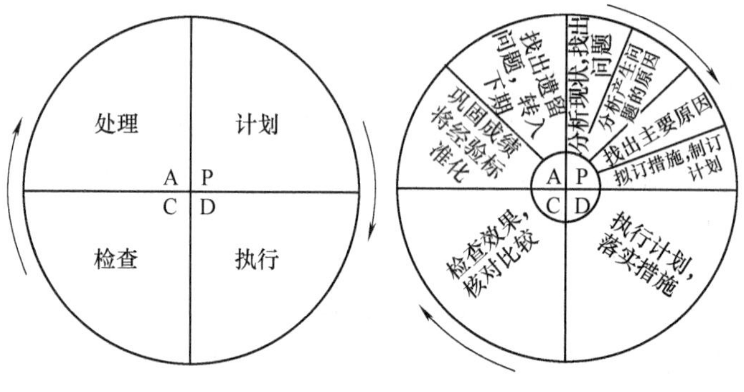

图1-38 PDCA循环的阶段和步骤

1）第一阶段——计划阶段（Plan）。

步骤1：分析现状，找出存在的质量问题，可运用排列图法、直方图法、控制图法、统计分析表法和分层法等。

步骤2：分析产生问题的原因，可用因果分析图法。

步骤3：找出主要原因，可用排列图法和散布图法。

步骤4：拟订措施，制订计划，可用以上方法进行综合分析。

2）第二阶段——执行阶段（Do）。执行计划，落实措施。

3）第三阶段—检查阶段（Check）。检查效果，核对比较，可用排列图法、直方图法、控制图法、统计分析表法和分层法等。

4）第四阶段——处理阶段（Action）。

步骤1：巩固成绩，将经验标准化。

步骤2：找出尚未解决的遗留问题，反映到下一循环中去。

PDCA循环的特点如图1-39所示。

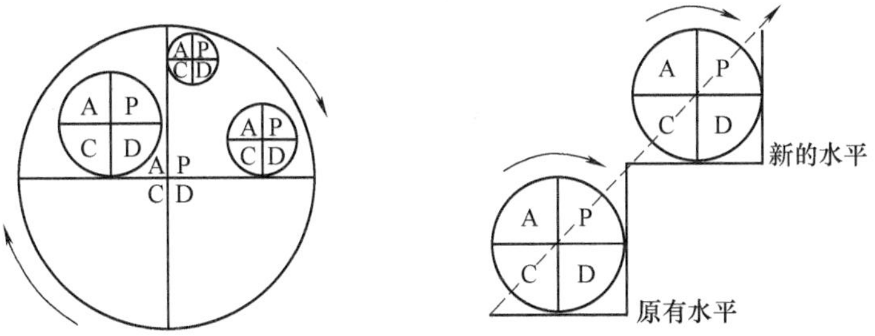

图1-39　PDCA循环的特点

（2）PDCA的循环过程

1）PDCA循环是动态循环，四个阶段应顺次不停地反复运转，不允许次序错乱、中断或停顿。

2）大环套小环，相互促进。从整个企业来看，PDCA是一个大循环，而各车间、部门又有各自的PDCA循环，依次往下又有更小的PDCA循环。这样就形成了大环套小环，使产品质量与工作质量不断提高。

3）PDCA循环不是单纯的周而复始运动，而是阶梯式的螺旋上升运动。它循环一次，都应有新的内容与目标，都应解决一批质量问题，从而使质量提高一步。

4）处理阶段是前后两次循环的结合点，应作为关键点来抓。处理就是总结经验，肯定成绩，改掉缺点，提高水平，防止问题重新发生。

二、质量分析方法

在质量管理过程中，经常用数据对质量进行监控、分析。其方法很多，常用的方法如下：

1. 分类法

分类法也称为分层法，是指通过分类，从性质不同的统计数据以及错综复杂的因素中找出规律，从中发现问题并解决问题。常用的分类方法有：

（1）按时间分类　按日、旬、月、季分类，按白、夜班分类，按班内各工作小时分类等。

（2）按人员分类　按操作人员的等级、工种、文化水平、年龄、性别等分类。

（3）按设备分类　按不同类型设备、新旧设备、设备不同总成等分类。

（4）按材料分类　按材料的规格、成分、产地、进料的时间、批量、供应单位等分类。

（5）按操作分类　按操作工艺、操作条件、操作方法等进行分类。

表1-2是某汽车队对本队汽车各总成小修次数的分类表，是按7个总成对小修次数进行的统计分类。

表1-2　汽车各总成小修次数的分类表

小修作业总成	发动机	离合器	后桥制动	前桥制动	变速器	差速器	转向器
次数	882	435	410	326	192	109	101
累计次数	882	1317	1727	2053	2245	2354	2455
累计百分数（%）	35.8	53.6	70.3	83.6	91.4	95.8	100

从表1-2中可以看出，发动机总成的小修次数最高，是汽车可靠性的薄弱环节，其次是离合器、后桥制动等总成。

2. 排列图法

排列图也称为主次因素图，最早是由意大利经济学家巴雷特采用的，因而也称为巴雷特图。

排列图是用来寻找质量差异的工具。在质量管理过程中，经常会遇到很多质量问题，而每个质量问题的原因又可能多种多样，为了找出主要矛盾，就需要做排列图。

排列图有一个横坐标，表示质量因素；两个纵坐标，分别表示频数和频数累计百分比。画图时，先在坐标轴上定好比例，然后根据分类表，按质量因素的主次，自左向右排列。直方图的高度表示该质量因素的影响大小；曲线表示各影响因素的累计百分比，可看出各因素影响的程度。通常根据累计百分比将影响因素分为三类：A类因素为0～80%，也称为主要因素；B类因素为80%～90%，称为一般因素；C类因素为90%～100%，称为次要因素。

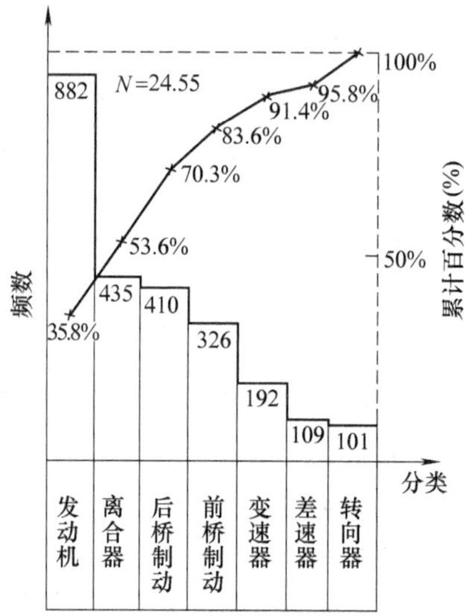

图1-40　汽车小修次数排列图

表1-2中汽车小修次数排列图如图1-40

所示。

3. 因果分析图法

因果分析图的形状像鱼刺或树枝，因此，有人把其形象地称为鱼刺图或树枝图。

排列图能够找出质量差异的主要矛盾，但要解决这些主要矛盾，还要找出这些问题的原因，以便对症下药，解决问题。因果分析图为我们提供了寻找质量问题原因的简便而有效的方法。它是全面质量管理中经常采用的工具。

因果分析图的具体画法是：

1）明确要寻找的质量问题——质量特性。

2）明确大原因，可按六大质量因素归纳，也可根据实际情况确定。

3）通过调查研究、周密分析、集体讨论，找出中原因、小原因，用箭线标在图上。小原因一定要具体到能直接操作为止，如图 1-41 所示。

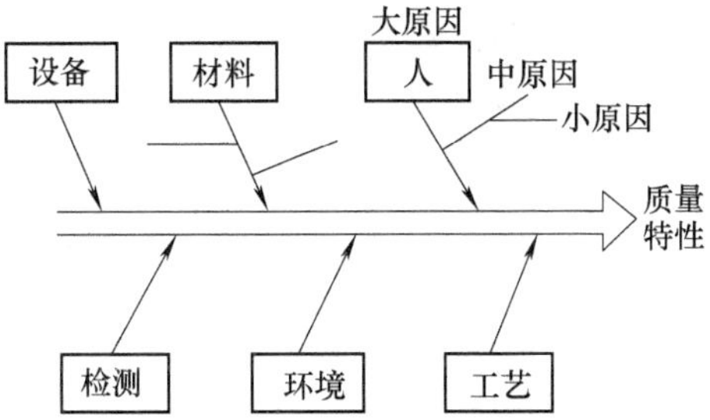

图 1-41　因果分析图

4）标出重点原因，以便重点解决。

4. 直方图法

直方图是数据分布的一种表现形式。它根据抽样检验原理，从所研究的事物总体中抽出一定数量的样本，经过统计或测量，取得数据，再将数据进行适当分组和计算，并绘出图形。

直方图的横坐标为分组数据，纵坐标为各组出现的频数。作图时先画出纵、横坐标，定好比例，然后从横坐标各组界点作横轴的垂线，并与相应的频数水平线相交，即得出直方图。下面以故障平均维修时间为例，说明直方图的作法与应用。

1）收集 50 个以上的数据。可在汽车某一使用期内，随机抽取故障维修时间数据 50 个，见表 1-3。

表 1-3　故障维修时间

数据										每行最大值	每行最小值
40	58	43	45	63	83	75	66	93	92	93	40
71	52	55	64	37	62	72	97	76	75	97	37
75	64	48	39	69	71	46	59	68	64	75	39
67	41	54	30	53	48	83	33	50	63	83	30
86	74	51	72	87	37	57	59	65	63	87	37

2）整理数据，找出数据中的最大值、最小值。可将50个数据按先后次序分成5行，每行10个数据，找出每行中的最大值、最小值，然后再找出全部数据的最大值、最小值。

3）数据分组，一般50~100个数据可分成6~10组；100~200个数据可分成7~12组。本例中的50个数据分成7组。

4）计算组距，即每组的数据范围。

$$组距=\frac{最大值-最小值}{组数}=\frac{97-30}{7}\approx 9.57$$

为了统计方便，本例将组距定为10。

5）确定组界。为了不漏掉数据，一般将末位数取为测量单位的1/2，本例为0.5。故障维修时间频数表见表1-4。

表1-4 故障维修时间频数表

组 号	1	2	3	4	5	6	7
分组间隔	29.5~39.5	39.5~49.5	49.5~59.5	59.5~69.5	69.5~79.5	79.5~89.5	89.5~99.5
频数	正	正丅	正正	正正丅	正𠄟	𠄟	下
统计	5	7	10	12	9	4	3

6）记录频数，用符号“正”表示，并统计出间隔内次数。

7）根据频数表作直方图。以分组边界为横坐标，各组的频数为纵坐标，画出直方图，注明数据 N，如图1-42所示。

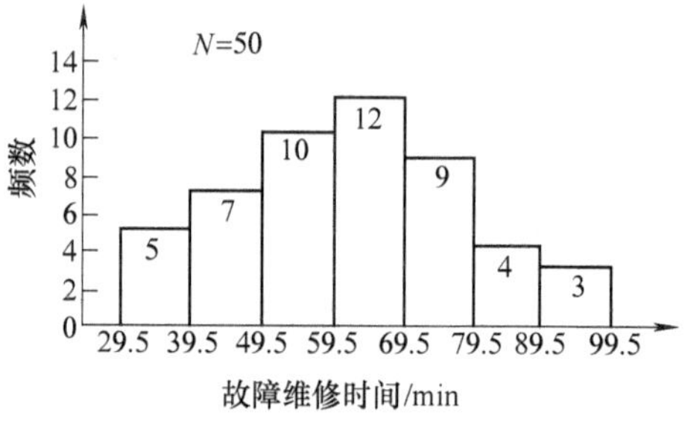

图1-42 故障平均维修时间直方图

5. 控制图法

控制图也称为管理图，是分析判断生产过程中质量是否稳定的工具之一。在汽车维修质量管理中，它被用来反映汽车在使用维修过程中的动态，是对汽车维修状况进行分析、监控的一种重要手段。

控制图的种类繁多，常用控制图的种类及用途见表1-5。

表 1-5　常用控制图的种类及用途

分类	控制图符号	名　称	用　途
计量数据控制图	$\bar{x}-R$	平均值-极差控制图	用于各种计量值，如尺寸、重量、电力消耗等的控制
	$\tilde{x}-R$	中位数-极差控制图	同上
	$x-R$	单值-极差控制图	用于即时迅速发现问题场合的控制
	x	单值控制图	用于即时迅速发现问题，从生产中只能测定一个值，如化学反应及破坏试验等的控制
	x_{max}	极限管理图	用于单值极限场合的管理
计数数据控制图	P_n	不合格品数控制图	用于各种计数值，如不良品个数的控制
	P	不合格品率控制图	用于各种计数不良率，如出勤率等的控制
	C	缺陷数控制图	用于焊接件缺陷数，机械故障数等的控制
	u	单位缺陷数控制图	用于单位面积、单位长度上缺陷数等的控制
		评分控制图	用于纺织行业等的质量控制

下面主要介绍反映汽车维修质量的故障数据控制图。这种图的作法比较简单，只要定期抽样，记录每组样车的故障数 C，然后按规定的公式计算出中心线及上、下控制限值，判断质量是否稳定即可。

中心线值　$\bar{C}=\dfrac{\text{各组缺陷数和}}{\text{组　数}}$

上控制限　$L_{C上}=\bar{C}+3\sqrt{\bar{C}}$

下控制限　$L_{C下}=\bar{C}-3\sqrt{\bar{C}}$

当 $\bar{C}<9$ 时，可不考虑下限。

例　某汽车队发动机小修月统计频数见表 1-6，请绘出小修频数控制图。

表 1-6　发动机小修月统计频数

日　期	1	2	3	4	5	6	7	8	9	10	11	12	13	14	15	16
小修次数	2	4	3	1	1	4	2	3	2	1	1	1	2	3	2	3
日　期	17	18	19	20	21	22	23	24	25	26	27	28	29	30	31	总计
小修次数	1	2	1	4	4	4	0	2	5	0	1	0	3	2	3	67

由表 1-6 中的数据求出 $\bar{C}$、$L_{C上}$、$L_{C下}$。

$$\bar{C}=67/31\approx 2.16$$

$$L_{C上}=2.16+3\sqrt{2.16}=6.57$$

$L_{C下}$ 可不考虑,因为 $2.16<9$。

根据上面的数据绘图，如图1-43所示。

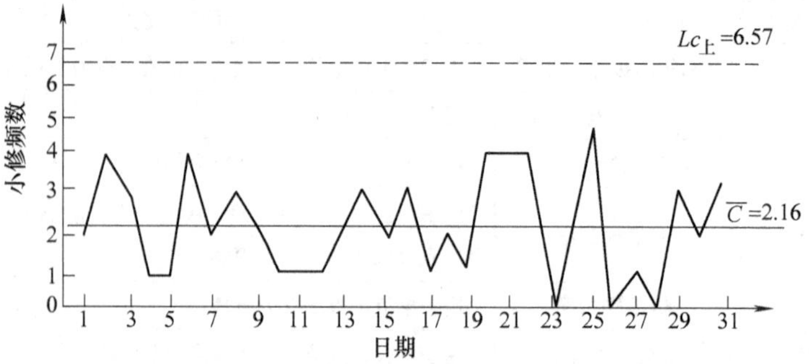

图1-43　小修频数控制图

控制图的主要用途是判别工序是否处于稳定状态。判别的主要依据是控制图上点的分布状态。如果点不越出控制界限，且在中心线两侧呈不规则排列，那么说明质量处于稳定状态。若点处于图1-44各种情况，则质量处于不稳定状态，具体情况如下：

1）点越出控制界限。

2）点在中心线附近连续出现7点以上，如图1-44a所示。

3）连续7个以上的点上升或下降，如图1-44b所示。

4）点在中心线一侧多次出现，如连续11点中有10点在中心线同一侧出现，如图1-44c所示。

5）点呈现周期性变动，如图1-44d所示。

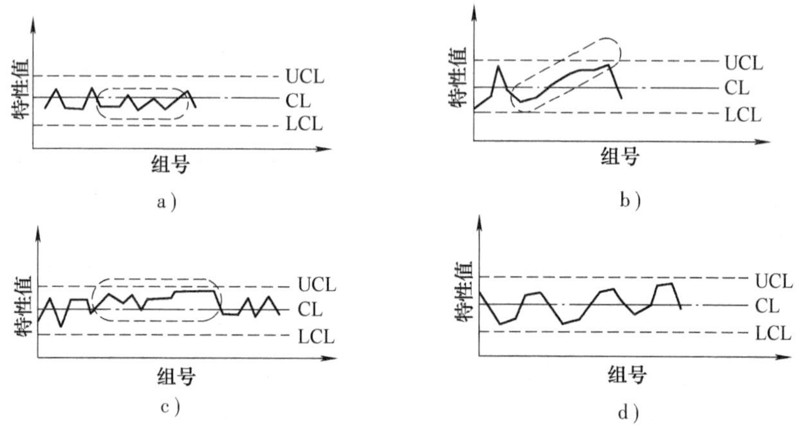

图1-44　控制图的不稳定状态

a）在中心线附近连续出现7点以上　b）连续7个以上的点上升

c）点在中心线一侧多次出现　d）点呈现周期性变动

三、质量保证体系

1. 质量保证体系的概念

所谓质量保证体系，就是全面质量管理体系，即运用系统工程的原理和方法，从企业的总体出发，按照质量保证的要求，把各部门、各环节有效地组织起来，规定它们各自的职责、任务和权限，制订各类标准，建立统一的管理机构和信息反馈系统，形成一个质量管理的有机整体。

质量保证体系建立的目的在于保证质量，即企业对客户提供优质服务的担保或保证，满足客户对质量的要求，取得客户的信任。因此，必须建立一套严密、协调、高效的质量管理体系，以实现质量管理的标准化、程序化、制度化，使质量管理工作有条不紊地进行。

2. 质量保证体系的构成

（1）质量目标系统　所谓质量目标，是指企业在一段时期内，根据客户的要求制定质量标准，并根据所制订的质量标准稳步推动质量的提高。

汽车维修质量目标系统包括不同的系统层次。首先，从维修质量特性方面看，维修质量的优劣体现在不同质量特性的好坏上，如汽车的可靠性、动力性、经济性、安全性、排放和污染等特性，构成了一个质量目标系统。其次，从维修质量目标的实现方面看，它又涉及企业的各部门、各环节、各岗位承担的质量责任，形成了又一个层次的质量目标系统。

构成质量目标系统的每一个目标，都要有具体的标准，而标准靠相应的指标来体现，这些指标必须是典型的、可度量的、可评价的。

（2）组织机构系统　汽车维修质量管理的各方面工作，都必须依靠各级组织机构所形成的机构系统来实施，只有组织机构正确运转，才能推动质量保证体系这一大系统高效运转。

质量管理的领导系统，由质量管理委员会和各级领导小组组成。每一个级别的组织机构，都有各自的职能分工。高层组织机构主要是全面分析企业出现的质量问题，制订质量保证的总目标，提出解决质量问题的各种措施，分解目标到基层，并组织实施完成任务，同时，还要全面管理企业的质量教育、质量评价、质量监察，制订有关规章制度等。下层质量管理组织的职能是实施质量目标，分析质量问题，及时寻求对策，向高层质量管理部门提供信息，提出建议和措施，接受监督和检查，进行质量攻关等。组织机构的设置要贯彻体系健全、层次分明、人员精干、职能清晰、运转高效的原则。

（3）质量目标实施系统　质量目标的实施，涉及企业生产的各方面及全过程，因而形成了相互影响、互相制约的质量实施系统。该系统主要包括以下内容：

1）管理过程的质量控制。

2）生产过程的质量控制。

3）辅助生产过程的质量控制。

每一个质量实施过程都可细化为各种实施环节。在实施过程中，要求各生产部门、各工作岗位、各实施环节，都要按作业规程、作业方法、作业标准进行操作，保证质量实施过程的正常、连续运转。

（4）质量责任系统　是指质量机构在实施目标和质量管理活动中，对各级责任、职权和利益的约束和激励系统。有了责任，实施者才有压力；有了职权，实施者才能执行；有了利益，实施者才有动力。一般是依责任定职权、定利益，但必须遵循“责任明确、职权相应、利益适当”的原则，做到国家、集体、个人利益相统一，个人劳动所得与劳动的数量和质量、企业的经济效益相联系。

（5）质量监察系统　质量的监督和检查，是为了及时发现问题和解决问题，把质量隐患消灭于萌芽状态，更好地保证质量目标的实现。

质量的监察系统主要包括以下几方面：

1）监督和检查标准或规定，即监督检查的依据或衡量尺度。

2）检查方法可采取通检与抽检相结合，经常和定期相结合，专检和自检相结合。检查手段主要是检查所用的设备、仪器和工具等。

3）建立监督检查网络。

（6）质量信息系统　信息是指表征客观事物的运动状态、相互联系的确定程度，是主体认识和利用的消息。质量信息通常包括市场动态、质量情报、信息流、信息库等，常用数据、图样、报表、指令、规章、标准等反映出来。

质量信息系统包括信息网络、信息获取手段、信息收集方法、信息分类、信息传输、信息储存、信息处理等。其周转过程常用计算机进行，以实现数据资料的储存、检索、统计、汇编、分析与计算。

（7）质量教育系统　全面质量管理的特点就是要调动全体职工的积极性，发挥全员在质量管理中的作用。要想做到这一点，就必须抓好经常性的质量教育工作。因此，质量教育系统也成为质量保证体系的一个组成部分。

质量教育系统包括教育内容、教育方式和教育对象等。从教育内容方面看，质量教育系统包括思想政治教育、质量意识教育、职业道德教育、工作制度教育和职业技能教育等。教育方式方法要灵活多样，讲求实效，针对性强，如理论教学与现场观察相结合，集中教育与指导自学相结合。教育对象为全体员工，但在实际教育中，要根据岗位、工作性质、学历等分别施教，力争取得最佳效果。

（8）质量评价系统　质量评价是指对质量保证工作最终结果的总结、判断、评定，可找出不足，巩固成绩，进一步改善质量保证工作。质量评价系统的要素主要包括：评价小组、评价指标、评价方法、评价结论等。

评价小组可由专家和用户代表组成，也可由专职机构和相关人员组成。评价者要求有专业知识，并且造诣较深，能坚持原则、办事公正。评价方法要能正确反映事物本质，并且要求简便易行。评价指标要全面且能突出重点，要和国家标准相吻合，注意其稳定性和代表性。评价的结论要反映质量真实情况，应具体、细致、层次分明。

复习思考题

1. 何谓发动机的速度特性？
2. 何谓发动机的负荷特性？
3. 何谓发动机的调整特性？
4. 何谓汽车的动力性？其评价指标有哪些？
5. 何谓汽车的驱动力-行驶阻力平衡图？
6. 何谓汽车的功率平衡图？
7. 何谓汽车的燃料经济性？
8. 等速行驶百公里燃料消耗量的计算公式如何表示？
9. 汽车制动性的评价指标有哪些？
10. 何谓制动跑偏和制动侧滑？
11. 什么是汽车的操纵稳定性？
12. 汽车稳态转向特性分为哪三种？何谓稳定性因数 K？
13. 自动变速器主要由哪几部分组成？
14. 何谓电控巡航系统 CCS？其组成如何？
15. 为什么有的高级轿车采用电控悬架？如何分类？
16. 电控主动悬架的组成如何？
17. 何谓汽车电路图？汽车电路图有哪些用途？如何识读汽车电路图？
18. 汽车电器线路图的作用有哪些？其读识步骤如何？
19. 发动机转速表、车速里程表和燃油表各自的作用是什么？
20. 在汽车电气系统符号标准中，图形符号包括哪些？文字符号又包括哪些？
21. 在汽车仪表中，电子显示装置有哪几种？
22. 发动机电子控制系统由哪几部分组成？
23. 自动变速器控制系统由哪几部分组成？
24. 自动变速器控制原理如何。
25. 电控巡航系统由哪几部分组成？
26. 如何使用电控巡航系统？
27. 何谓质量？它包括哪些方面？
28. 何谓全面质量管理？其突出特点有哪些？
29. 画图说明全面质量管理的各阶段和步骤。
30. 质量分析常用哪些方法？举例说明之。
31. 质量保证体系由哪些系统构成？

第二章

编制汽车修理工艺规程

培训学习目标 能测绘较复杂的汽车零件，并能够对其尺寸和技术要求进行正确标注；掌握汽车零件、总成、整车的修理工艺；重点掌握汽车发动机的大修工艺，学会对总成装配中间隙和过盈量的计算；掌握汽车修理竣工的验收和评定方法。

第一节 汽车修理工艺规程

一、汽车总成的修理

1. 总成大修标志

（1）发动机总成大修标志　气缸磨损，圆柱度误差已达到0.175～0.25mm或圆度误差已达到0.050～0.063mm（以其中磨损量最大的一个气缸为准）；最大功率或气缸压力较标准降低25%以上；燃料和润滑油消耗量显著增加。

（2）车架总成大修标志　车架断裂、锈蚀、弯曲、扭曲变形超限，大部分铆钉松动或铆钉孔磨损，必须拆卸其他总成后才能进行校正、修理或重铆。

（3）变速器（分动器）总成大修标志　壳体变形、破裂，轴承孔磨损超限，变速齿轮及轴恶性磨损、损坏，需要彻底修复。

（4）后桥（驱动桥、中桥）总成大修标志　桥壳破裂、变形，半轴套管承孔磨损超限，减速器齿轮恶性磨损，需要校正或彻底修复。

（5）前桥总成大修标志　前轴有裂纹、锈蚀，主销承孔磨损超限，需要校正或彻底修复。

（6）客车车身总成大修标志　车厢骨架断裂、锈蚀、变形严重，蒙皮破损面积较大，需要彻底修复。

（7）货车车身总成大修标志　驾驶室锈蚀、变形严重、破裂，或货箱纵、横梁腐朽，底板、栏板破损面积较大，需要彻底修复。

2. 总成大修送修规定

1）总成送修时，承修单位与送修单位应签订合同，商定送修要求、修理日期和质量保证等，合同签订后必须严格执行。

2）总成送修时，应在装合状态，附件、零件均不得拆换和短缺。

3）总成送修时，应将总成的有关技术档案一并送承修单位。

4）总成修理时，应贯彻视情修理的原则，既要防止拖延修理造成工作状况恶化，又要防止提前修理造成浪费。

3. 发动机的检验和接收

符合送修规定的发动机总成进厂大修时，一般需检验评定技术状况，确定修理作业范围，填写进厂检验单，办理交接手续，签订修理合同。

（1）调查发动机使用情况　通过对送修人员询问，并查阅车辆总成的技术档案，了解总成使用中的维修情况、经常发生的故障、燃料消耗情况等，作为判断发动机技术状况的初步依据。

（2）检验与试验　有检测手段的维修企业要对发动机总成进行单独检验或随车检验，贯彻"按需视情修理"的原则，准确断定修理的作业范围。没有条件的维修企业可借助检测站进行检验，或进行人工检查和试验。

发动机的外部检验主要是检视其装配是否齐全，有无拆换现象，基础件有无破裂、渗漏、变形等情况。随车发动机总成还可通过道路试验进一步检查发动机的运转情况（怠速和低、中、高速）、燃料燃烧情况、有无异响等，从而进一步判断发动机总成的技术状况。

（3）发动机的接收　发动机经入厂检验和技术鉴定后，基本上能较准确地确定修理的作业范围。接下来是承修单位与送修单位商定送修要求、修理时间、质量保证，签订修理合同，填写接收进厂检验单。

进厂检验单是GB/T15746—2011《汽车修理质量检查评定方法》要求的内容，必须认真填写。其大致内容有：发动机型号及号码、进厂日期、托修单位、送修状态、运行时间、报修项目、发动机附件状况、发动机运转情况、检验日期、承修方处理意见、检验人员签字等。

二、汽车整车的检验与验收

汽车整车进行检验和验收时，应按国家标准GB/T15746—2011《汽车修理质量检查评定方法》的要求进行。

1. 汽车整车大修进厂检验单

(1) 填写内容　进厂编号、牌照号、厂牌、车型、底盘号、发动机型号及号码、托修单位、送修车型状态、里程表记录、托修方报修项目（对送修车技术状况的陈述及要求）、车辆装备情况、车辆整车性能试验记录、检验日期、承修方处理意见、检验员签字、承修方和托修单位双方代表签章等。

(2) 填写要求　检验单中字迹应清晰，项目应齐全、完整，填写内容应真实、正确。

2. 汽车整车大修工艺过程检验单

(1) 填写项目

1) 发动机及离合器修理工艺过程检验单。

2) 前桥及转向系统修理工艺过程检验单。

3) 后桥修理工艺过程检验单。

4) 变速器及分动器修理工艺过程检验单。

5) 传动轴及万向节修理工艺过程检验单。

6) 车架悬架及车轮修理工艺过程检验单。

7) 车身修理工艺过程检验单。

8) 电器、仪表和线路修理工艺过程检验单。

9) 汽车制动系统修理工艺过程检验单。

(2) 填写内容　进厂编号、厂牌、车型、各总成型号、号码、检验项目、检验结果记录、检验结论、处理意见、主修人及检验员签字及日期等。

(3) 填写要求　检验单中字迹应清晰，项目应齐全、完整，填写内容应真实、正确，检验项目、名词术语和计量单位应符合国家、行业有关标准及相关车辆修理技术文件的有关规定。

3. 汽车大修竣工检验单

(1) 填写内容　进厂编号、托修单位、承修单位、牌照号、厂牌、车型、底盘号码、发动机型号及号码、车辆装配情况、车辆改装改造状况、汽车修理竣工后的技术状况、检验记录、检验结论、检验员签字及日期等。

(2) 填写要求　检验单中字迹应清晰，项目应齐全、完整，填写内容应真实、正确，检验项目、要求、方法、名词术语和计量单位应符合国家、行业有关标准及相关车辆修理技术文件的有关规定。

4. 汽车大修合格证

(1) 填写内容　进厂编号、牌照号、厂牌、车型、底盘号码、发动机型号及号码、维修合同号、出厂日期、总检验员签字及日期、承修单位质量检验部门盖章、走合期规定、保证期规定。

(2) 填写要求　合格证中字迹应清晰，项目应齐全、完整，填写内容应真实、正确，合格证中的名词术语应符合国家及行业有关标准中的规定。

三、汽车修理中的间隙、过盈量计算

1. 配合间隙的计算

在汽车修理过程中，经常需要确定配合副间隙。一般情况下，汽车修理标准或汽车使用说明书中已经给出了某些配合副的间隙值，但对于不熟悉的车型或手中缺少资料的汽车，可用以下经验公式计算确定其配合间隙。

（1）活塞与气缸配合间隙的计算

1）柴油机

$$\Delta D = 0.0012D$$

2）汽油机

① 镶钢片的椭圆形活塞

$$\Delta D = 0.0006D$$

② 闭式开槽及有纵向防胀槽的活塞

$$\Delta D = 0.0007D$$

③ 闭式开槽及有纵向防胀槽的椭圆形活塞

$$\Delta D = 0.0004D$$

式中　ΔD——活塞与气缸的配合间隙（mm）；

D——活塞与气缸的公称直径（mm）。

（2）轴与轴瓦的配合间隙计算

1）锡基或铅基巴氏合金

$$\Delta d = (0.0005 \sim 0.00075)d$$

2）铜铅合金

$$\Delta d = (0.00075 \sim 0.0010)d$$

3）钢背铝合金

$$\Delta d = (0.0008 \sim 0.0012)d$$

4）整体铝合金

$$\Delta d = (0.0010 \sim 0.0020)d$$

式中　Δd——轴与轴瓦的配合间隙（mm）；

d——轴与轴瓦的公称直径（mm）。

2. 配合过盈量的计算

在汽车修理过程中，经常会通过孔镶内套、轴镶外套来恢复零件的修理尺寸。过盈配合件要求有较高的加工精度和一定的过盈量，这样才能保证装配后的零件在承受载荷、传递转矩时不松动，同时又不使应力超过材料的屈服强度。

（1）轴向压力

$$F = f\pi dLp$$

(2) 接触面压强

$$p = \delta/\left(\frac{C_1}{E_1}+\frac{C_2}{E_2}\right)d$$

其中:

$$C_1 = \frac{d^2+d_1^2}{d^2-d_1^2}-\mu_1$$

$$C_2 = \frac{d_2^2+d^2}{d_2^2-d^2}+\mu_2$$

(3) 承受转矩

$$M = \frac{1}{2}f\pi d^2 LF$$

(4) 配合过盈量

$$\delta = \left(\frac{C_1}{E_1}+\frac{C_2}{E_2}\right)dF$$

(5) 外套内壁受到的拉应力

$$\sigma_2 = \frac{d_2^2+d^2}{d_2^2-d^2}F$$

(6) 内套受到的压应力

$$\sigma_1 = -\frac{2d^2}{d^2-d_1^2}F$$

(7) 包容件与被包容件温差

$$\Delta t = t - t_0 = \frac{\delta+\Delta}{\alpha d}$$

式中 f——套合件表面摩擦因数;
d——套合件配合的公称尺寸(mm);
L——配合件的套合长度(mm);
F——配合面上的单位压力(MPa);
δ——配合件的配合过盈量(mm);
C_1、C_2——与配合件尺寸有关的系数;
E_1、E_2——两套合件材料的弹性模量(MPa);
μ_1、μ_2——两套合件材料的泊松比;
d_1——被包容件直径(mm);
d_2——包容件直径(mm);
σ_1、σ_2——内外套受到的压、拉应力(MPa);
α——零件材料的线胀系数(K^{-1});

t_0——室温（或被包容件的温度）（℃）；

t——包容件被加热的温度（℃）；

Δ——保证热态装配时所需要的间隙（mm），一般取 $\Delta=(0.001\sim0.002)d$。

例 某中碳钢轴上装一只同材料的钢套，已知 $d_1=0$（实心轴），$d=50\text{mm}$，$d_2=100\text{mm}$，$E_1=E_2=2.1\times10^5\text{MPa}$，材料的屈服强度 $\sigma_s=360\text{MPa}$，$\mu_1=\mu_2=0.3$，$\alpha=11\times10^{-6}/℃$，室温为20℃，求镶套时外套的加热温度。

解 设中碳钢轴不加热，而是通过外套加热来镶套，那么外套的加热温度为

$$t=\frac{\delta_{\max}+\Delta}{\alpha d}+t_0$$

而 $\delta_{\max}=\left(\frac{C_1}{E_1}+\frac{C_2}{E_2}\right)dp_{\max}$，只要求出 $p_{\max}$、C_1、C_2（其他为已知），就可求出 $\delta_{\max}$、t。

$$p_{\max}=\sigma_s\frac{d_2^2-d^2}{d_2^2+d^2}=360\text{MPa}\times\frac{100^2-50^2}{100^2+50^2}=216\text{MPa}$$

$$C_1=\frac{d^2+d_1^2}{d^2-d_1^2}-\mu_1=1-0.3=0.7$$

$$C_2=\frac{d_2^2+d^2}{d_2^2-d^2}+\mu_2=\frac{100^2+50^2}{100^2-50^2}+0.3=1.97$$

$$\delta_{\max}=\left(\frac{0.7+1.97}{2.1\times10^5\text{MPa}}\right)\times50\text{mm}\times216\text{MPa}=0.137\text{mm}$$

$$\Delta=(0.001\sim0.002)\text{mm}\times50=0.05\sim0.10\text{mm}(\text{取}\,0.063\text{mm})$$

$$t=\frac{\delta_{\max}+\Delta}{\alpha d}+t_0$$

$$=\frac{0.137\text{mm}+0.063\text{mm}}{11\times10^{-6}℃^{-1}\times50\text{mm}}+20℃=363.6℃+20℃=384℃$$

答 镶套时外套的加热温度为384℃。

第二节 编制汽车修理工艺规程技能训练

训练 编制发动机装配修理工艺规程

1. 准备工作

1）装配前对发动机进行认真清洗，特别要检查气缸体、曲轴上各润滑油道，并用压缩空气吹净。

2）检查发动机各零部件，尤其是气缸体在搬运过程中有无毛刺、擦伤，积炭和污垢的清除是否彻底。

3）人员应齐备，场地应整洁，设备、设施应符合要求。发动机装配工应熟悉工艺规范和发动机的结构特点，所用设施、设备、量具、工具应清洁齐全。

4）通用备件和材料质量应符合规定。例如，螺栓、螺母、垫圈、垫片、开口销等标准件，摩擦表面涂用的新机油，石棉绳等，要求规格合适，一次配齐。

2. 工作步骤

把符合要求的零部件、组合件和总成按照一定的工艺顺序和原则安装在气缸体上，使其成为完整的发动机，称为发动机的装配。通常发动机的装配步骤如下：

1）安装曲轴。就是把合格的曲轴安装在气缸体上。在安装曲轴之前，应先将正时齿轮及止推垫圈装于轴颈上。正时齿轮与曲轴用键联接，正时齿轮与曲轴轴颈的误差应符合规定。

安装曲轴时，擦净各道轴承及曲轴轴颈，并涂上薄薄的一层机油，然后将已装好的正时齿轮及飞轮的曲轴（飞轮也可后装）安装在气缸体的主轴承座孔内，把各道主轴承盖合上，放入螺栓，并注意不要使垫片错乱及丢失。按规定力矩和次序旋紧主轴承螺栓，并检查各道主轴承的间隙，径向间隙和轴向间隙应符合规定。

2）安装凸轮轴。安装凸轮轴之前，应先将隔圈、止推凸缘及正时齿轮装配在凸轮轴上；齿轮用半圆键与凸轮轴联接；轮毂与轴的配合一般为过渡配合，应符合有关规定。

安装凸轮轴时，应先将凸轮轴各道轴颈涂上机油，然后再装入凸轮轴轴承，其间隙应符合规定。凸轮轴及曲轴正时齿轮上的标记应该对正，然后旋紧凸轮止推凸缘的固定螺钉。凸轮轴的径向间隙和轴向间隙应符合规定。正时齿轮的啮合间隙，可用塞尺在圆周方向相隔120°的三点进行测量，其值应符合规定，三点差值均不应大于0.10mm。

3）安装活塞连杆组。可按发动机的作功顺序，逐缸把连杆大端与曲轴连杆轴颈连接起来。在将活塞连杆组装入气缸时，可用专用安装工具箍紧活塞环，用木柄轻轻推入。推入气缸前应注意活塞环的安装方向和活塞环开口的错开角度，一般一、二道环相错180°，二、三道环相错90°，三、四道环相错180°。装连杆轴承盖时，应放好原有垫片，涂上洁净的机油，按要求方向扣合轴承盖，并按规定力矩旋紧螺母，用开口销将螺母锁止。

安装活塞连杆组时，应使活塞裙部开槽的一侧位于作功行程中活塞不受侧压力的一侧（高速发动机，其装法应相反）。一般活塞顶部应有标志，指出活塞的安装方向。当无标志时，对于侧置式气门发动机，活塞裙部开槽的一侧应位于气门安装位置的对面气缸壁，连杆大头喷油孔应朝向凸轮轴。应检查活塞到上止点时，活塞顶部到气缸体上平面的距离，高低差值应符合有关规定。

4）安装气门。对于有气门挺柱架的发动机，应先在气门挺柱上涂机油，再放入挺柱架的导孔内，然后将挺柱架装在气缸体上，并以规定力矩将螺栓拧紧。最后装上气门弹簧和弹簧座。对于不等螺距弹簧，应先将螺距大的一端向下，再在气门杆部涂机油，然后按原次序插入气门导管孔内，用气门钳压紧气门弹簧，装入锁销或锁片，最后调整气门间隙，并检查和调整配气相位。

顶置凸轮轴的安装，应在气缸盖安装后进行。安装双凸轮轴时，应注意区分进气凸轮轴与排气凸轮轴。安装摇臂轴时，应识别进、排气摇臂和摇臂轴，两者不可互换。安装正时链条、齿形带时，要注意链条与链轮、齿形带与带轮的正时记号。气门间隙的检查和调整，可采用逐缸调整法或二次调整法，进、排气门的间隙应符合各车型的规定。

5）安装分电器。安装分电器时，应注意其与传动环节相关零件的方位，以保证点火正时准确无误。主要注意以下三方面的定位：

① 曲轴的定位。摇转曲轴，使第一缸活塞处于压缩行程上止点前，制造厂家所规定的点火提前位置，如东风 EQ6100 型汽车为 9°，丰田 22R 型汽车为 8°

② 机油泵驱动轴的定位。部分型号的机油泵由分电器轴驱动，分电器轴端的偏置双切面刃部与机油泵轴端的偏置槽口相配合。由于分电器插入气缸体座孔后，其轴上的齿轮与凸轮轴上螺旋齿轮相啮合时，要相对转过一个角度，因此，为了保证分电器安装后的正确位置，机油泵轴槽口的方位要预先设定，可与气缸体平行或倾斜一定角度。

③ 分电器与分火头的定位。安装分电器前，应先使其壳体上的记号与其传动齿轮轴上的记号对齐，然后将分电器插到位，并将其固定，若分火头指向与分电器盖上“1”缸高压线插孔方位一致，则表明分电器安装正确。

6）安装进、排气支管。安装进、排气支管之前，尤其要注意认真清除管内的积炭、油垢和其他脏物，然后用高压气体彻底吹净，以免内部残存的积炭在装复后被吸入气缸内。

一般情况下，进、排气支管衬垫光滑的一面，均应按原厂规定，朝向气缸体安装。拧紧螺栓时，应从中间向两端依次拧紧，以保证衬垫均匀平展。安装气缸盖衬垫时，通常也把衬垫光滑的一面朝向气缸体，而对于铝合金气缸盖，则规定光滑的一面朝向气缸盖。

7）安装飞轮壳和离合器。在飞轮未装在曲轴上之前，必须检查曲轴安装飞轮的凸缘处端面对曲轴轴线的径向圆跳动，其值应小于 0.06mm，凸缘外圆的径向圆跳动量应小于 0.04mm。按规定力矩及对角顺序拧紧飞轮固定螺栓，并用开口销或铁丝锁紧。

装飞轮壳前应检查定位销孔及销是否完好，装上飞轮壳后，应检查飞轮壳后端的变速器第一轴轴承盖凸缘座孔对曲轴的径向圆跳动量。若其值较大，则应予以镶套、镗孔，在径向圆跳动量符合规定后，再按规定力矩将固定螺栓拧紧。

将飞轮、离合器压盘、中间压盘工作面及离合器从动盘摩擦片擦拭干净，以变速器第一轴为导杆，套上离合器从动盘（两短毂相对）、中压盘和离合器压盘总成，然后均匀拧紧螺栓，将离合器固定在飞轮上，最后再将变速器第一轴抽出。

8）安装其他各附件。安装正时齿轮盖、气缸盖、水泵、空压机并调整传动带的张紧度；安装节温器、气缸盖出水管、冷却液温度表传感器；安装机油滤清器、机油压力表传感器、集滤器、油底壳；安装起动机、机油加注管，插入机油尺；安装汽油泵、化油器、空气滤清器及连接管路等；将发动机总成固定在试验台上，加注机油、冷却液，接好通向室外的排气管，进行最后的全面检查，做好冷磨、热试的准备。

3. 注意事项

1）发动机装配的零部件、总成必须检验合格，以保证装配后的发动机质量。

2）不可互换的零部件必须按原安装位置、标记、方向装配，不得错乱。

3）发动机上重要的螺栓、螺母，必须按规定的力矩和顺序分次拧紧，最后一次的拧紧力矩应符合有关标准。

4）各螺栓、螺母所有的锁止件（如开口销、保险垫片、金属锁线以及各种垫圈等），应按规定装配齐全、完整、贴服、可靠，不得有遗漏和损伤，一般大修时应全部换新。

5）在装配过程中，应尽量采用专用工具，以防损坏零件；装配过盈配合件时，应使用压力机或自制压具。

6）滑动轴承与轴颈处以及有相对运动的摩擦表面，在装配时必须涂以洁净的机油，以便于装配和防止走合初期零件的快速磨损。

4. 考核要求

1）要求发动机的装配准备工作必须到位，人员、场地、机具、设备、材料、备件等应符合准备要求。

2）发动机装配的注意事项可采取提问的方式进行，也可以人为设置障碍，如气缸体与飞轮壳，活塞连杆组与对应气缸孔，轴承垫，进、排气门，曲轴与飞轮等不得错乱。

3）理论部分采取提问或笔答的形式进行考核，不要求面面俱到，可出成题签，抽签考核。

4）实际操作以某一步骤为主，限定时间，观察操作步骤、方法、标准要求等是否符合规定。

5）考核评定分数应以实际操作为主，上述四项可按 1:1:3:5 给分，最后打出综合分。

复习思考题

1. 发动机总成大修的标志是什么？
2. 总成大修送修时有哪些规定？
3. 如何计算活塞与气缸的配合间隙？
4. 镶套时外套的加热温度如何计算？
5. 装配发动机时应注意哪些事项？

第三章

解决汽车修理过程中的技术难题

培训学习目标 应对汽车用计算机（ECU）的组成、计算机控制点火系统的组成和控制原理及有关传感器的结构有所了解；掌握电控燃油喷射系统和自动变速器的基本组成、工作原理与基本检验方法；掌握有关传感器、电子点火系统故障诊断程序及电控燃油喷射系统、自动变速器液压操纵系统、动力转向液压泵、发动机综合性能、空调系统的检修方法。

第一节 解决汽车修理过程中的技术难题必备的专业知识

一、计算机控制点火系统

1. 计算机控制点火系统的组成

如图3-1所示，计算机控制点火系统主要由传感器1、执行机构3、电控单元2、点火线圈4、分电器和火花塞等组成。

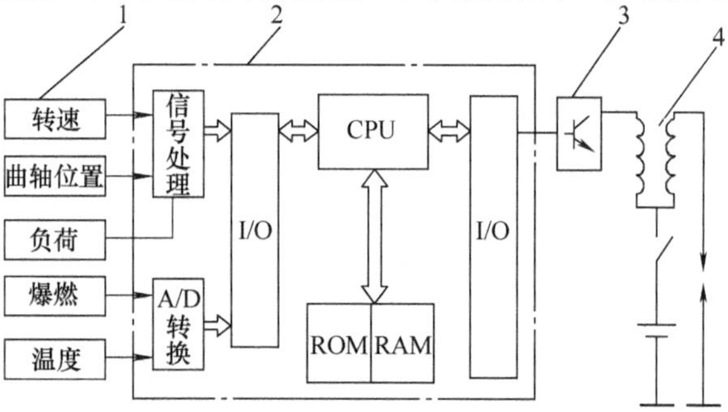

图3-1 计算机控制点火系统组成框图

1—传感器 2—电控单元

3—执行机构（点火控制器） 4—点火线圈

(1) 传感器 当发动机工作时，计算机控制点火系统中的传感器不断地收集发动机各工况的信息并将其输送给电控单元，作为控制系统运算和实现控制的依据。

在计算机控制点火系统中，有以下几种传感器和具有传感器作用的开关：

1）发动机转速传感器。

2）点火基准传感器。

3）霍尔传感器。

4）增压传感器。

5）温度传感器。

6）爆燃传感器。

7）怠速节气门开关。

8）全负荷节气门开关。

9）点火开关。

10）制动灯开关。

（2）电控单元　是计算机控制点火系统的中枢。

（3）执行机构　在计算机控制点火系统中，执行机构的作用是按电控单元发出的控制信号，完成规定的动作，控制发动机工作。在计算机控制点火系统中采用的执行机构有：

1）点火控制器。点火控制器按电控单元发出的控制信号，控制点火线圈的通、断。

2）怠速稳定控制阀。怠速稳定控制阀安装在节气门旁通空气道上，用于调节节气门旁通空气道的开度，从而调节怠速运行的空气流量，稳定发动机怠速转速。

3）超速燃油切断阀。超速燃油切断阀安装在节气门前方空气流量计的旁通空气道上，当发动机减速时，用于切断到喷油器的燃油，可以减少燃油的消耗和排气污染。

2. 计算机控制点火系统的工作原理

当发动机工作时，各传感器不断地检测发动机的转速、增压值（相当于负荷信号）、冷却液温度和进气温度信号，并将检测的结果经整形、信号处理、A/D转换以及相应的接口电路输送给电控单元。电控单元按存储器中存放的程序采集上述传感器输入的信号，按程序中规定的计算方法，计算出该工况下的最佳点火提前角和初级电路的最佳导通时间，并根据冷却液温度和进气温度，对计算结果加以修正，得出该工况下点火提前角的最佳值，并将计算结果转变为使点火线圈初级电路导通与断开的控制信号。

电控单元在发出信号，切断点火线圈初级电路的同时，记录曲轴转过的角度或初级电路被切断后所经历的时间。当初级电路断开的时间达到计算出的断开时间（点火周期减去导通时间）时，电控单元立即发出控制信号，接通点火线圈的初级电路，为下一气缸的点火时刻做好准备，并重新记录初级电路通电时间，到达点火时刻时再切断点火线圈初级电路，产生高压电，使下一气缸火花塞跳火。如此，各气缸轮流点火一次，再重新进行计算，并重复上述过程。

在发动机工作期间，电控单元还不断地检测爆燃传感器输入的信号。如果发生爆燃，那么电控单元分步将点火提前角减小，在将爆燃消除后，再分步将点火提前角移回到爆燃前的状态，实现点火提前角的闭环控制。

二、电控燃油喷射系统的组成与基本检验

1. 电控燃油喷射系统的组成和工作原理

目前，尽管电控燃油喷射系统的类型较多，但是它们的组成基本相同，即由燃油供给系统、空气供给系统、电子控制系统及各种传感器等组成，如图3-2所示。

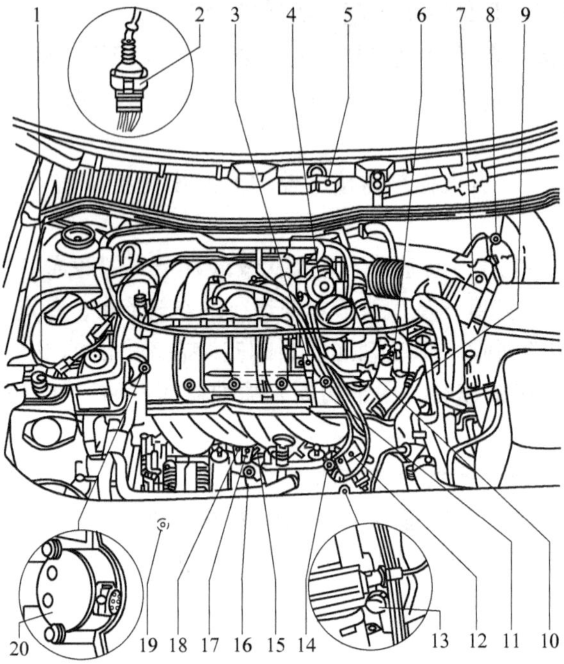

图3-2　电控燃油喷射系统的组成

1—活性炭罐电磁阀　2—插头　3—进气支管转换阀　4—节气门电控单元
5—发动机电控单元　6—凸轮轴调整阀　7—空气流量传感器及进气温度传感器
8—离合器踏板开关　9—冷却液温度传感器　10—燃油压力调节器
11—喷油器　12—点火线圈　13—发动机转速传感器　14、16—爆燃传感器
15、18—爆燃传感器插头　17—发动机转速传感器插头
19—转向助力压力开关　20—霍尔传感器

（1）燃油供给系统　其作用是向气缸内供给燃烧时所需的燃油。多点燃油喷射系统主要由燃油箱、燃油泵、燃油滤清器、燃油压力调节器及喷油器等组成，如图 3-3 所示。

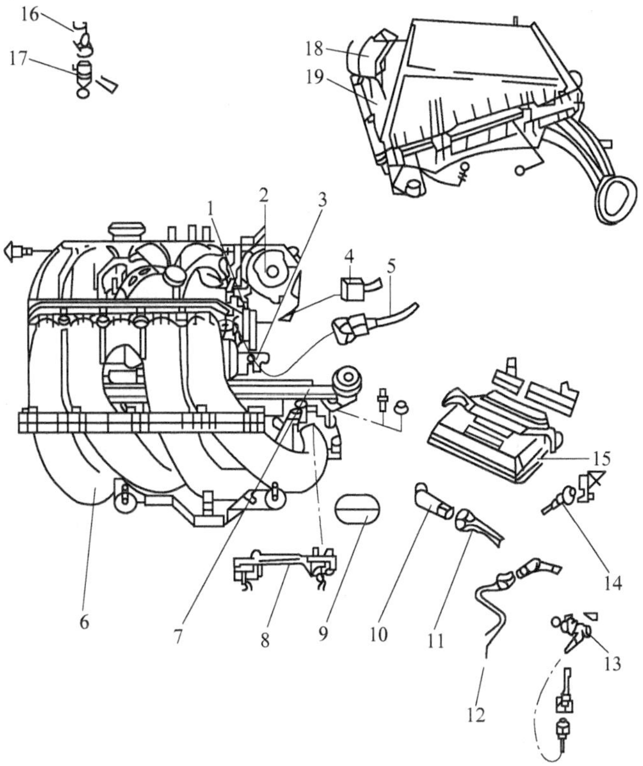

图 3-3　多点燃油喷射系统的组成

1—真空调整单元　2—节气门电控单元　3—进气支管转换阀　4—节气门电控单元插头　5—进气支管转换阀插头　6—进气支管　7—燃油分配管　8—喷油器插头　9—密封圈　10—凸轮轴调整阀　11—凸轮轴调整阀插头　12—传感器插头　13—发动机转速传感器插头　14—进气温度传感器　15—发动机电控单元　16—冷却液温度传感器插头　17—冷却液温度传感器　18—空气流量传感器　19—空气滤清器

燃油泵将燃油从燃油箱吸出后，经过燃油滤清器除去杂质和水分，再经过脉动减振器使其油压脉动减少。燃油压力调节器控制供油总管的油压（一般为 0.25～0.30MPa）后，送至各气缸喷油器或低温起动喷油器。喷油器根据电控单元的喷油指令，把适量的燃油喷射到进气门前。在进气行程时，燃油与空气形成的可燃混合气被吸入气缸内。

当发动机工作时，各正常工况下的喷油量由安装在节气门体上的喷油器

(SPI 系统) 或安装在进气门附近的各个喷油器 (MPI 系统) 控制，相应的喷油量由喷油器的通电时间长短来决定。

当发动机低温起动时，装在进气管处的低温起动喷油器喷油，此时的喷油时间受其定时开关控制。

(2) 空气供给系统　其作用是为发动机可燃混合气的形成提供必要的空气，并测量和控制空气量。空气供给系统主要由空气滤清器、空气流量传感器、进气总管及进气支管等组成，如图 3-4 所示。

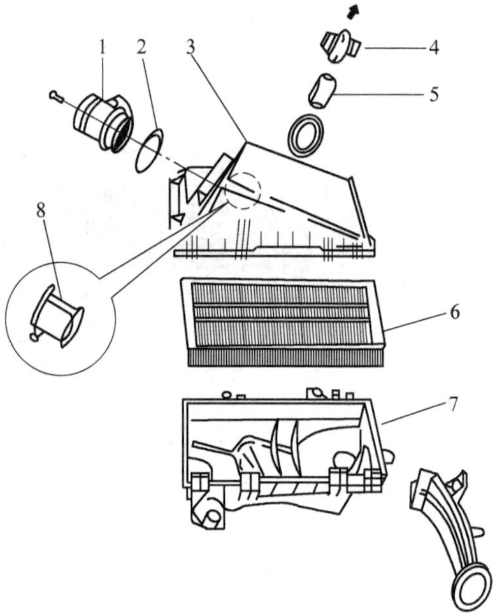

图 3-4　空气供给系统

1—空气流量传感器　2—密封圈
3—空气滤清器上体　4—末级功率放大器
5—冷却器　6—滤芯　7—空气滤清器下体
8—接空气滤清器上体空气导管

在进气行程时，空气经空气滤清器、空气流量传感器和节气门进入各气缸进气支管。驾驶人通过操纵节气门的开度来控制每个工作循环的进气量。在发动机怠速时，节气门关闭，空气量由空气阀来控制，以保证在冷起动暖车时加大空气量，正常怠速时恢复怠速空气量。

怠速调整螺钉用来调节怠速转速。空气阀控制快怠速转速，也可由电控单元指令怠速控制阀控制怠速转速和快怠速转速。

(3) 电子控制系统　电子控制系统主要由电控单元、传感器及执行器三部分组成。

电控单元是电子控制系统的核心，它的主要作用是控制和检测。电控单元一方面接收来自各个传感器传来的信号，另一方面又完成对这些信号的处理，并发出相应的指令来控制执行器的动作。

传感器负责把反映发动机工况和汽车运行状况的各种参数 (非电量参数) 转变成电信号 (电压或电流)，提供给电控单元，使电控单元正确地控制发动机运转或汽车运行。传感器包括空气流量传感器、氧传感器、节气门位置传感器、温度传感器、发动机曲轴位置传感器、爆燃传感器等。

执行器接受电控单元发出的各种指令，进行必要的动作。它主要由喷油器、电动燃油泵和怠速控制装置组成。

2. 电控燃油喷射系统故障诊断的基本要求

（1）掌握故障诊断的基本程序　电控燃油喷射发动机是典型的机电一体化设备，在对其进行故障诊断时，应首先掌握电控燃油喷射系统的结构、工作原理和电气线路，同时还应掌握其基本的检查方法和步骤。

在一般情况下，若诊断排除一个可能涉及电控系统的发动机故障，则首先应判定故障是否与电控单元有关。如果发现发动机有故障，但故障灯未亮（未显示故障码），那么表明该故障多数情况下与电控系统无关。此时，应按发动机没装电控系统的诊断基本程序进行故障诊断。

（2）听取客户意见　在进行基本检查时，要认真听取客户对故障现象的描述，应重点了解故障出现的情形、条件，故障是如何发生的，对故障是否检修过及检修调整过哪些部位等。另外，认真填好客户意见反馈表，见表 3-1。

表 3-1　客户意见反馈表

<table>
<tr><td colspan="2">客户姓名</td><td></td><td>登记号</td><td></td></tr>
<tr><td colspan="2" rowspan="2"></td><td rowspan="2"></td><td>登记期</td><td rowspan="2"></td></tr>
<tr><td>车身代码</td></tr>
<tr><td colspan="2">接车日期</td><td></td><td>里程表读数</td><td>km</td></tr>
<tr><td colspan="2">故障发生日期</td><td colspan="3"></td></tr>
<tr><td colspan="2">故障发生频次</td><td colspan="3">□经常　□有时　□仅一次　□其他</td></tr>
<tr><td rowspan="5">故障发生条件</td><td>天气</td><td colspan="3">□晴天　□阴天　□雨天　□雾天　□其他</td></tr>
<tr><td>气温</td><td colspan="3">□炎热天　□热天　□冷天　□寒冷天（大约　　℃）</td></tr>
<tr><td>地点</td><td colspan="3">□高速公路　□一般公路　□市内　□上坡　□下坡
□粗糙路面　□其他</td></tr>
<tr><td>发动机冷却液温度</td><td colspan="3">□冷机　□暖机后　□任何温度　□其他</td></tr>
<tr><td>发动机工况</td><td colspan="3">□起动　□起动后　□怠速　□无负载　□行驶
（□匀速　□加速　□减速）　□其他</td></tr>
<tr><td rowspan="6">故障现象</td><td>□发动机不能起动</td><td colspan="3">□不能运转　□无起动征兆　□有起动征兆</td></tr>
<tr><td>□起动困难</td><td colspan="3">□起动时运转转速低　□其他</td></tr>
<tr><td>□怠速不良</td><td colspan="3">□怠速不稳　□怠速高　□怠速低　□怠速粗暴　□其他</td></tr>
<tr><td>□动力不足</td><td colspan="3">□加速迟缓　□回火　□放炮　□喘振　□敲缸　□其他</td></tr>
<tr><td>□发动机熄火</td><td colspan="3">□起动后立即熄火　□踩加速踏板后　□松加速踏板后
□空调工作时　□挂挡时　□其他</td></tr>
<tr><td>□其他</td><td colspan="3"></td></tr>
<tr><td colspan="2">故障指示灯状态</td><td colspan="3">□常亮　□有时亮　□不亮</td></tr>
</table>

(3) 目测检查　认证听取客户反馈意见后，应首先对该系统进行目测检查。其目的是尽可能排除与电控系统无关的故障因素。

目测检查的内容主要包括：检查空气滤清器滤芯，检查 ECU 线束的连接是否良好，检查传感器和执行器的连接器是否良好、连接导线是否松动或断开及是否有短路现象、连接器是否插接到位等。

(4) 基本检查　包括基本怠速和基本点火正时的检查。电控燃油喷射系统故障诊断程序如图 3-5 所示。电控燃油喷射系统故障征兆表见表 3-2。

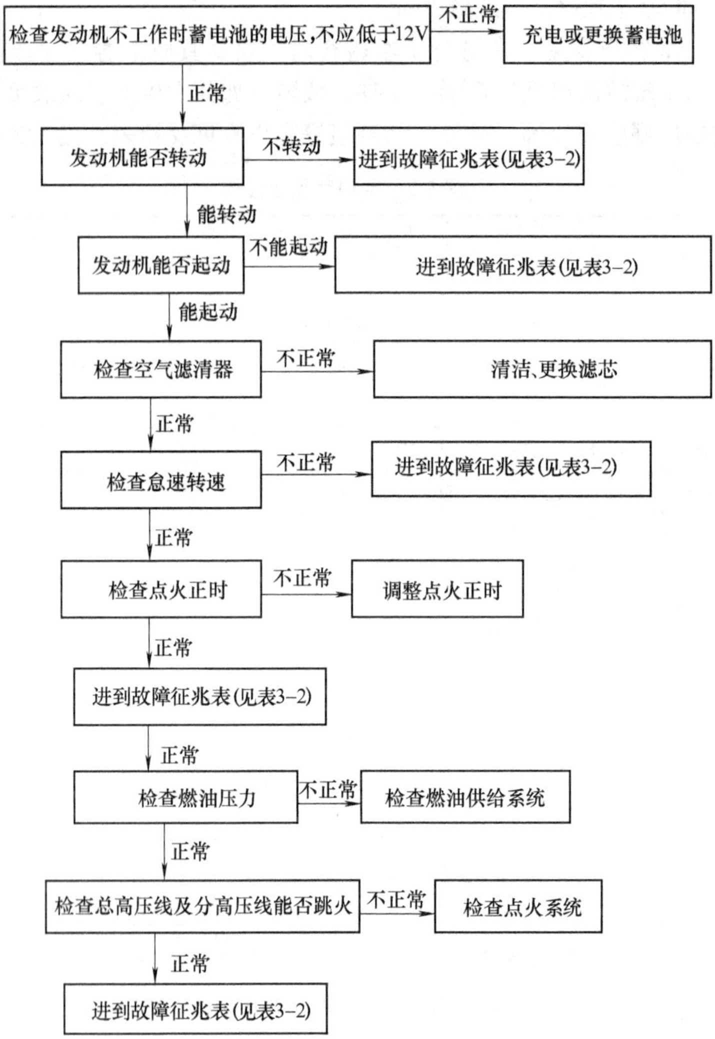

图 3-5　电控燃油喷射系统故障诊断程序

表 3-2　电控燃油喷射系统故障征兆表

<table>
<tr><th colspan="2" rowspan="2">系统及装置
故障现象</th><th rowspan="2">空气系统</th><th rowspan="2">燃料系统</th><th rowspan="2">点火系统</th><th colspan="4">电子控制装置</th><th rowspan="2">空气蒸发装置</th><th rowspan="2">发动机机械部分</th><th rowspan="2">要点</th></tr>
<tr><th>喷射控制</th><th>点火控制</th><th>怠速控制</th><th>EGR控制</th></tr>
<tr><td rowspan="2">不能起动</td><td>冷机时</td><td rowspan="2">—</td><td rowspan="2">喷油器
汽油泵</td><td rowspan="2">蓄电池电压
点火线圈初级电路和次级电路
ECU 电源与搭铁</td><td rowspan="2">—</td><td rowspan="2">功率管及ECU输出信号
曲轴位置传感器</td><td rowspan="2">—</td><td rowspan="2">—</td><td rowspan="2">—</td><td rowspan="2">曲轴转动状况</td><td rowspan="2">区分判断汽油供给系统、点火系统、电子控制系统不同故障点</td></tr>
<tr><td>暖机时</td></tr>
<tr><td rowspan="2">起动性能不良</td><td>冷机时</td><td rowspan="2">空气阀
空气流量
吸入空气状况</td><td>汽油压力</td><td rowspan="2">点火线圈
火花塞</td><td rowspan="2">起动输入信号
冷却液温度传感器</td><td rowspan="2">点火时间</td><td rowspan="2">—</td><td rowspan="2">EGR控制阀</td><td rowspan="2">空气排出控制阀及气管</td><td rowspan="2">气缸压力
气门相位</td><td rowspan="2">检查混合气是否过浓或过稀</td></tr>
<tr><td>暖机时</td><td>再起动时的汽油压力</td></tr>
<tr><td rowspan="4">怠速不稳定</td><td>冷机时</td><td rowspan="3">空气流量计
节气门体
空气管状况
HC、CO 浓度</td><td rowspan="3">汽油压力
喷油器喷油状况及喷油量是否均匀
汽油成分</td><td rowspan="3">各缸火花塞状态
火花塞热值</td><td rowspan="2">冷却液温度传感器
空燃比反馈机构</td><td rowspan="3">节气门开关</td><td rowspan="4">怠速反馈控制机构
怠速空气阀
怠速控制总成</td><td rowspan="3">EGR控制阀</td><td rowspan="3">—</td><td rowspan="4">气门间隙
压缩压力
发动机摩擦力
发动机润滑情况</td><td rowspan="4">暖机后的问题。除分别进行故障判断外，还要注意对综合问题进行判断</td></tr>
<tr><td>暖机中</td></tr>
<tr><td>暖机后</td><td>氧传感器</td></tr>
<tr><td>转速过高</td><td>空气阀
节气门体及传动机构</td><td>—</td><td>蓄电池电压</td><td>—</td><td>—</td><td>—</td><td>PCV阀空气排出阀及气管</td></tr>
</table>

(续)

故障现象 \ 系统及装置	空气系统	燃料系统	点火系统	电子控制装置				空气蒸发装置	发动机机械部分	要点
				喷射控制	点火控制	怠速控制	EGR控制			
容易熄灭 暖机中 暖机后	空气阀 空气管 HC、CO浓度 空气流量计 节气门体及传动机构	汽油压力 汽油泵 喷油器	ECU电源、搭铁 火花塞 点火线圈 点火线圈初级电路和次级电路	汽油切断喷射量 冷却液温度传感器	晶体管驱动电路及ECU输出信号 曲轴位置传感器	—	EGR控制阀	—	气门间隙	检测混合气的浓度及检查电气系统是否存在问题
加速不良	节气门体及传动机构	汽油压力 喷油器	—	节气门开关	—	—	EGR控制阀	—	压缩压力 气门间隙	检查是否是发动机故障 检查汽油供给系统
放炮	—	喷油器	点火时间 点火顺序 火花塞	汽油切断喷射量	—	—	—	—	气门间隙 配气相位	混合气是否过稀 点火系统是否正常
回火	空气流量计	汽油压力 喷油器	点火时间 点火顺序	喷射量	节气门开关	—	—	空气排出控制阀	进、排气门开启时间	混合气是否过稀 点火系统是否正常

三、自动变速器的组成及基本检验

1. 自动变速器的组成及工作原理

自动变速器主要由液力变矩器、变速机构和控制装置等组成。

（1）液力变矩器　如图3-6所示，在液力变矩器中，泵轮4与液力变矩器壳2连成一体并与发动机曲轴1相连，为主动件；涡轮3与从动轴7（行星齿轮变速器的输入轴）相连，为从动件；导轮5位于涡轮与泵轮之间，通过自由轮机构装在与变速器壳体刚性连接的导轮轴上，使导轮在一定速比时可能脱开。

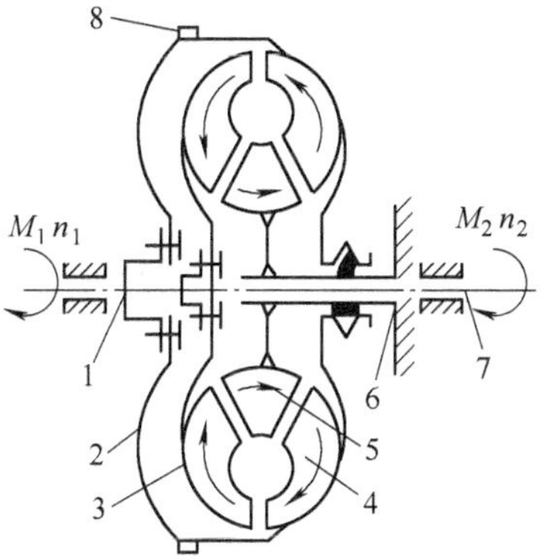

图3-6　液力变矩器组成示意图
1—发动机曲轴　2—液力变矩器壳　3—涡轮　4—泵轮　5—导轮　6—泵轮固定套　7—从动轴　8—起动齿圈

汽车运行时，随着涡轮转速 n_2 和泵轮转速 n_1 的相应变化，其输出的转矩能无级地自动改变。汽车起步时，涡轮转速低，输出转矩大，变矩比 K（输出转矩 M_2 与输入转矩 M_1 之比）达到最大值。汽车起步后，随着涡轮转速 n_2 的升高，输出转矩连续下降，当达到一定速比（n_2/n_1）时，导轮从固定不动到自由旋转，涡轮随着泵轮以同样的转速旋转，液力变矩器转变为液力偶合器，直接传递发动机转矩。

液力变矩器的变矩比只能在一个较小的范围内变化，不能满足汽车变速的要求。为此，自动变速器内还装有行星齿轮变速器，以扩大自动变速器的变速范围。

（2）变速机构　自动变速器的变速机构是行星齿轮，它由行星齿轮排等组成。

行星齿轮排的数目因变速器的挡位数不同而不同。一般三挡自动变速器具有2个行星齿轮排，而具有超速挡的四挡变速器有3个行星齿轮排。每个行星齿轮排的工作原理基本相同。

（3）控制装置　控制装置的作用是将各种传感器反映的节气门位置、汽车行驶速度及影响发动机和变速器工作的各个非电量参数转换成电信号，送至电控系统中。电控系统对输入信号进行处理，并与其储存的数据进行比较，发出指令，控制液压操纵系统的电磁阀动作，进而控制离合器和制动器动作，实现自动换挡。

电控系统主要由电控单元、传感器及执行元件三部分组成，如图3-7所示。

1）电控单元。其作用是根据其存储的程序，对各种传感器及控制开关输入

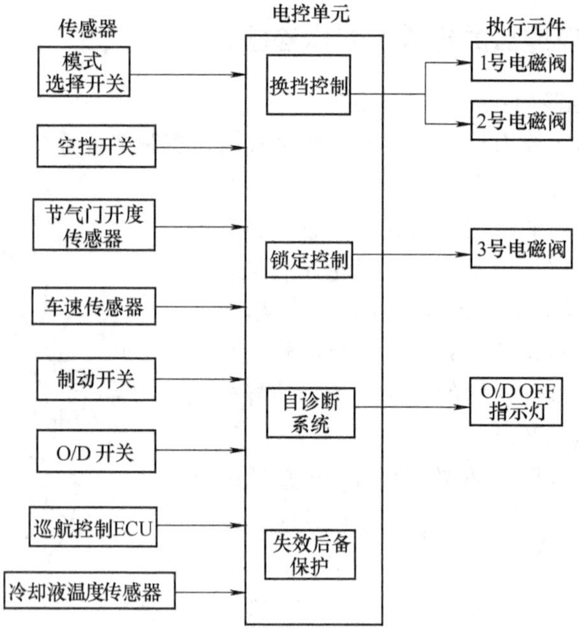

图 3-7　电控系统组成框图

的信号进行运算、分析和判断，发出相应的控制指令，使执行组件产生相应的动作，实现自动换挡。另外，电控单元还对整个电子控制系统进行监测，一旦系统出现故障，即发出警告，以便于对该系统进行维修。

2）传感器。控制装置中的传感器主要有节气门位置传感器、车速传感器、变速器油温传感器、冷却液温度传感器及空挡开关、制动灯开关、模式选择开关、超速挡开关、强制降挡开关等。

3）执行元件。执行元件的作用是执行电控单元的指令，把电控单元输出的电信号转换成控制系统所需要的力或位移，实现自动控制。执行元件主要指电磁阀。通过电磁阀，可实现机械运动、液压调节或改变液流方向。在电控液压自动变速器中，电磁阀控制换挡阀的工作，控制方式有加压控制和泄压控制两种。在加压控制时，电磁阀通过开启或关闭换挡阀的进油孔来控制换挡阀工作；在泄压控制时，电磁阀通过开启或关闭换挡阀的泄油孔来控制换挡阀工作。

电控系统电路图如图 3-8 所示。

2. 自动变速器的基本检验要领

自动变速器一旦出现故障，应采取逐步诊断的办法查出故障，即逐个诊断并排除不可能引起故障的原因，最后确定故障发生的部位。其步骤如下：

1）进行自动变速器的基本检验，即检验自动变速器油位是否合适，油质是否合格，自动变速器是否漏油，变速器联动机构及发动机工作是否正常等。排除

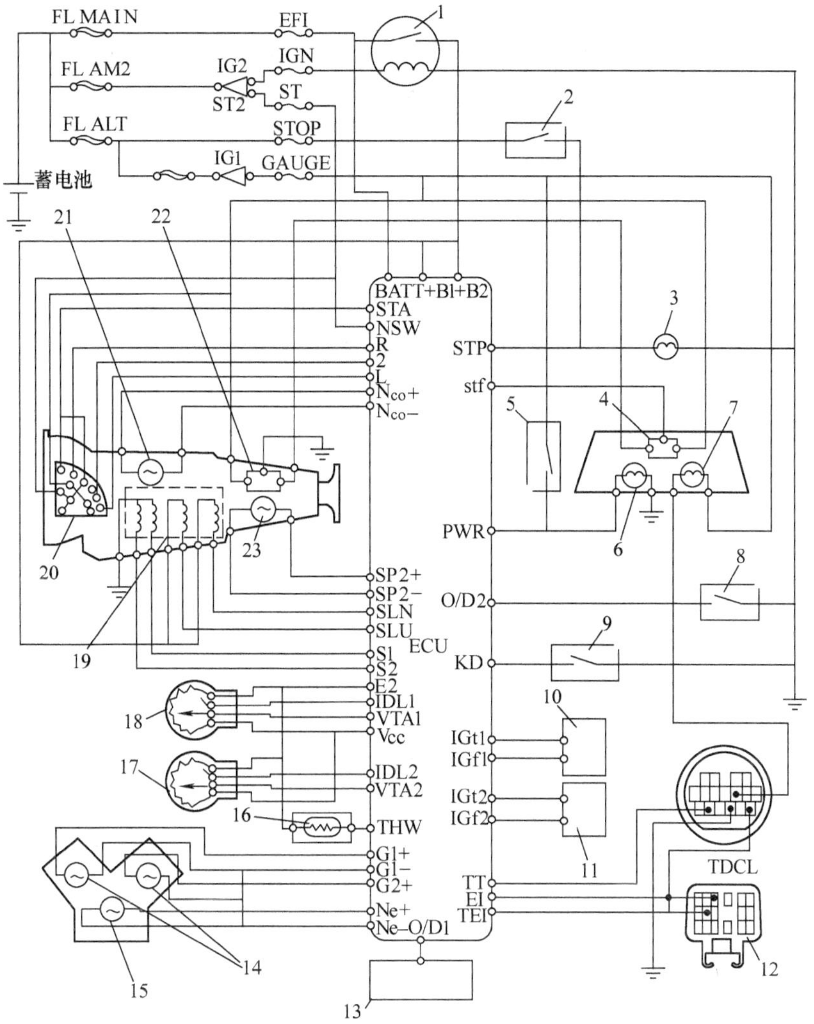

图 3-8　电控系统电路图

1—发动机电控燃油喷射系统主控电路　2—制动灯开关　3—制动灯　4—脉冲转换电路　5—行驶模式选择开关　6—行驶模式指示灯　7—超速挡（O/D）断开指示灯　8—超速挡（O/D）开关　9—自动跳合开关　10—1 号点火器　11—2 号点火器　12—检查插接器（诊断插头）　13—行驶速度电控单元　14—凸轮轴位置传感器　15—曲轴位置传感器　16—发动机冷却液温度传感器　17—副节气门位置传感器　18—主节气门位置传感器　19—电磁阀　20—空挡起动开关　21—超越离合器　22—1 号车速传感器　23—2 号车速传感器

以上引起自动变速器故障后，再进行下一部检验。

2）通过手动换挡试验来检验故障是由电控系统引起的还是由机械和液压系

统引起的。

3）通过机械试验来检验故障是由机械系统引起的还是由液压系统引起的。

4）最后，采用不同的诊断方法确定不同系统故障的具体部位。

四、柴油机电控技术

1. 柴油机电控技术的组成

图3-9所示为高压共轨式电控柴油喷射系统。系统中有一个公共高压油轨32，用电动输油泵4向公共油轨中泵油，用限压阀28对油轨中的压力进行调节。高压的柴油由公共油轨分别通向各缸喷油器27，由装在喷油器27内的电磁阀控制喷油量、喷油正时和喷油压力。高压共轨式电控柴油喷射系统可以同时控制喷油量、喷油正时、喷油压力和喷油速率，且能实现高压喷射，满足排放要求。

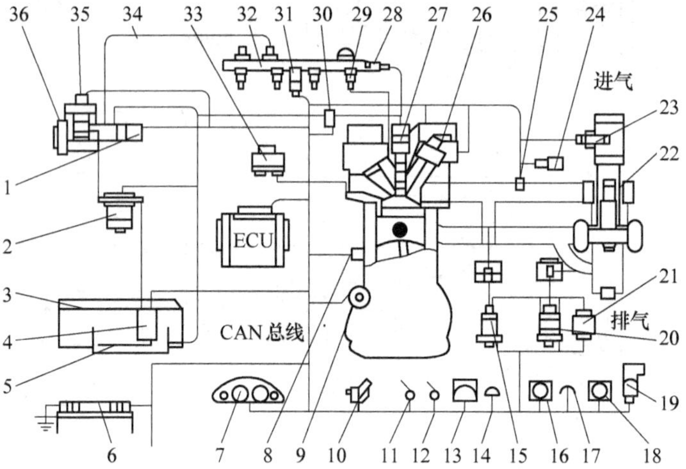

图3-9　高压共轨式电控柴油喷射系统

1—调压阀　2—柴油细滤器　3—油箱　4—电动输油泵　5—柴油粗滤器　6—蓄电池
7—仪表板　8—冷却液温度传感器　9—曲轴转速传感器　10—加速踏板传感器
11—制动触点　12—离合器开关　13—行驶速度传感器　14—行驶速度操纵杆
15—废气再循环执行器　16—空调机　17—空调操纵杆　18—诊断显示器
19—自诊断接头　20—增压执行器　21—真空泵　22—增压器　23—空气流量计
24—增压传感器　25—进气温度传感器　26—凸轮轴转速传感器　27—喷油器
28—限压阀　29—流量限制器　30—柴油温度传感器　31—共轨压力传感器
32—高压油轨（共轨管）　33—预热时间控制器　34—高压油管
35—柱塞单向阀　36—高压喷油泵

柴油供给系统分为低压油路和高压油路。低压油路由低压管路，电动输油泵4，柴油滤清器2、5，柴油回油管，温控-起动电磁阀和温控-起动预热塞组成。

高压油路由高压喷油泵36、高压燃油管路、高压油轨32和喷油器27等组成。

2. 主要零部件

(1) 高压喷油泵 高压喷油泵的结构如图3-10所示。该高压喷油泵由正时传动带驱动，其内部装有3个径向活塞。它替代了通常的旋转式喷油泵，但在安装时不需要确定正时位置。

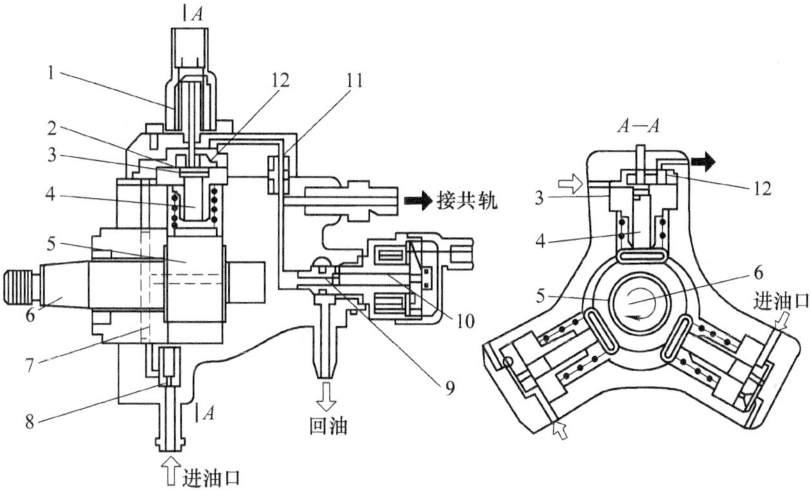

图3-10 高压喷油泵的结构

1—柱塞单向阀 2—进油阀 3—柱塞室 4—柱塞泵油元件 5—偏心凸轮 6—驱动轴 7—低压油路 8—安全阀 9—球阀 10—调压阀 11—密封件 12—出油阀

高压喷油泵中的每个泵组件由活塞、盖形的进油阀和球形的出油阀组成。泵组件浮动在泵轴上，被一个具有一定形线的凸轮驱动。在旋转过程中，该凸轮并不随着轴转动，而是在一个较宽半径的圆周空间内上下移动，从而交替驱动3个泵组件。

电控单元通过对压力调节器电磁阀的调控，将提供至高压油轨的燃油压力调节在一定范围内。

(2) 燃油压力调节器 燃油压力调节器的结构如图3-11所示。燃油压力调节器安装在高压油泵后面，根据电控单元的控制信号调节燃油轨中的燃油压力。当电磁阀4未通电时，压缩弹簧2作用在活塞上，保持控制阀门6关闭；当燃油压力升高至一定值时，压缩弹簧打开控制阀门，使高压燃油进入回油管路。

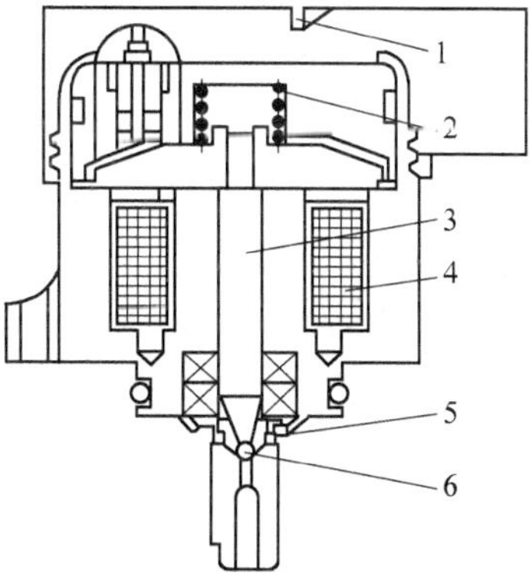

图3-11 燃油压力调节器的结构

1—电气插头 2—压缩弹簧 3—电枢 4—电磁阀 5—回油孔 6—控制阀门

当电控单元处理接收到的发动机各种参数后，确定所需的高压喷射压力，然后向燃油压力调节器发出PWM（脉宽调制）信号，控制电磁阀关闭控制阀门，直到达到期望的压力值。电控单元借助于安装在燃油轨上的燃油压力传感器监测被调节的燃油压力，并根据需要改变信号的强度，以达到要求的结果。

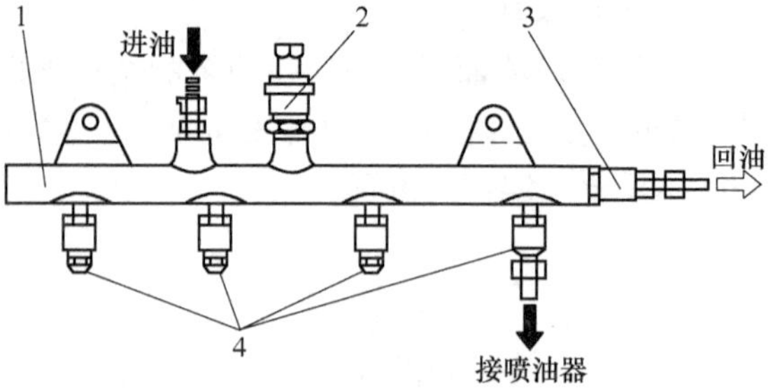

图3-12　高压油轨总成

1—共轨管　2—压力传感器

3—燃油压力限制器　4—流量限制器

（3）高压油轨总成　高压油轨总成如图3-12所示。高压油轨安装在气缸盖的侧面。高压油轨内腔的体积较小，主要是为了保证在起动及怠速时提升压力，以满足此时的燃油压力需求，同时也为了减小由喷油器的开、闭和高压喷油泵工作引起的压力变化。高压油轨上连接着4个流量限制器，1个压力传感器，1个燃油压力限制器和1个燃油回油管。

（4）电控喷油器　电控喷油器是共轨式电控柴油喷射系统中最关键和最复杂的部件。它的作用根据电控单元发出的控制信号，通过控制电磁阀的开启和关闭，将高压油轨中的燃油以最佳的喷油正时、喷油量和喷油率喷入柴油机的燃烧室。

图3-13所示为电控喷油器的结构。当电磁阀3不通电时，控制柱塞10顶部的回油量孔6被关闭，高压油轨的燃油压力通过进油量孔7作用在控制柱塞上，将喷油器关闭；当电磁阀3通电时，回油量孔6被打开，控制室8的压力迅速降低，控制柱塞升起，喷油器开始喷油；当电磁阀3关闭时，控制室的压力上升，控制柱塞下行，关闭喷油器，完成喷油过程。

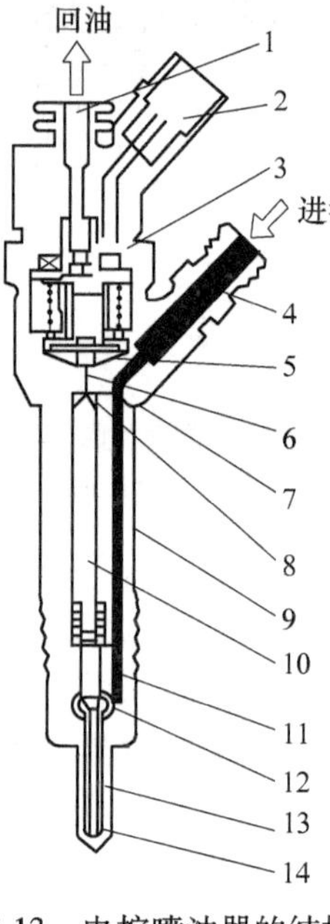

图3-13　电控喷油器的结构

1—回油孔　2—电气插头

3—电磁阀　4—进油口

5—回油阀　6—回油量孔

7—进油量孔　8—控制室

9—喷油器体　10—控制柱塞

11—进油通道

12—喷油器针阀承压锥面

13—喷油器针阀

14—喷油器针阀密封锥面

进油量孔、回油量孔和控制室的结构和尺寸对喷油器的喷油性能影响巨大。回油量孔与进油量孔的流量率之差及控制室的容积决定了喷油器针阀的开启速度，而喷油器针阀的关闭速度由进油量孔的流量率和控制室的容积决定。在设计进油量孔时，应保证喷油器针阀有足够的关闭速度，以减少喷油器喷射后期雾化不良的部分。

五、数据总线知识

1. 车载网络技术简介

随着汽车电控单元以及汽车电子装置的不断增多，采用串行总线实现多路传输，组成汽车电子网络，是一种既可靠又经济的做法。同时，现代汽车基于安全性和可靠性的要求，正越来越多地考虑使用电控系统代替原有的机械和液压系统。

目前，世界各大汽车厂商动力系统网络技术和车身网络控制技术平台正逐渐走向成熟和实用化。德国博世（BOSCH）公司研发了CAN（控制器局域网）数据总线，奥迪（AUDI）汽车公司开发了MOST数据总线。汽车各大汽车生产商都先后采用了这些技术。

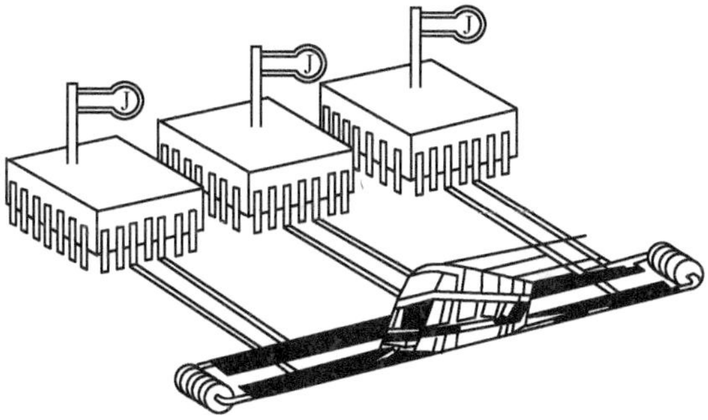

图3-14　CAN数据总线示意图

在采用串行总线的汽车上，每个电控单元只需要引出两条线接在两个节点上，这两条导线（见图3-14中的粗实线）就称为数据总线。如果将原先各电控单元之间比喻为许多人骑着自行车来来往往，那么现在这些人就像乘坐公共汽车，故数据总线也称为BUS线。

国外一些高级轿车（奔驰、宝马、劳斯莱斯等）已开始采用CAN数据总线来实现汽车内部控制系统各执行机构和各检测机构间的数据通信。

汽车上的网络连接方式主要为采用两个CAN网络，一个用于动力传动的高速CAN网络，速率达到500kbit/s，另一个用于车身的低速CAN网络，速率是100kbit/s。

动力传动CAN网络主要连接发动机燃油喷射系统、自动变速器、防抱死制动系统、制动防滑系统、悬架等的电控单元。它控制的都是与汽车行驶直接相关的系统。车身CAN网络主要连接对象是四门以上的中控门锁、电动门窗、后视镜和厢内照明灯等。有些高级轿车除了上述两个CAN网络外，还有负责卫星导航及智能通信的第三个CAN网络。

2. 车载网络系统的结构

图3-15所示为典型的车载网络系统。它采用多条不同速率的总线分别连接不同类型的节点，并使用网关服务器来实现整车的信息共享和网络管理。车载网络系统主要包括动力系统、车身系统、娱乐与媒体系统等，如图3-16所示。

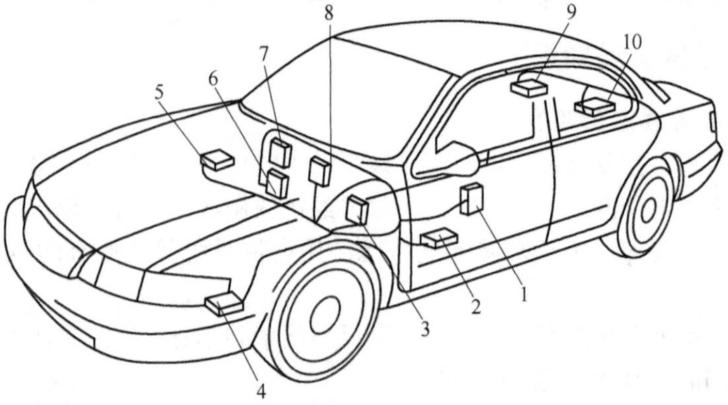

图 3-15　典型的车载网络系统

1—驾驶人车门模块　2—驾驶人座椅模块　3—照明控制模块　4—防抱死制动系统模块　5—动力系统控制模块　6—电子自动温度控制模块　7—集成控制板模块　8—虚像组合仪表模块　9—移动电话模块　10—汽车动态模块

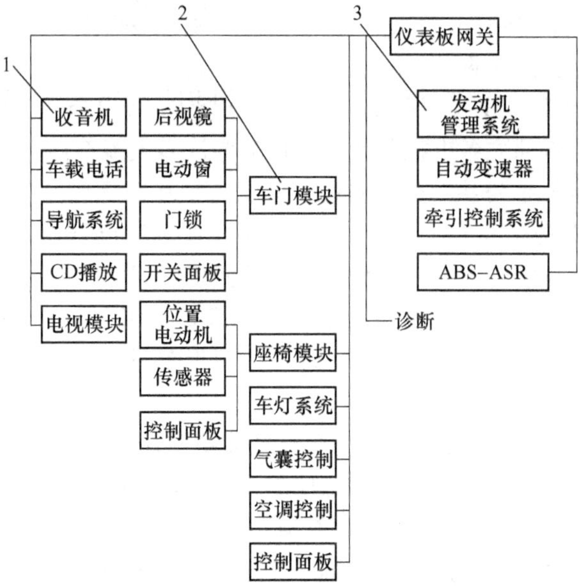

图 3-16　车载网络系统的组成框图

1—娱乐与媒体系统　2—车身系统　3—动力系统

在动力系统中，应尽可能快速传递数据，以便及时利用数据，对通信实时性要求较高，因此使用高速的 CAN 总线来连接动力系统。

车身系统中的受控对象是低速电动机和开关器件，它们对通信实时性要求低，且数量众多，所以使用低速的 CAN 总线，有利于通信的实时性。

对于娱乐与媒体系统总线，要求容量大、通信速率非常高，所以采用新型的多媒体总线（基于光纤通信）连接车载媒体，可以保证充足的带宽。

3. CAN 数据总线

CAN 数据总线是一个具有很高安全等级的支持分布式实时控制的串行通信网络，具有优先权和仲裁功能。

在 CAN 数据总线中，网络的各个节点往往就是车上的各个电控单元。数据总线节点的构成如图 3-17 所示。它包括传感器和执行器接口 1、微控制器 2、CAN 微控制器 3、CAN 收发器 4、数据总线 5 等。

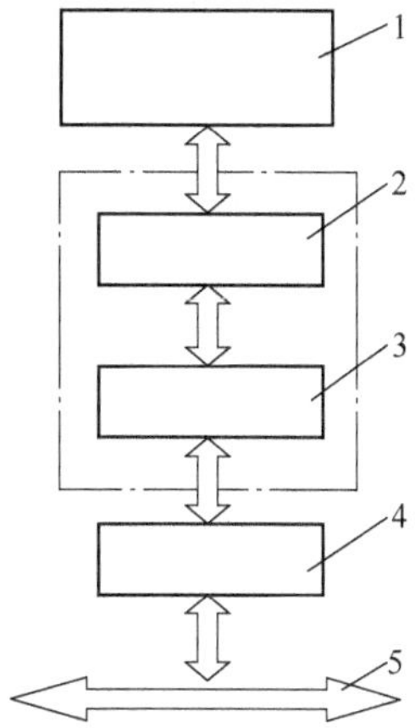

图 3-17　数据总线节点的构成
1—传感器和执行器接口
2—微控制器　3—CAN 微控制器
4—CAN 收发器　5—数据总线

4. 汽车车载局域网

按照应用分类，汽车车载局域网分为动力系统、车身系统、安全系统和信息系统。

（1）动力系统　动力系统 CAN 数据总线连接着 3 个电控单元，分别为发动机电控单元、ABS/EDL 电控单元及自动变速器电控单元。另外，动力系统 CAN 数据总线还可以连接安全气囊、四轮驱动与组合仪表等电控单元。数据总线可以同时传递 10 组数据，包括发动机电控单元的 5 组数据、ABS/EDL（电子差速器）电控单元的 3 组数据和自动变速器电控单元的 2 组数据。数据总线以 500kbit/s 的速率传递数据，每一数据组传递大约需要 0.25ms，每一电控单元每隔 7～20ms 发送一次数据。优先权顺序为 ABS/EDL 电控单元→发动机电控单元→自动变速器电控单元。各数据仍以编码的形式进行传输。

在动力系统中，要求数据传输速度尽可能快，以便及时利用提供的数据。所以在动力系统中采用的是高性能的发送器，以加快点火系统相关零件间的数据传输。

（2）车身系统　舒适的 CAN 数据总线连接 5 个电控单元，包括 1 个中央门锁电控单元和 4 个车门的电控单元。它具有 5 个功能，分别为中央门锁控制、电动车窗控制、照明开关控制、后视镜加热、自诊断功能。电控单元的各条传输线以星状形式汇聚一点。数据总线以 62.5kbit/s 的速率传递数据，第一组数据传递大约需要 1ms，每个电控单元 20ms 发送一次数据。优先权顺序为：中央电控单元→驾驶人侧车门电控单元→前排乘客侧车门电控单元→左后车门电控单元→右后车门电控单元。

车身系统中的数据可以用较低的速率传递，所以发送器性能比动力系统发送器性能低。

（3）安全系统　该系统是一个根据多个传感器的信息使安全气囊起动的系统，因此使用的节点数将剧增。要求该系统成本低、通信速度快、通信可靠性高。

（4）信息（娱乐、ITS）系统　要求信息系统通信总线的容量大、通信速度非常高。

5. 车载网络新技术

（1）蓝牙技术　蓝牙技术是一种无线通信新技术，可实现数据传输速率高达1Mbit/s，最大传输距离为10m的无线通信。

汽车上网系统是一种无线的网络结构。无线互联网技术可使人们能够在车上发送电子邮件以及从事网络上的各种活动（电子商务、股市行情和天气预报等）。Microsoft公司推出了Auto PC软件。该软件采用Windows CE操作系统，具有交互式语言识别等多媒体功能。通过该系统可以在车上收发电子邮件、打网络电话和进行其他上网活动。通用汽车公司开发了车载自动化办公系统。该系统采用超高速光纤串行数据通道，具有多路数字式影音功能，可以有效地调控多信道、大容量的输入、输出信号。CD、DVD、显示器、电视接收天线、音响和全球卫星导航系统都可与该系统交换信息。

蓝牙技术的最大优点是无线连接，利用短距离、低成本的无线连接替代了电缆连接，从而为现存的数据网络和小型的外围设备接口提供了统一的连接。其最大缺点是反应时间慢和安全性差。蓝牙技术是为任意实体间建立开放连接而开发的，但对汽车系统来说，在大部分情况下是专一连接。

车载蓝牙免提系统是专为汽车行车安全和舒适性而设计的。其主要功能有：自动辨识移动电话，无须电缆便可与手机联机，用户不需要碰触手机（双手保持在转向盘上）便可控制手机，用语音指令控制接听或拨打电话。使用者可通过车上的音响或蓝牙无线耳机进行通话。当有来电或拨打电话时，车上音响会自动静音，通过扬声器/麦克风进行话音传输。如果用蓝牙无线耳机进行通话，那么只需要耳机处于开机状态，当有来电时，按下接听按钮就可以实现通话。

车载蓝牙免提系统由蓝牙天线、链路控制单元、链路管理单元和蓝牙软件（协议）单元等组成。

蓝牙天线属于微带天线，其接口是基于常规无线发射功率0dBm设计的。

链路控制单元执行基带协议和其他低层链路程序，包括建立网络连接、差错控制、鉴权和保密。

链路管理单元负责链路的建立、鉴权、链路硬件配置和其他一些协议。

蓝牙软件（协议）单元具有设置故障诊断工具，自动识别其他设备，取代电缆连接，与外部设备通信，音频通信与呼叫控制，商用卡的交易等功能。

车载蓝牙免提系统的线路连接框图如图 3-18 所示。

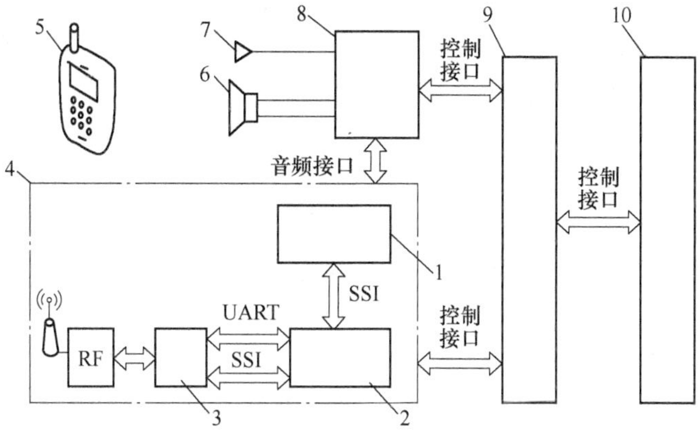

图 3-18　车载蓝牙免提系统的线路连接框图

1—音频编码、解码器　2—处理器　3—基带　4—蓝牙子系统　5—蓝牙手机　6—扬声器　7—麦克风　8—汽车音响　9—主控制器　10—GUI 用户操纵界面

（2）DDB Optical 光纤通信系统　DDB Optical 是一种光纤通信系统，利用光波将数据信息按次序在光纤网络中传送。该系统用于收音机、卫星导航、CD、音控放大器、移动电话、道路交通导航系统之间传送数据。若采用此系统，则可实现传输信号失真少、线路无损耗。它可用在车身网络上，特别是用于数字影音、导航系统等。

第二节　解决汽车修理过程中的技术难题技能训练

训练 1　计算机控制点火系统的检修

1. 训练准备

1）点火线圈、点火放大器、火花塞、点火正时传感器、发动机转速传感器、霍尔传感器、冷却液温度传感器、进气温度传感器和爆燃传感器。

2）高阻抗万用表和二极管测试灯。

2. 检修程序（以奥迪轿车 6 缸发动机为例）

（1）点火系统的检修　检修点火系统时经常使用高阻抗万用表和二极管测

试灯。点火系统电控单元和熔丝均装在副驾驶人脚窝出风口处。接通点火开关，如果火花塞不跳火，那么表明点火系统有故障，接下去应判定是点火线圈有故障还是传感器有故障。如果点火线圈没有电压提供，那么应是点火线圈有故障；如果点火线圈有电压提供，并且火花塞不跳火，那么应是传感器有故障。

将点火放大器销孔插头拔下，使插孔搭铁，另一端与点火放大器的1、2、3脚试碰，若火花塞跳火，则表明放大器至火花塞间的线路正常；若火花塞不跳火，则表明放大器至火花塞间的线路出现故障。

（2）点火线圈的检修

1）点火线圈初级绕组的检修。断开点火开关，拔下导线，把欧姆表一端接黄色的热敏熔丝，另一端接在电子放大器的三销孔插头1、2和3上，三个端子处的电阻值均应为0.5～1.2Ω。如果测得的电阻值不在0.5～1.2Ω范围内，那么应更换点火线圈。

2）点火线圈次级绕组的检修。断开点火开关，拔下导线，用欧姆表测试两接线孔间的电阻值。两个接线孔间的电阻值应为9～14kΩ，若不符合要求，则更换点火线圈。

3）点火线圈电流的检修。断开三销白色插头，接通点火开关，用二极管试灯轮流接在三个销与发动机气缸体之间，二极管测试灯应亮，否则，表明点火线圈无电压供给。

（3）点火放大器的检修

1）测量点火放大器的电阻值。断开点火开关，拔下点火放大器两端的插头，用万用表测量三销孔插座，任意两脚之间的电阻值应为∞；四销孔插座的1、3、4脚和2脚之间的电阻值均应为1.35～1.45kΩ。

2）测量点火放大器的电流值。断开点火开关，拔下点火放大器四销孔插头，当用二极管测试灯接在端子2与蓄电池正极接线柱之间时，二极管测试灯应亮。

若二极管测试灯不亮，则应继续检查。将六个喷油器线束插头全部拔下，接通点火开关，按顺序在端子1、3、4与发动机搭铁线之间接上二极管测试灯。如果二极管测试灯不亮，那么应检查点火器插头与电控单元之间的线路有无短路或断路现象。

（4）传感器的检修

1）点火正时传感器的检修。其位置在发动机左侧气门室下。检查时，首先拔下点火正时传感器插头，然后测量各端子之间的电阻值。端子1、2之间的电阻值为1kΩ，端子1、3和2、3之间的电阻值均为无穷大。以上各端子之间的电阻值若正常，则检查点火正时传感器与电控单元之间的线路是否断路。

2）发动机转速传感器的检修。其位置在发动机左侧后部。检查时，首先拔下发动机转速传感器插头，然后测量各端子之间的电阻值。端子 1、2 之间的电阻值为 1kΩ，端子 1、3 和 2、3 之间的电阻值均为无穷大。以上各端子之间的电阻值若正常，则检查发动机转速传感器与电控单元插头之间的线路是否断路。

3）霍尔传感器的检修。主要检查霍尔传感器的功能。拔下点火放大器的 4 销孔插头，在切断点火开关后，电控单元给霍尔传感器提供的电压应保持 150min。如果给霍尔传感器提供的电压正常，那么在接通点火开关后，再切断点火开关，并将二极管测试灯接在插头 1、2 端子之间，二极管测试灯应亮。如果二极管测试灯不亮，那么应检查霍尔传感器和电控单元之间的线路是否有故障。若线路无故障，则可能是电控单元有故障。如果二极管测试灯亮，那么接通点火开关，二极管测试灯应熄灭。如果二极管测试灯熄灭，那么插上霍尔传感器插座，从信号端子处应出信号，即在信号端子与搭铁间接上二极管测试灯，起动发动机，二极管测试灯应短暂闪烁，否则，表明霍尔传感器有故障。

4）冷却液温度传感器和进气温度传感器的检修

① 冷却液温度传感器的检修。拔下冷却液温度传感器插座，测量其两端子之间的电阻值。在冷却液温度为 20℃时，该电阻值应约为 2. 5kΩ；在冷却液温度为 80℃时，该电阻值应为 330Ω。若测量的电阻值偏离上述值，则应更换冷却液温度传感器。另外，还要检查冷却液温度传感器外表是否有水垢和被严重腐蚀的情况。

② 进气温度传感器的检修。进气温度传感器插头的电阻值在冷却液温度为 20℃时约为 6. 3kΩ，在冷却液温度为 60℃时约为 1. 3kΩ，在冷却液温度为 80℃时约为 0. 63kΩ。另外，还应检查传感器插头与电控单元之间的线路有无短路或断路情况。

5）爆燃传感器的检修。其拧紧力为 20N · m，插头连接应可靠，三个端子之间不应有短路现象。另外，还应检查爆燃传感器与电控单元之间的线路有无短路或断路之处。

3. 注意事项

1）在发动机起动或运转时，既不允许拔下高压线，也不允许试火。

2）对点火系统进行检查时，应全部拔下喷油器导线接头，以避免无火喷油。

3）决不允许使用外用充电机起动发动机。

4）若需要检查气缸压力，则应拔下点火放大器的 4 销孔插头，并同时拔下喷油器线束。

5）在计算机上拆、装导线时，一定要使点火开关断开，否则易损坏计算机。

6）检查霍尔传感器之前，应切断点火开关，在霍尔传感器与计算机的连线之间接上欧姆表。

4. 考核要求

按正确操作规程检测计算机控制点火系统的有关零部件。

训练2　电控燃油喷射系统的检修

1. 训练准备

1）以奥迪A6轿车装用的V6发动机为例。V6发动机、喷油器、燃油泵、翼板式空气流量传感器、怠速控制阀、节气门位置传感器、氧传感器。

2）V. A. G1551解码器、燃油压力表、二极管测试灯、电压表、万用表等。

2. 检修程序

（1）燃油喷射系统的检修

1）怠速的检查。起动发动机，使其在怠速运转，标准怠速为680～820r/min。检查怠速时应注意以下几个问题：

① 需要调整怠速时，应使用V. A. G1551解码器调整。

② 检查怠速时，冷却系统的风扇不应转动。

③ 若怠速过高，则可能是进气系统漏气造成的或怠速控制阀有故障引起的；若怠速不稳，则一般是由怠速控制阀工作不正常造成的或与喷油器过脏有关。

2）燃油喷射系统压力和保持压力的检查

① 标准压力及其保持压力的检查。检查的条件是：17号熔丝工作正常，燃油滤清器工作正常，蓄电池工作电压不低于12V。燃油喷射系统的标准压力为380～420kPa，10min后的保持压力：当发动机在冷态时，不小于220kPa；当发动机在热态时，不小于300kPa。

② 动态系统压力的检查。插上17号熔丝，使发动机在怠速工况运转一段时间，再关闭用电设备，检查装上和未装上真空管路时的油压。装上真空管路时，油压应下降50kPa左右。若油压不变，则应检查真空管路是否漏气，进气管路上的接头有无堵塞。若无故障，则应检查压力调节器是否出现故障。

3）燃油喷射系统保持压力的检查。将发动机熄火后，若燃油喷射系统压力低于220kPa（冷机）或300kPa（热机），则应检查以下各零件处是否有渗漏现象；

① 燃油压力表连接处。

② 燃油管及其连接处。

③ 燃油泵单向阀和喷油器处。

以上各处如果均无渗漏现象，并且燃油泵单向阀工作也正常，那么应更换燃油压力调节器，再重新试验。

（2）燃油供给系统有关零件的检修

1）喷油器的检修

① 喷油器有无渗漏的检修。将点火开关关闭，拔下喷油器全部插头，在油路上接上油压表，起动起动机，建立起系统油压，然后逐个给各喷油器以脉冲式供电，同时检查喷油器是否有“嗒嗒”声。如果系统油压下降，那么表示正常，否则，表明喷油器堵塞。如果喷油器不喷油，且油压下降，那么说明喷油器漏油。

② 喷油器电阻值的检查。将点火开关关闭，拔下喷油器插头，用欧姆表测量喷油器电阻值，正常值为13～17Ω，否则应更换喷油器。

③ 喷油器电压的检查。从被测喷油器上拆下线束插头，将二极管测试灯接在端子2（见图3-19）和发动机搭铁之间，接通起动机，此时二极管测试灯应亮。若二极管测试灯不亮，则应检查下列各处：2号熔丝工作是否正常，燃油泵继电器工作是否正常，端子2与2号熔丝之间的线路有无断路之处。

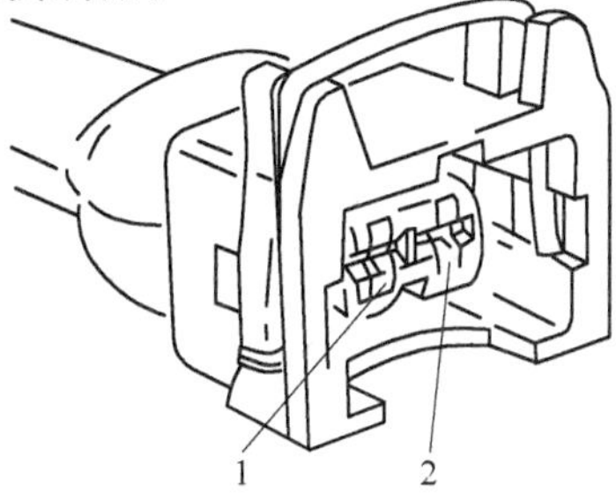

图3-19 喷油器线束插头

1—端子1 2—端子2

若以上检查正常而二极管测试灯不亮，则应检查喷油器的控制信号，查看其是否有故障。

④ 喷油器控制信号的检查。把二极管测试灯接在蓄电池正极接线柱或起动辅助装置正极接线柱与喷油器端子1之间，接通起动机几秒钟后，二极管测试灯应亮，否则，应检查端子1与电控单元线束接头之间的线路有无断路之处。

⑤ 喷油器喷油量的检查。拔下喷油器上的线束插头，从燃油压力调节器上拔下真空管，把准备检查的喷油器放入大量筒中，将17和19号熔丝从熔丝盒上拔下，把带有15A熔丝的导线接到19号插孔1（正极）和17号插孔2之间。此时，燃油泵应转动，喷油器每分钟只可滴漏1～2滴汽油，否则应更换喷油器及其密封圈。如图3-20所示，把准备检查的喷油器接入正极和搭铁之间，把按钮按下，每个喷油器的喷油量应为85～100mL，否则，应清洗或更换喷油器。

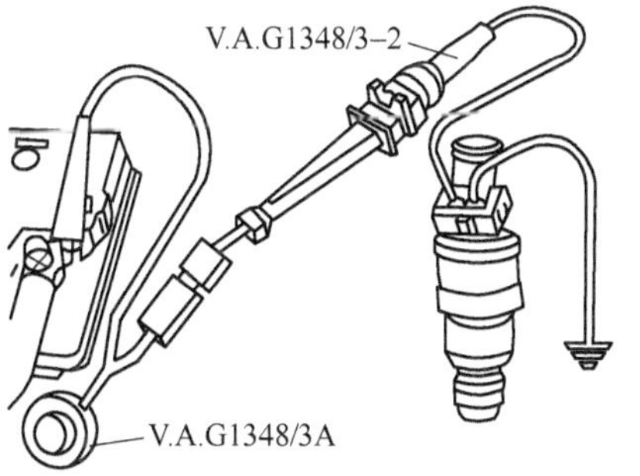

图3-20 将喷油器接在正极和搭铁之间

2）燃油泵的检修

① 燃油泵继电器的检修。拔下熔丝1（褐色）和2（红色），如图3-21所示。

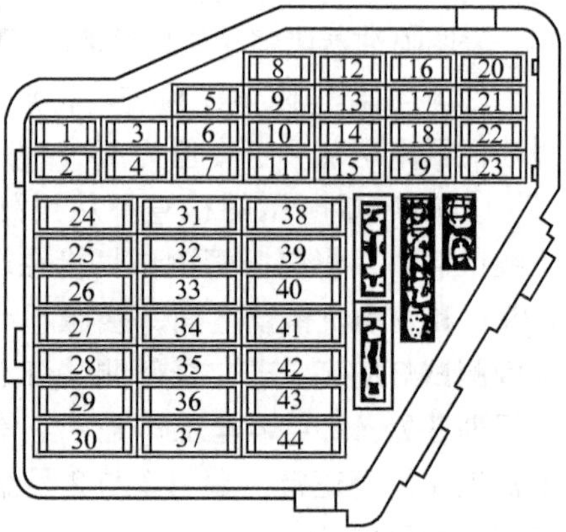

图3-21 熔丝

拔下17号熔丝，将二极管测试灯的一端接在17号熔丝插孔内，另一端搭铁，接通起动机，此时，应能感觉和听到燃油泵继电器被吸合，二极管测试灯应亮。如果二极管测试灯未亮，那么应检查继电器控制信号有无故障；若二极管测试灯不亮，则可在二极管测试灯的另一个插孔上试验。若二极管测试灯仍不亮，则应该检查17号熔丝插孔到继电器位置6上的插孔30之间有无短路处。把二极管测试灯接在1号熔丝的插孔1与搭铁之间，接通起动机，燃油泵继电器应被吸合，二极管测试灯应亮。若二极管测试灯不亮，则可将二极管测试灯接在另一个插孔上，重新试验。如果二极管测试灯还不亮，那么应检查熔丝座到继电器位置6处的端子31之间有无断路之处。

最后，把二极管测试灯接入2号熔丝的插孔上，按上述步骤检查。另外，还应检查熔丝到继电器位置6处的端子30间的线路有无断路之处。

② 燃油泵继电器控制信号的检查

a. 电源电压的检查：将继电器壳拔下，打开点火开关，用电压表测量端子28（电源）和34（地线）及端子32和34之间的电压，标准值均为12V。如果电压与标准值不符，那么可能是线路连接不良或断路。

b. 电控单元控制信号的检查：把二极管测试灯接在端子28与29之间，打开点火开关，二极管测试灯应亮1s，之后变暗。接通起动机时，二极管测试灯应明显变亮。

如果二极管测试灯亮、熄不正确，那么可检查电控单元插头端子与继电器上的端子之间有无断路之处，若没有，且二极管测试灯还不亮，则故障可能出在电控单元。

（3）空气供给系统有关零件的检修

1）空气流量传感器的检修（以翼板式空气流量传感器为例）

① 空气流量传感器的拆装。首先拔下线束插头，再拆下空气滤清器，最后拆下空气软管卡箍和固定螺栓，取下空气流量传感器。安装时，其顺序与拆卸顺序相反。

② 空气流量传感器的检修

a. 回位弹簧预紧力的调整：若车辆可以运转，则可握住齿盘，松开棘齿调3～5个齿即可，调2～3次即可调好。如果需要拆弹簧，那么应在齿盘上打上记号，数好齿盘松了几圈。如果没记住松了几圈，那么可把弹簧卷紧后松一半再继续调整。

b. 混合比螺钉的调整：把空气流量传感器上方的塑料螺母拆下，用螺钉旋具按顺时针方向转动混合比螺钉，使可燃混合气变浓；反之，使可燃混合气变稀。

c. 导电片位置的调整：松开两个固定导电片螺钉，把导电片向中心平移，再紧固螺钉即可完成调整。

③ 空气流量传感器的检验。用螺钉旋具推动翼板，同时测量电位计滑动触点 E_2-V_s 两端的电阻值。在翼板由全开至全闭的过程中，电阻值应顺序变化，一般全开时电阻值应符合标准值，否则，应更换空气流量传感器。

④ 空气流量传感器就车检测。将空气流量传感器线束插头拔下，用万用表测量各端子之间的电阻值。6 个端子之间的电阻值应符合表 3-3 规定，否则应分别进行检修。接通点火开关，测量空气流量传感器插座的 4 号插头是否有 12V 电压，若没有，则应查找线路故障。最后，切断点火开关，接上空气流量传感器线束插座。

2）怠速控制阀的检修

① 说明。若怠速控制阀被拆过，则应用解码器对其进行调整。不允许将怠速控制阀拆下后再进行调整。在断开点火开关后，发动机电控单元给怠速控制阀提供 150min 电压。

② 从进气管上拆下怠速控制阀（见图 3-22），当接通点火开关时，阀杆应向内运动；当断开点火开关时，阀杆应向外运动。如果断开点火开关时阀杆向内运动，那么应重新调整和安装怠速控制阀。

表 3-3　空气流量传感器各端子之间的电阻值

测　量　端	温度/℃	翼板开启角度	电阻值/Ω
E_1-F_C	—	完全关闭	∝
		任何开度	0
E_2-V_2	—	完全关闭	20～300
		任何开度	20～100
E_2－THA	0	—	4～7kΩ
	20		2～3kΩ
	40		0.9～1.3kΩ
	60		0.4～0.7kΩ
E_2-V_C	—	—	100～300
E_2-F_C	—	—	∝

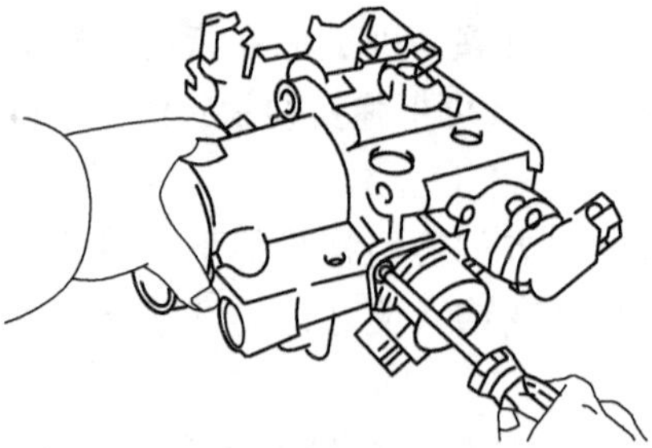

图 3-22　怠速控制阀的位置

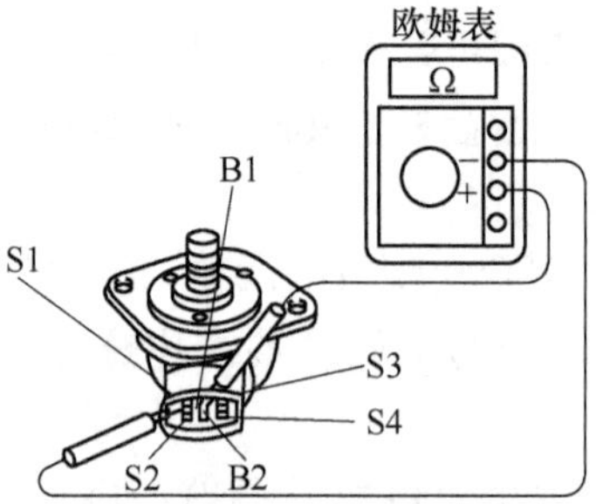

图 3-23　怠速控制阀电阻值的测量

③ 怠速控制阀电阻值的测量。若当点火开关断开时阀杆也不运动，则应拔下怠速控制阀线束插头，测量端子 S1－S4 和 S2－S3 间的电阻值，如图 3-23 所示。怠速控制阀电阻值的标准值应为 45～60Ω，否则，应更换怠速控制阀。

④ 检查怠速控制阀插头各销孔与电控单元线束插头 D 上各端子间的导通情况见表 3-4。

表 3-4　怠速控制阀插头各销孔与电控单元线束插头 D 上各端子的连接

怠速控制阀插头销孔	电控单元线束插头 D 端子
1	2
2	10
3	11
4	3

若以上检查未发现短路或断路处，并且怠速控制阀工作也正常，则应检查电控单元。

（4）氧传感器的检修

1）氧传感器电压供应情况的检查。将氧传感器的插座拔下，测量通向电控单元插座电压的供应情况。它有 4 个插头，其中两个的电压，一个应为 12V，另一个应为 0V，否则，应查找线路故障。

2）氧传感器的检查。测量与氧传感器相连的插头，加热器电阻值为 2～5Ω。当发动机不运转时，其他两插头之间的电压约为 0V；当发动机运转时，其他两接头之间的电压为 0.5～1V，否则，应更换氧传感器。

3. 注意事项

1）检修电控燃油喷射系统故障时，应首先确定是发动机故障还是电控燃油喷射系统的故障。

2）检查电气组件的电阻、电压或电流时，所用万用表的阻抗必须大于 10MΩ。

3）检修电气组件故障时，无论发动机是否运转，只要点火开关接通，都决不允许断开任何电器，否则，会因线圈自感作用产生瞬时电压而损坏电控单元或传感器。

4）检修燃油系统组件前，应先拆下蓄电池搭铁线，以免损坏有关组件。

5）电控燃油喷射系统的故障多是连接导线插头与传感器插头接触不良。检修时，应首先检查各传感器插头（座）接触是否良好，导线接头有无弯曲，用手摇动和振动接头时，检查信号是否改变。

4. 考核要求

按操作要求对电控燃油喷射系统有关零件进行检修。

训练3　自动变速器液压操纵系统的检修

1. 训练准备

1）自动变速器油泵、直接挡离合器、离合器、制动器及有关阀体。

2）塞尺、钢卷尺。

2. 检修程序

自动变速器液压操纵系统的主要组件包括油泵、直接挡离合器、离合器和制动器及有关阀体。

（1）油泵的检修

1）泵体和齿圈间隙的检查。把齿圈推向泵体的一侧，用塞尺测量其间隙（见图3-24），正常值为0.07～0.15mm。若该间隙超过0.30mm，则应更换齿轮、齿圈或泵体。

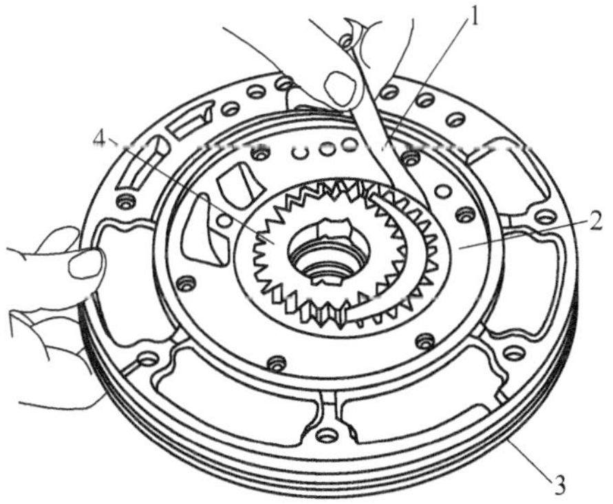

图3-24　齿圈与泵体间隙的检查

1—塞尺　2—外齿轮　3—泵壳体　4—内齿轮

2）齿轮、齿圈齿顶隙的检查。用塞尺测量齿轮、齿圈和月牙板之间的间隙

(见图3-25)，该间隙正常值为0.11～0.14mm。若该间隙超过0.30mm，则应更换齿轮、齿圈或泵体。

3）齿轮端面间隙的检查。检查方法如图3-26所示。该间隙正常值为0.02～0.05mm，若该间隙超过0.10mm，则应更换齿轮、齿圈或泵体。

（2）直接挡离合器的检修

1）观察离合器摩擦片有无表面剥落、烧焦或变形现象，若有，则应更换离合器摩擦片。

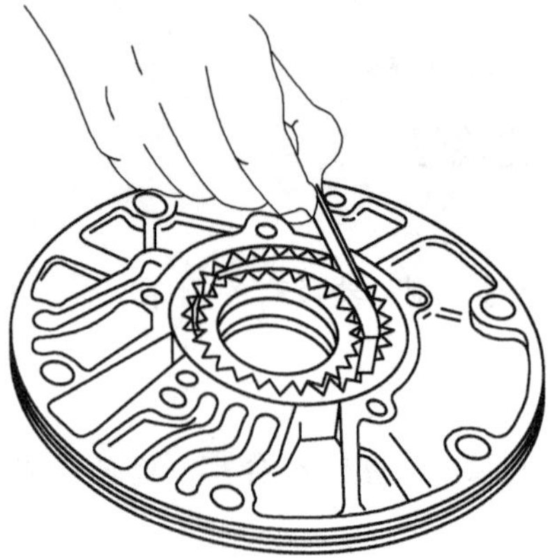

图3-25　齿顶隙的检查方法

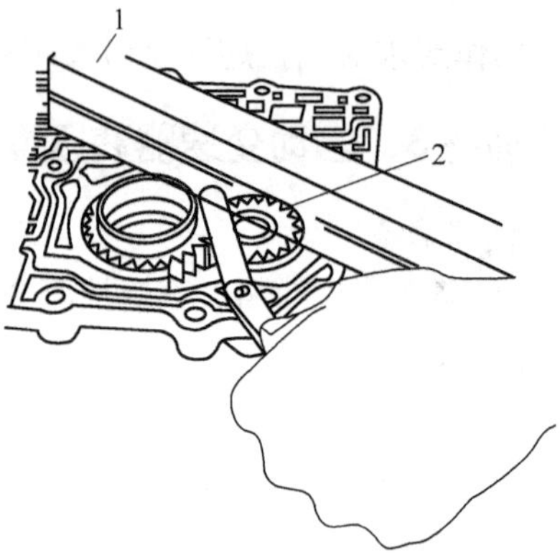

图3-26　齿轮端面间隙的检查方法
1—直边尺　2—油泵驱动齿轮

2）检测离合器摩擦片的厚度，看其是否小于极限值，若小于极限值，则应更换离合器摩擦片。

3）检测钢片是否磨损过度和有无翘曲变形现象，如果有，那么应更换钢片。

4）检查离合器活塞表面和液压缸内表面有无损伤，如果有，那么应更换活塞或液压缸。

5）检查活塞单向阀的密封性。摇动活塞时，球阀应活动自如；从液压缸侧向单向阀吹压缩空气时，单向阀应密封不漏气。如果单向阀不密封，那么应更换单向阀。

6）检查活塞回位弹簧的自由长度，其正常值为15.8mm。如果该值不符合标准，那么应更换活塞回位弹簧。

离合器和制动器的检修方法与直接挡离合器检修方法相似。检修它们时，可参照直接挡离合器检修方法。在自动变速器中，各种离合器和制动器的结构不同，相关的维修参数也就不同，检修时应参看有关说明书及相关资料。

（3）阀体的检修

1）用汽油或煤油清洗各控制阀的零件及阀体的油道。

2）检查各阀体表面是否光滑。如果阀体表面有轻微划痕，那么可将其抛光后继续使用；如果划痕较严重，那么应更换新件。

3）拆卸各控制阀时，如果有的滑阀卡在阀孔中，那么应更换滑阀总成。

4）检查各控制阀弹簧的自由长度。如果它们的自由长度不符合标准值，那么应换用新的控制阀弹簧。

5）若有一次性零件（密封纸垫、塑料和橡胶球阀），则均应更换新的。

3. 注意事项

1）应定期检查自动变速器的油位和油的品质。

2）更换变速器油时，应在正常温度范围内进行。

3）如果油泵的油封漏油，那么应从车上拆下自动变速器，以便更换油泵的油封。

4. 考核要求

按正确操作规程检修相关零件并确定有关零件的配合间隙。

*训练4　发动机综合性能检测

1. 训练准备

1）汽油发动机和柴油发动机各一台，起动机、柴油机喷油泵和喷油器各一个。

2）便携式无负荷测功仪、气缸压力表、压力传感器式气缸压力测试仪、柴油机供油正时仪。

2. 检测程序

（1）发动机功率的检测　发动机功率的检测有无负荷测功和有负荷测功之分。无负荷测功结果的显示方法常见的有指针指示式、数字显示式和等级显示式。无负荷测功是通过无负荷测功仪来进行的。无负荷测功仪有很多种。图3-27所示为单一功能便携式无负荷测功仪面板。它可以测出加速过程中某一转速范围内的加速时

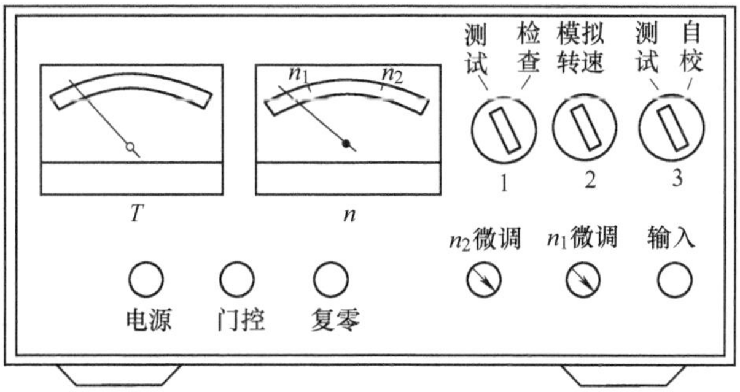

图3-27　单一功能便携式无负荷测功仪面板

间和平均功率。其测功程序如下：

1）仪器准备

① 校正与调整零点。

② 接通电源，指示灯亮，预热仪器。

③ 数码管亮度正常，数码均在零位。

④ 全面检查仪器，完全符合要求后方可投入使用。

⑤ 对于测加速时间和平均功率的仪器，要利用仪器的模拟转速、门控指示灯、微调电位器，调整起始转速和终止转速的门控。

⑥ 需要置入转动惯量的仪器，要把被测发动机的转动惯量置入仪器内。

2）发动机准备

① 预热发动机至正常温度80～90℃。

② 调整发动机怠速，使之在规定范围内运转。

3）联机

① 把仪器的传感器按要求连接在规定的部位，如离合器壳特制孔、分电器低压线柱或低压导线、柴油机高压喷油管等。

② 若无线连接要求，则应拉出拔节天线。

4）测功

① 按下复零键，使指示装置复零。

② 按下其他必要的键位，如机型（汽、柴）选择键、气缸数选择键和测试键等。对于需要输入操作码的仪器，应按要求输入规定的操作码。

③ 发动机在怠速稳定运转后，使发动机转速猛然上升到终止转速，然后终止、计数、复零。

④ 重复上述操作三次，检测结果取平均值。

5）查对功率。在仅能显示加速时间的无负荷测功仪上，测得加速时间后，可从仪器制造厂家推荐的曲线图或对照表中，查出对应的功率值。例如，不带发电机、空气压缩机、风扇的东风EQ6100—1型发动机，当加速时间为0.31s、0.36s、0.46s时，所对应的稳态外特性功率分别为99.3kW、88.3kW、66.2kW。

（2）气缸压力的检测　当活塞到达压缩行程上止点时，气缸内的压力大小可表明气缸的密封性。通常采用以下两种方法检测气缸内的压力。

1）用气缸压力表检测

① 检测条件。发动机应在正常工作温度（水冷发动机冷却液温度为75～85℃，风冷发动机为80～90℃）条件下运转；用起动机带动拆卸全部火花塞的发动机运转，其转速通常为200～250r/min。

② 检测方法。吹净脏物，拆下空气滤清器、火花塞或喷油器，按气缸次序放置；拔下高压线，将气缸压力表接头与火花塞孔连接；将节气门和阻风门全部

打开，用起动机转动曲轴3～5s，在指针指向最大压力后，停止转动，记下读数，按下单向阀压力表后指针回零。每缸测量2～3次，取平均值。

③ 检测标准。根据国家标准《商用汽车发动机大修竣工技术条件　第1部分：汽油发动机》和《商用汽车发动机大修竣工技术条件　第2部分：柴油发动机》的要求，发动机气缸压力应符合原设计规定。各气缸压力差，汽油机应不超过各气缸平均压力的8%，柴油机应不超过10%。《汽车运输业车辆技术管理规定》中要求，当气缸压力低于原设计压力的25%时，应送厂大修。

2）用压力传感器式气缸压力测试仪检测。用这种测试仪检测气缸压力时，应先拆下被测气缸的火花塞，旋入仪器配置的压力传感器，用起动机转动曲轴3～5s。由传感器输出气缸的压力信号，经放大后送入A/D转换器进行模/数转换，再送入显示装置即可获得气缸压力。

（3）起动系统的检测

1）起动电压的检测。按下仪表面板上的50V开关，将测试线的红、黑插片分别接到仪器直流电压的正、负极接线柱上，然后将测试线另一端的红、黑夹子分别接到蓄电池的正极和搭铁上。接通起动机开关，此时仪表的读数值即为蓄电池起动电压，该值一般大于8V。

2）起动机工作状况的检查。按下仪表面板上的直流电流300A开关，先将仪器的两根粗备用线的插片端（区别正负）牢固地拧在仪器直流电流300A的接线柱上，将备用线的另一段分别牢固地拧在备用的300A分流器的两端，再自备两根粗备用线，按极性与被测起动机串联。此时接通起动机开关，使起动机运转，仪表指针应指示在规定的范围内，否则表明起动机绕组有短路故障。

（4）柴油机燃料系统的检测

1）喷油泵供油量的检测

① 供油量的检测。使发动机在一定转速下运转，检查供油拉杆在不同位置时，各柱塞每喷100次或200次的供油量。一般在转速为200r/min和600r/min时，检测供油拉杆在最大行程、1/2行程和发动机在怠速工况3种情况下的供油量。

就车检查时，应先把各个喷油器从发动机上拆下，把喷口转向发动机外方，再紧好高压油管，将供油拉杆放到最大供油量位置，然后转动曲轴。当各个喷油器喷出的油雾都夹杂气泡时，在每个喷油器喷口下面，放一个有刻度的玻璃容器，以150～200r/min的转速转动曲轴，到一定转速后，查看各量杯内的油量及其供油的不均匀度。

② 供油不均匀度的检测。多气缸柴油机各气缸的供油量应尽量一致，但由于各气缸分泵零件磨损程度不可能相同，故很难一致。各气缸压力不同，可导致发动机转速不均、功率下降。因此，各气缸供油不均匀度应控制在一个范围内。

各气缸供油不均匀度的计算公式为

$$各气缸供油不均匀度=\frac{最大供油量-最小供油量}{平均供油量}\times 100\%$$

$$平均供油量=\frac{1}{2}（最大供油量+最小供油量）$$

各气缸供油不均匀度控制在：高速最大供油时小于3%，中速供油时小于5%，低速供油时小于7%，各分泵平均供油量差小于5%。

2）喷油器的检测

① 喷油器喷油压力的检测。将喷油器锁紧螺母拆下，把喷油器装到试验台（见图3-28）上，压动试验台手柄，排出留在油管和喷油器中的空气和脏物。

以每分钟60次的速度按压试验台手柄，同时观察喷油器喷油过程中压力表上的读数。各气缸喷油压力应相同，并应符合原厂规定。若喷油压力不符合规定，则可通过喷油器上的调压螺钉调整：旋入，喷油压力提高；反之，喷油压力降低。

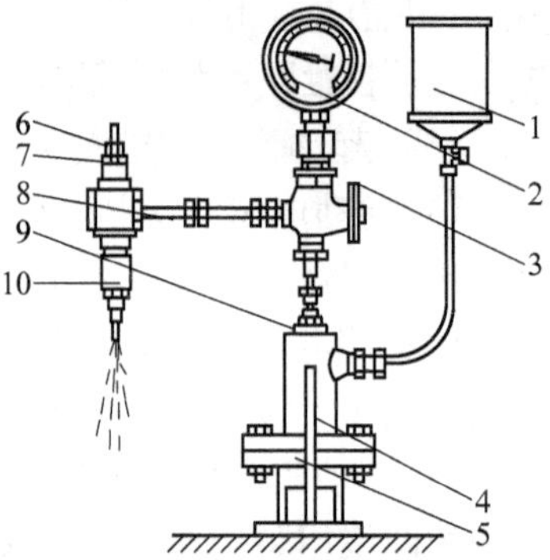

图3-28　喷油器试验台

1—油箱　2—压力表　3—开关　4—手柄　5—高压油泵　6—调节螺钉　7—锁紧螺母　8—高压油管　9—放气螺塞　10—喷油器

② 喷雾质量的检查。以每分钟120次的速度按压试验台手柄，喷油器喷出的油雾应细小、均匀、呈雾状，油束的锥角、喷射方向应符合要求。

3）喷油泵供油提前角的检测。其检测方法有经验法、缸压法及频闪法等。

频闪法是用柴油机供油正时仪来检测喷油泵供油提前角的。柴油机供油正时仪也称为正时灯，由闪光灯、传感器、整形装置、延时触发装置和显示装置等组成。检测时，将柴油机供油正时仪中的油压传感器串接在1缸高压油管与喷油器之间，或外卡于高压油管，使油压脉冲信号转变为电信号，并触发正时闪光灯闪光。正时闪光灯闪光一次，则1缸供油一次，二者具有相同频率。将正式灯对准1缸压缩行程上止点标记，当与供油时刻同步闪光时，可看到运转飞轮或曲轴带轮上的供油提前角记号位于固定记号之前，说明1缸供油时，活塞尚未到达上止点。在活塞到达上止点前，为测得供油提前角的大小，可调整正时灯的电位计，使闪频时刻延迟于供油时刻，逐渐使转动部件上的供油提前角标记接近固定标记，并使两标记对齐，闪光延迟的时刻即为供油提前角的时间，经仪器变换为供油提前角数值后，即可在显示装置上显示出来。

3. 注意事项

气缸密封性的检测项目中，除了上述的气缸压力检测外，还有曲轴箱窜气量、气缸漏气量、气缸漏气率、进气管真空度的检测。一般只检测其中的 1 ~ 2 项，即可表征气缸组的技术状况。

4. 考核要求

按正确的操作规程进行发动机综合性能有关项目、起动系统、柴油机喷油泵和喷油器的检修。

*训练 5　自动变速器的性能试验

1. 训练准备

自动变速器一台及有关的工具和量具等。

2. 试验程序

自动变速器的性能试验包括道路试验、失速试验、油压试验、延时试验等。

（1）道路试验　道路试验是诊断分析自动变速器故障的有效手段之一。道路试验内容主要有：检查换挡车速、换挡质量及换挡组件有无打滑现象。道路试验方法如下：

1）检查变速器升挡情况。将变速杆拨至 D 位，踩下加速踏板，将节气门保持在 1/2 开度左右，使汽车起步加速，检查变速器的升挡情况。当自动变速器在升挡时，发动机会有瞬时的转速下降，同时车身有轻微的闯动感。在正常情况下，在汽车起步后，随着车速的提高，试车者应感觉到自动变速器能顺利地由 1 挡升入 2 挡，由 2 挡升入 3 挡，最后升入高速挡。如果自动变速器不能升入高速挡，那么表明控制系统和换挡组件有故障。

2）检查升挡时的车速。将变速杆拨至 D 位，踩下加速踏板，将节气门保持在某一固定开度，使汽车起步加速。当觉察到自动变速器升挡时，记下升挡车速。一般四挡自动变速器在节气门开度保持在 1/2 时，由 1 挡升入 2 挡的车速为 25 ~ 35km/h，由 2 挡升入 3 挡的车速为 55 ~ 70km/h，由 3 挡升入 4 挡的车速为 90 ~ 120km/h。

在一般情况下，若升挡车速在上述范围内，且加速良好，无明显的换挡冲击，则可认为换挡车速基本正常。

3）检查升挡时的发动机转速。在正常情况下，如果自动变速器处于经济模式或标准模式，节气门保持在 1/2 开度范围内，在汽车起步加速至高速挡的整个行驶过程中，发动机的转速都将低于3000r/min。通常在加速到即将升挡时，发动机转速可达 2500 ~ 3000r/min，在刚刚升挡后的短时间内，发动机转速下降到 2000r/min 左右。

若在汽车行驶过程中发动机转速始终过低，加速至升挡时仍低于 2000r/min，则表明发动机动力不足或升挡时间过早；若在汽车行驶过程中发动机转速始终偏高，升挡后的发动机转速在2500~3000r/min之间，且换挡冲击明显，则表明换挡时间过迟；若在汽车行驶过程中发动机转速始终过高，经常高于3000r/min，在加速时可达4000~5000r/min或更高，则表明换挡执行组件打滑，此时应检修自动变速器。

4）检查变速器的换挡质量。主要检查换挡时有无换挡冲击。检查时，若发现换挡冲击过大，则可能是控制系统或执行组件发生了故障，应查看油路或换挡执行组件，看其油压是否过高或换挡执行组件是否打滑，并做进一步检查。

5）检查发动机的制动作用。把变速器变速杆拨至D位，在汽车以2挡或1挡行驶时，突然松开加速踏板，检查发动机是否有制动作用。如果松开加速踏板后汽车速度随之下降，那么说明发动机有制动作用；否则，表明自动变速器控制系统或D位强制离合器出现故障。

（2）失速试验　失速试验用来检查发动机输出功率、液力变矩器及自动变速器中的制动器和离合器等的工作是否正常。其试验步骤如下：

1）检查发动机、自动变速器的工作温度及变速器的油位，均应正常。

2）把汽车停放在宽阔的水平路面上，用三角垫木塞固定住前后车轮。

3）拉紧驻车制动器，用左脚踩住制动踏板。

4）起动发动机，将变速器的变速杆拨入D位。

5）在左脚踩住制动踏板的同时，用右脚将加速踏板踩到底。在发动机转速不再上升时读取此时的发动机转速，之后立即松开加速踏板。

6）把变速器的变速杆拨入P位或N位，使发动机怠速运转1min，以防止变速器油温过高。

7）将变速器的变速杆拨入其他挡位，做同样的试验。

不同车型的自动变速器都有各自的失速转速标准。大部分汽车自动变速器的失速转速标准为2300r/min左右。如果失速转速低于标准转速，那么表明发动机动力不足或液力变矩器有故障；如果失速转速高于标准转速，那么表明主油路油压过低或换挡执行组件打滑。

（3）油压试验　油压试验是在自动变速器运转时，对其控制系统各油路中的油压进行测量。其试验步骤如下：

1）测试主油路油压，应分别测出D位和R位的主油路油压。

① 测试D位主油路油压。拆下自动变速器壳体上侧压孔或D位油路侧压孔的螺塞，接上油压表，然后起动发动机，将变速器的变速杆拨至D位，读出此时的怠速运转油压。该油压数值即是怠速工况下的D位主油路油压。

左脚踩住制动踏板，右脚将加速踏板完全踩下，在失速条件下读取油压数值。该油压数值即为失速工况下的D位主油路油压。

把变速器的变速杆拨至 N 位或 P 位，使发动机怠速运转 1min 以上，再将变速器的变速杆拨至 D 位。重复上述步骤，读出 D 位在怠速和失速工况下的主油路油压。

② 测试 R 位主油路油压。拆下自动变速器壳体上侧压孔或 R 位油路侧压孔的螺塞，接上油压表，然后起动发动机，将变速器的变速杆拨至 R 位，读出此时的怠速运转油压。该油压数值即是怠速工况下的 R 位主油路油压。

左脚踩住制动踏板，右脚将加速踏板完全踩下，在发动机失速条件下读取油压数值。该油压数值即为失速工况下的 R 位主油路油压。

2）测试调速器油压。路试步骤如下：

① 拆下自动变速器壳体上的调速器侧压孔螺塞，接上压力表。

② 起动发动机，将变速器的变速杆拨至 D 位。

③ 松开驻车制动器操纵杆，缓慢踩下加速踏板，使驱动轮逐渐转动。

④ 选取不同车速下的调速器油压。将测试结果与标准值进行比较，如果调速器油压太低，那么可能是主油路油压太低或调速器油路泄漏。

（4）延时试验　通过延时试验可测出自动变速器换挡迟滞时间，借以判断主油路油压和换挡执行组件的工作是否正常。延时试验的步骤如下：

1）起动发动机后，使发动机和自动变速器均达到正常工作温度。

2）将汽车停放在水平路面，并拉紧驻车制动器。

3）检查发动机怠速是否正常，若不正常，则应按标准值进行调整。

4）把变速器的变速杆从 N 位拨到 D 位，用秒表测量从拨动变速器的变速杆开始到感觉到汽车振动为止所需的时间，此时间为 N－D 延时时间。

5）把变速器的变速杆拨至 N 位，使发动机怠速运转 1min 后，再做一次同样的试验。

6）将上述试验重复三次，取它们的平均值。

7）按上述方法，把变速器的变速杆从 N 位拨到 R 位，测量 N－R 延时时间。

在一般情况下，大部分自动变速器的 N－D 延时时间小于 1.2s，N－R 延时时间小于 1.5s。如果 N－D 延时时间过长，那么表明油路油压过低、前进挡离合器摩擦片磨损过多或单向离合器工作不良；如果 N－R 延时时间过长，那么表明倒挡主油路油压过低、倒挡离合器和倒挡制动器磨损过多和工作不良。

3. 注意事项

1）当自动变速器出现故障时，首先应利用各种检测工具和手段，按照合理的程序和步骤，查出故障原因，以便有针对性地进行维修。

2）在进行自动变速器性能试验之前，应检查发动机的怠速，检查自动变速器齿轮油的品质和油位，检查变速器变速杆的位置和节气门拉索的连接情况。

3）在进行道路试验之前，应先让汽车以中低速行驶5～10min，以使发动机和自动变速器都达到正常的工作温度。

4）在进行油压试验时，应将汽车停放在水平路面，并使发动机和自动变速器达到正常的工作温度。

4. 考核要求

按正确的操作规程进行自动变速器的道路试验和延时试验。

复习思考题

1. 计算机控制点火系统由哪几部分组成？
2. 汽油发动机电控燃油喷射系统由哪几部分组成？
3. 自动变速器由哪几部分组成？其所用的传感器有哪几种？
4. 柴油机电控技术中，高压共轨系统中的燃油供给系统由哪几部分组成？
5. 车载网络系统由哪几部分组成？
6. 什么是CAN数据总线？
7. 汽车车载局域网分哪几个系统？
8. 车载网络新技术包括哪些？
9. 以奥迪6缸发动机点火系统为例，简述点火线圈的检查步骤。
10. 电控燃油喷射系统中喷油器的检修内容包括哪些？
11. 电控燃油喷射系统的检查内容有哪些？
12. 电控燃油喷射系统检修注意事项有哪些？
13. 如何检修自动变速器的油泵？
14. 如何用气缸压力表检测发动机的气缸压力？
15. 如何检测柴油机喷油泵的供油量？
16. 柴油机燃料系统的检测内容有哪些？
17. 自动变速器性能试验的注意事项有哪些？

第四章

组织协调维修作业

培训学习目标 通过学习，按照汽车维修企业的作业条件，根据企业的生产能力及技术力量，合理计划组织、协调实施汽车维修作业，同时要了解汽车维修企业设计的基础知识。

第一节 组织协调维修作业必备的专业知识

一、汽车二级维护作业

汽车维护分为日常维护、一级维护、二级维护、二级维护附加作业。其中，二级维护是由维修企业的维修人员负责执行的车辆维护作业，为高一级的汽车维护作业。

1. 二级维护工艺过程

二级维护主要是对运输车辆进行检测和必要的维护。检测分为维护前的检测、维护过程检测、维护竣工检测三个过程。其维护工艺过程如图4-1所示。

2. 二级维护前的检测

主要是以车辆的技术档案、驾驶人反映的情况、检验人员的初步观测为依据，应用仪器、设备对车辆进行不解体的检测，为判断故障、技术评定和确定附加作业项目提供依据。汽车二级维护前的检测项目及技术要求见表4-1。

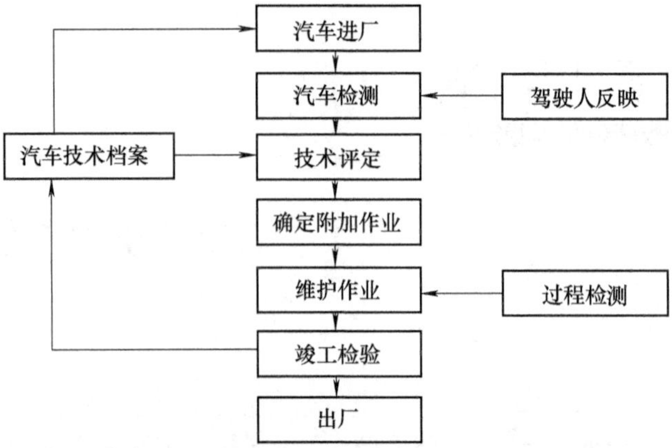

图4-1　二级维护工艺过程

表4-1　汽车二级维护前的检测项目及技术要求

<table>
<tr><th rowspan="2">序号</th><th rowspan="2">检测项目</th><th rowspan="2">主要检测仪器及精度要求</th><th colspan="2">技术要求</th><th rowspan="2">备注</th></tr>
<tr><th>EQ1090(EQ140)</th><th>CA1091(CA141)</th></tr>
<tr><td>1</td><td>点火提前角</td><td>发动机综合检测仪、电器检测仪，精度为±1°（曲轴转角）</td><td>800r/min时为9°，1200r/min时为13°±1°</td><td>500r/min时为6°±1°，1200r/min时为17°±1°</td><td>点火提前角可随着海拔高度、气温、汽油辛烷值、汽车技术状况做适当调整
以%表示的仪器精度要求是相对指示值误差，以下同</td></tr>
<tr><td>2</td><td>分电器重叠角</td><td>发动机综合检测仪，电器检测仪，精度为±1°</td><td>1200r/min时应≤3°</td><td>1200r/min时应≤3°</td><td>—</td></tr>
<tr><td>3</td><td>触点闭合角</td><td>发动机综合检测仪、电器检测仪，精度为±1°</td><td>1200r/min时为36°~42°</td><td>1200r/min时为38°~42°</td><td>对应的触点间隙为0.35~0.45mm</td></tr>
<tr><td rowspan="2">4</td><td rowspan="2">点火高压</td><td rowspan="2">发动机综合检测仪、电器检测仪，精度为±200V</td><td>1200r/min时为8~10kV</td><td>1200r/min时为7~9kV</td><td rowspan="2">该值反映火花塞电极间隙大小及高压线、分火头接触状况</td></tr>
<tr><td colspan="2">各气缸差值≤2kV，点火波形正常</td></tr>
</table>

（续）

序号	检测项目	主要检测仪器及精度要求	技术要求		备注
			EQ1090（EQ140）	CA1091（CA141）	
5	发动机功率	发动机综合检测仪、无负荷测功仪，精度为±5%	≥额定值的80%		发动机温度在70℃以上，点火系统、供油系统工作正常。检测时，自怠速将加速踏板突然踏到底
6	单缸转速降	发动机综合检测仪、电器检测仪≤2%转速表±10r/min	自1200r/min的下降值≥90r/min，各气缸转速降相差值不应超过25%		该参数可判断各气缸工作的均匀性，下降值越小说明该气缸工作越差
7	气缸压力	气缸压力表，精度为±5%	发动机温度正常，转速为130～150r/min，气缸压力不应小于规定值的85%，各气缸压力差不应大于规定值的10%		EQ1090 压缩比 气缸压力 6.75∶1 0.83MPa 7.2∶1 0.88MPa CA1091 压缩比 气缸压力 6.5∶1 0.78MPa 6.75∶1 0.83MPa 6.9∶1 0.88MPa 7.4∶1 0.93MPa 表中的压力值随着海拔高度的变化而变化
8	曲轴箱窜气量	曲轴箱窜气测量仪，精度为±6%	2000r/min时≤70L/min	1000r/min时为40L/min	—
9	气缸漏气量	气缸漏气量检测仪，精度为±6%	被检气缸置于静态压缩上止点，测量表压力值≥0.25MPa		可听察漏气声，对漏气部位进行诊断 发动机无异响，气缸压力和曲轴箱窜气量符合规定时，此项可不检测
10	进、排气支管真空度	汽车发动机检测专用真空表，精度为±0.15kPa	怠速500～600r/min时为50～70kPa，波动值≤5kPa		发动机温度为75～85℃，该值表明气缸密封性的好坏。该值随着海拔高度的变化而变化

（续）

序号	检测项目	主要检测仪器及精度要求	技术要求		备注
			EQ1090（EQ140）	CA1091（CA141）	
11	气缸表面、活塞顶状况窥查	工业纤维内窥镜	发动机停机后，温度低于50℃，窥视气缸应无损伤，活塞顶应无烧蚀及严重积炭、积垢		有异常现象时可拍片分析，发动机有异响或气缸活塞组件密封状况不良时应检查
12	配气相位	发动机综合测试仪、百分表，精度为0.01mm	进气门 排气上止点前20°开，进气下止点后56°关 排气门 作功下止点前38.5°开，排气上止点后20.5°关	进气门 排气上止点前12°开，进气下止点后48°关 排气门 作功下止点前42°开，排气上止点后18°关	转速为800r/min时，气门间隙为0.25mm，进、排气门开闭角度误差≤2°
13	发动机异响	发动机综合检测仪、异响检测仪	1. 曲柄连杆机构无异响 2. 配气机构无异响		仪器检测可结合人工判断一并进行
14	冷却系统	—	无泄漏、异响，水泵轴不松旷，无过热现象，其他各处正常		外观检查
15	润滑系统	—	机油压力： 怠速≥0.1MPa 中速≥0.3MPa		外观检查
16	起动前电压、起动电流、蓄电池内阻、稳定电压	发动机综合检测仪、电器检测仪 检测电压时精度≤2% 检测电流时精度≤5%	起动前电压≥12V 起动电流稳定值为100～150A 蓄电池内阻≤20mΩ 稳定电压≥9V		该参数可评定蓄电池性能的优劣，及起动机技术状况的好坏

（续）

序号	检测项目	主要检测仪器及精度要求	技术要求		备注
			EQ1090（EQ140）	CA1091（CA141）	
17	蓄电池充电电流、充电电压	发动机综合检测仪、电器检测仪 检测电压时精度≤2% 检测电流时精度≤10%	充电电流为10～25A 充电电压为13.8～14.2V		当从低速增加到高速时，充电电流应在10～25A范围内，随着转速的提高，电流应明显上升；但中速以后，转速再升高，电流应略下降，否则说明调节器工作不正常
18	机油污染指数	机油质量检测仪精度≤5%	污染指数<4.7（以用RZJ—2型检测仪测定为例），污染指数<23（以用SRZ—1型检测仪测定为例）		1. 在通常情况下，当污染指数或斑痕、开口闪点、水分其中一项不符合要求时，应更换机油 2. 二级维护不换机油的，需在两次二级维护中间的一级维护作业中检测机油质量 3. 测得的机油含铁量值，可为考核发动机气缸、曲柄连杆机构各配合副的磨损情况和制订汽车维修计划提供依据 4. 凡本标准采用的机油简易测试仪和方法均应符合GB8028—2010的要求
19	水分、开口闪点、含铁量等机油理化指标	机油分析仪	1. 水分≤0.20% 2. 开口闪点，单级油≥165℃，多级油≥150℃ 3. 含铁量 L-EQC型机油≤250mg/kg L-EQD型机油≤200mg/kg		
20	斑痕	试纸	与标准斑痕图谱比较，若为好、中则可使用；若为差，则需换油		
21	齿轮油理化指标	齿轮油分析仪	1. 水分≤0.2% 2. 含铁量增长值≤1000mg/kg 3. 100℃运动粘度变化率≤±25%		各种齿轮油通用
22	前轮定位	前轮定位检测仪，精度为±2′（角分），前束尺	EQ1090 前束值为1～5mm 前轮外倾角为1° 主销内倾角为6° 主销后倾角为2°30′	CA1091 前束值为2～4mm 前轮外倾角为1° 主销内倾角为8° 主销后倾角为1°30′	汽车置平，前轮摆正

（续）

序号	检测项目	主要检测仪器及精度要求	技术要求		备注
			EQ1090（EQ140）	CA1091（CA141）	
23	转向盘自由转动量	转向盘自由转动量角度仪	15°~30°		转向盘自由转动量是转向系统传动部分各配合副间隙的综合反映
24	操纵稳定性	—	不跑偏、不发抖、不摆头		路试检查
25	轴距	—	左右前后轮中心距差≤10mm		测量时前轮摆正
26	离合器	—	不打滑、不发抖、分离彻底、接合平稳		路试检查
27	驻车制动器	—	制动蹄片与制动鼓的间隙为0.02~0.1mm；控制操纵杆3~5响应能完全制动，各部分的螺栓连接良好		外部检查和路试检查
28	变速器	—	换挡应轻便灵活，无异响、自动跳挡或乱挡现象；变速器无漏油、裂纹现象，各部分的螺栓紧固有效		路试检查和外观检查
29	传动轴	—	传动轴负荷变化时无异响，行驶中无反常振动；传动轴无裂纹、凹坑和弯曲，万向节十字轴轴向间隙及其他各部分的间隙符合要求，中间支承托架、固定螺栓的螺母及中间支承轴承无松旷，技术状况良好，支承托架油封无漏油现象		路试检查和外观检查
30	后桥	—	主减速器、差速器无异响，无漏油、过热现象，前凸缘螺母不松动		路试检查和外观检查
31	车架和悬架	—	无裂纹、弯曲和扭曲变形，各部分连接无松动现象，钢板销与销套无松旷现象		—
32	轮胎	—	轮胎无异常磨损现象		外观检查和仪器检查相结合

3. 附加作业项目的确定

二级维护前的检测项目共有32项，以表4-1的检测结果和表4-2的要求为依据，确定二级维护的附加作业项目。

表4-2　汽车二级维护附加作业项目的确定依据

序号	项目	检测结果	相关故障诊断	附加作业项目
1	点火系统	1. 触点闭合角>42°或<36° 2. 分电器重叠角>3° 3. 点火提前角失准 4. 点火高压、点火波形失常	1. 分电器调整不当 2. 分电器轴及凸轮磨损松旷 3. 点火系统元件工作性能变差	检修分电器，视情况更换有故障的元件
2	发动机动力性	1. 发动机功率低于原厂额定值的80% 2. 单缸转速降<90r/min，或各缸转速降差>25%	1. 气门与气门座密封性差 2. 气缸垫，进、排气支管衬垫漏气 3. 气缸与活塞磨损，配合间隙过大 4. 活塞环磨损、黏结、断裂 5. 正时齿轮、凸轮轴磨损 6. 化油器、油泵、管路故障 7. 点火系统故障	研磨气门 更换损坏的衬垫 更换活塞或视情况进行镗缸 更换活塞环 更换正时齿轮或凸轮轴 检修、调整或更换有关故障元件
3	气缸压力	压力低于规定值的85%或各缸压力差大于各缸规定值的10%，如压缩比为6.75:1时的压力值<0.7MPa	1. 气门与气门座密封性差 2. 气缸垫窜气 3. 气缸与活塞配合间隙大 4. 活塞环磨损或断裂 5. 正时齿轮、凸轮轴磨损或配气正时失准	研磨气门 视情况更换气缸垫 镗缸或更换活塞 更换活塞环 更换磨损零件或调整配气正时
4	曲轴箱窜气量	窜气量 发动机转速为1000r/min时 >40L/min(CA1091) 发动机转速为2000r/min时 >70L/min(EQ1090)	1. 气缸、活塞磨损，配合间隙过大 2. 活塞环磨损、黏结、断裂 3. 活塞烧顶，严重拉缸	视情况镗缸或更换活塞 更换活塞环 更换活塞或视情况镗缸

(续)

序号	项目	检测结果	相关故障诊断	附加作业项目
5	气缸漏气量	测量表压力值<0.25MPa	1. 气缸、活塞磨损，配合间隙过大 2. 活塞环磨损、黏结、断裂 3. 活塞烧顶，拉缸严重 4. 气门密封性差	视情况镗缸或更换活塞 更换活塞环 更换活塞或视情况镗缸 研磨气门
6	进气支管真空度	真空度<57kPa 波动值>5kPa	1. 气缸、活塞磨损，配合间隙过大 2. 活塞环磨损、黏结、断裂 3. 气门杆与导管磨损，气门密封性差 4. 气缸垫窜气，进排气支管衬垫漏气	视情况镗缸或更换活塞 更换活塞环 视情况修理 更换衬垫
7	气缸内部窥查	活塞烧顶 气缸壁拉伤	—	更换活塞，视情况镗缸
8	配气相位	配气相位角度偏移超过规定值2°	1. 正时齿轮安装、调整不当 2. 正时齿轮、凸轮轴磨损 3. 气门间隙调整不当	重新安装、调整正时齿轮 更换磨损零件
9	发动机异响	曲柄连杆机构异响 1. 曲轴主轴承、连杆轴承响 2. 活塞敲缸响 3. 活塞销响	1. 轴承与轴颈磨损、烧蚀 2. 活塞与气缸磨损、间隙增大，气缸体、曲轴及连杆变形 3. 活塞销与活塞、连杆衬套间隙过大	视情况修理 视情况修理 视情况修理
		配气机构异响	1. 气门间隙调整不当 2. 摇臂与轴、气门挺杆与凸轮轴磨损 3. 凸轮轴轴承间隙超差 4. 气门座圈脱落 5. 气门弹簧折断 6. 正时齿轮损坏	视情况拆检相关部位 更换磨损或失效的零件

（续）

序号	项目	检测结果	相关故障诊断	附加作业项目
10	发动机其他部位	水泵异响、渗漏	水泵轴轴承损坏或水泵轴断裂及各部分密封差	检修水泵 视情况检修或更换密封件
		空气压缩机异响、漏油	1. 活塞、气缸磨损，配合间隙过大 2. 轴承损坏或配合间隙过大	视情况更换活塞或气缸 视情况修理
		发动机过热	1. 冷却系统工作不良 2. 配气相位调整不当 3. 点火正时调整不当	拆检冷却系统相关零件 调整 调整
		排气管及消声器工作状况不良	连接松动、开裂或阻塞	视情况修理
		机油压力低，怠速时＜0.1MPa，中速时＜0.3MPa	1. 机油泵磨损 2. 曲轴主轴承、连杆轴承、凸轮轴轴承配合间隙大 3. 油道漏油、调压阀失准，仪表、感应器不正常	拆检有关部位 视情况修理 视情况修理
11	机油分析	污染指数、斑痕图谱或理化性能指标超标	—	更换机油并查找相关原因
12	齿轮油分析	水分、含铁量增长值、100℃运动粘度变化率超标	—	更换齿轮油
13	前轮定位	前轮定位超过规定值	1. 转向节主销及衬套磨损松旷 2. 车架、前轴变形 3. 悬架、转向机构异常	更换磨损零件 校正 视情况修理
14	转向器	转向盘自由转动量＞30°，转向卡滞、沉重	1. 啮合间隙过大 2. 各配合副磨损、卡滞 3. 轴承锈蚀 4. 转向器、转向传动机构调整不当	调整间隙 拆检、更换磨损零件 更换轴承 调整
15	驻车制动器	不能有效制动（调整无效）	制动鼓、摩擦片磨损或油污	拆检、更换或清洗摩擦片

（续）

序号	项目	检测结果	相关故障诊断	附加作业项目
16	离合器	离合器分离轴承异响 离合器工作不良	1. 轴承润滑不良 2. 轴承损坏 3. 离合器打滑 4. 离合器分离不彻底 5. 离合器接合不平顺	润滑 更换 拆检离合器，检查或更换离合器片、分离杠杆、压板、压紧弹簧
17	变速器	异响、乱挡、跳挡、换挡困难	1. 齿轮、轴、轴承磨损，间隙过大 2. 齿轮啮合不良或崩齿 3. 各轴承孔同轴度、平行度超限 4. 变速器操纵机构失效 5. 同步器失效	拆检变速器，视情况修理 视情况修理 视情况修理 视情况修理 更换
		漏油	油封老化失效，衬垫损坏	更换
18	传动轴	异响、发抖、松旷	1. 中间轴承、万向节轴承松旷 2. 凸缘叉、滑动叉与花键配合不当或松旷 3. 传动轴不平衡	拆检，视情况更换 拆检，视情况更换磨损零件 视情况修理
19	后桥	主减速器或差速器有异响	1. 齿轮崩齿，轴承损坏 2. 齿轮磨损、啮合间隙不当	更换损坏的零件
		后桥壳有裂纹	—	修复或更换
20	车架、悬架、轮胎	车架出现裂纹、变形，铆钉松动	—	焊补、重铆、校正
		悬架机构异常	1. 钢板弹簧座孔磨损 2. 钢板弹簧错位、断裂，钢板弹簧销、衬套、滑板磨损或断裂	视情况修理 视情况修理
		轮胎异常磨损	1. 前轮定位不符合规定 2. 车架前桥、后桥变形 3. 悬架机构异常 4. 差速器功能不良	视情况调校或修理

（续）

序号	项目	检测结果	相关故障诊断	附加作业项目
21	车身货厢	钣金件开裂、锈蚀、变形 脱漆	—	修整 补灰、涂装
22	轴距	左右值之差 > 10mm	1. 钢板弹簧中心螺栓折断，钢板错位 2. 钢板中心定位孔磨损，前桥或后桥移位 3. 悬架机构、车架变形	拆检、更换中心螺栓 视情况修理

4. 二级维护工艺规范

汽车二级维护基本作业项目及技术要求见表 4-3。

表 4-3　汽车二级维护基本作业项目及技术要求

部位	序号	维护项目	操作要点	技术要求	
				EQ1090（EQ140）	CA1091（CA141）
发动机	1	机油粗滤器	拆检、清洗粗滤器，更换滤芯	1. 密封圈应完好有效 2. 更换滤芯 3. 压紧弹簧应完好有效 4. 油道无堵塞现象	
				—	更换滤芯，指示器（旁通阀）应完好无损
	2	机油细滤器	拆检机油细滤器	1. 清除转子罩内壁的脏物 2. 清洗转子 3. 喷孔畅通 4. 密封圈应无损坏变形现象 5. 装复时装配标记要对齐 6 发动机熄火后，在 2 ~ 3min 内应能听到转子正常运转的响声	
	3	油底壳	拆检、清洗油底壳和集滤器，检查曲轴轴承松紧度，校紧曲轴轴承和连杆轴承螺栓、螺母，加注机油	1. 校紧曲轴主轴承和连杆轴承螺栓，拧紧力矩分别为 167 ~ 186N · m 和 98 ~ 118N · m	1. 校紧曲轴主轴承螺栓（前、中间拧紧力矩为 138 ~ 157N · m，中、后为 98 ~ 118N · m）和连杆轴承螺栓（拧紧力矩为 113 ~ 123N · m）
				2. 清洗油底壳和集滤器内的沉积物 3. 紧固机油管路螺栓 4. 油底壳衬垫有效 5. 曲轴箱油位符合要求	

（续）

<table>
<tr><th rowspan="2">部位</th><th rowspan="2">序号</th><th rowspan="2">维护项目</th><th rowspan="2">操作要点</th><th colspan="2">技术要求</th></tr>
<tr><th>EQ1090（EQ140）</th><th>CA1091（CA141）</th></tr>
<tr><td rowspan="11">发动机</td><td>4</td><td>汽油滤清器</td><td>检查、清洗</td><td colspan="2">1. 清洗滤清器，清除脏物
2. 检查滤芯，必要时更换</td></tr>
<tr><td>5</td><td>汽油泵及管路</td><td>检查汽油泵及管路</td><td colspan="2">1. 汽油泵工作正常
2. 管路畅通，无凹陷、裂损，接头不漏油</td></tr>
<tr><td rowspan="2">6</td><td rowspan="2">火花塞</td><td rowspan="2">检查、清洁</td><td>1. 清除积炭，校正电极间隙为0.65～0.90mm</td><td>1. 清除积炭，校正电极间隙为0.60～0.70mm</td></tr>
<tr><td colspan="2">2. 工作良好，无漏电现象</td></tr>
<tr><td>7</td><td>分电器</td><td>清洁、检查、调整</td><td colspan="2">1. 清洁分电器壳、分火头和分电器触点
2. 触点间隙为0.35～0.45mm
3. 各线路接头牢固可靠，无漏电现象
4. 各连接轴无松旷和轴向窜动现象</td></tr>
<tr><td>8</td><td>气门间隙</td><td>检查、调整</td><td>气门间隙为0.25～0.30mm</td><td>气门间隙为0.20～0.25mm</td></tr>
<tr><td>9</td><td>进、排气支管</td><td>检查、紧固</td><td colspan="2">1. 校紧进、排气支管螺栓和螺母
2. 进、排气支管无裂纹，衬垫完好，无漏气现象</td></tr>
<tr><td>10</td><td>空气滤清器</td><td>清洁发动机空气滤清器和曲轴箱通风空气滤清器，取出滤芯进行清洗或吹净</td><td colspan="2">1. 各滤芯清洁、无破损，上、下衬垫密封良好
2. 外壳清洁，卡固牢靠</td></tr>
<tr><td>11</td><td>曲轴箱通风单向阀及管路</td><td>检查、清洁</td><td colspan="2">1. 阀体及弹簧清洁，通风口（ϕ2mm）应畅通
2. 管路连接无松动，不漏气（连接胶管不失效）
3. 无堵塞和卡滞现象</td></tr>
<tr><td rowspan="2">12</td><td rowspan="2">水泵及风扇传动带</td><td rowspan="2">1. 校紧各部位的螺栓、螺母
2. 检查传动带，调整传动带张紧度</td><td colspan="2">1. 紧固水泵连接部位的螺母、密封垫应完好有效</td></tr>
<tr><td>2. 传动带完好有效，张紧度应符合下列要求：在中间位置施加29～49N力时，其挠度应为10～15mm</td><td>2. 传动带完好有效，张紧度应符合下列要求：在中间位置施加39N力时（单根），其挠度应为10～15mm</td></tr>
</table>

（续）

<table>
<tr><th rowspan="2">部位</th><th rowspan="2">序号</th><th rowspan="2">维护项目</th><th rowspan="2">操作要点</th><th colspan="2">技术要求</th></tr>
<tr><th>EQ1090（EQ140）</th><th>CA1091（CA141）</th></tr>
<tr><td rowspan="7">发动机</td><td>13</td><td>气缸盖螺栓</td><td>按规定次序和力矩校紧</td><td>气缸盖螺栓齐全完好，拧紧力矩为167～196N·m</td><td>气缸盖螺栓齐全完好，拧紧力矩为98～118N·m</td></tr>
<tr><td>14</td><td>化油器</td><td>1. 拆洗化油器进油口滤网
2. 清洁化油器外壳
3. 检查联动机构
4. 紧固联接螺栓</td><td colspan="2">1. 滤网清洁，作用良好
2. 外部清洁，无泥污
3. 节气门、阻风门开闭完全，联动机构运动灵活、不松旷，垫圈、锁销齐全有效
4. 各联接螺栓紧固，衬垫良好，不漏油、不漏气</td></tr>
<tr><td>15</td><td>散热器及百叶窗</td><td>检查、紧固、调整</td><td colspan="2">1. 散热器软管无变形、破损及漏水现象，紧固可靠
2. 散热器无漏水现象
3. 散热器螺栓紧固，锁止可靠，胶垫齐全完好
4. 百叶窗各部位连接牢固，开闭灵活</td></tr>
<tr><td>16</td><td>发动机支架</td><td>检查发动机支架的连接及损坏情况</td><td colspan="2">支架无断裂，发动机支承垫齐全完好，螺栓、螺母紧固</td></tr>
<tr><td>17</td><td>汽油箱及油管</td><td>检查、紧固</td><td colspan="2">1. 油箱胶垫完好，紧固可靠，无磨损，不漏油
2. 油管紧固可靠，无碰擦，接头不漏油</td></tr>
<tr><td>18</td><td>排气管及消声器</td><td>检查、紧固</td><td colspan="2">1. 排气管联接螺栓紧固，衬垫完好，无漏气现象
2. 排气管固定可靠，支架完好
3. 消声器固定可靠，性能良好</td></tr>
<tr><td>19</td><td>燃烧效果</td><td>检测、调整</td><td colspan="2">各气缸均工作，当转速为500r/min时，尾气中氧气的质量分数为9%～15%（暂定值）；当转速为1500r/min时，尾气中氧气的质量分数为4.7%～6.3%</td></tr>
<tr><td rowspan="2">离合器</td><td rowspan="2">20</td><td rowspan="2">离合器</td><td rowspan="2">1. 拆飞轮底壳
2. 检查离合器片
3. 检查分离轴承
4. 检查分离杠杆，调整分离轴承的间隙
5. 调整离合器踏板自由行程
6. 润滑变速器第一轴前轴承和分离轴承
7. 装复飞轮底壳</td><td colspan="2">1. 离合器片完好无损
2. 分离轴承完好无损
3. 分离杠杆端头不损坏，与分离轴承的间隙为3～4mm，各分离杠杆高度差不超过0.02mm
4. 踏板自由行程为30～40mm
5. 各操纵机构连接可靠，锁止紧固
6. 回位弹簧齐全有效
7. 润滑变速器第一轴前轴承和分离轴承
8. 飞轮壳无破损，螺栓、垫圈齐全有效并紧固</td></tr>
<tr><td>—</td><td>9. 中间压板三个调整螺栓的间隙为1～1.25mm（即螺栓旋紧后回松5次响声）</td></tr>
</table>

（续）

<table>
<tr><th rowspan="2">部位</th><th rowspan="2">序号</th><th rowspan="2">维护项目</th><th rowspan="2">操作要点</th><th colspan="2">技术要求</th></tr>
<tr><th>EQ1090（EQ140）</th><th>CA1091（CA141）</th></tr>
<tr><td rowspan="9">前桥</td><td>21</td><td>转向节衬套与主销</td><td>1. 未拆轮胎前先撬动车轮，检查转向节衬套与主销的配合松旷程度
2. 校紧主销横销螺栓</td><td colspan="2">1. 转向节衬套不松旷（撬动车轮，在轮胎下侧面中心测量摆动量，不应超过5mm，其相当于转向节衬套与主销配合间隙不超过0.20mm
2. 转向节与前轴配合间隙不超过0.50mm
3. 横销螺栓锁止可靠，螺母紧固</td></tr>
<tr><td rowspan="2">22</td><td rowspan="2">前轮制动器调整臂</td><td rowspan="2">检查前轮制动器调整臂的作用</td><td>1. 制动器调整臂不跳牙，作用正常</td><td>1. 锁止套运动灵活，防尘罩齐全完好</td></tr>
<tr><td colspan="2">2. 开口销齐全有效</td></tr>
<tr><td rowspan="6">23</td><td rowspan="6">前轮毂及内部机件</td><td>拆卸前轮毂总成、制动蹄、支承销，清洗转向节、轴承、支承销，清洁制动底板等零件</td><td colspan="2">各零件及转向节、制动盘应清洁无油污</td></tr>
<tr><td rowspan="2">检查制动盘、制动凸轮轴，校紧装置螺栓</td><td>1. 制动底盘不变形，无裂纹，装置螺栓紧固（拧紧力矩为137～167N·m）</td><td>1. 制动底盘不变形，无裂纹，装置螺栓紧固（拧紧力矩为98～118N·m）</td></tr>
<tr><td colspan="2">2. 凸轮轴转动灵活，无卡滞现象，轴向间隙不超过0.70mm，径向间隙不超过0.60mm</td></tr>
<tr><td>检查转向节及螺母，检查保险片及油封，检查转向节臂，校紧装置螺栓</td><td colspan="2">1. 转向节无裂纹，螺纹完好，与螺母配合应无径向松旷；调整螺母端面不起槽，加工后的厚度大于或等于7mm，稳定完好；锁紧螺母六角完好无损；保险片作用良好；油封完好不漏油
2. 转向节轴颈和轴承的配合间隙不超过0.10mm；转向节臂装置螺栓、螺母紧固，拧紧力矩为120～140N·m</td></tr>
<tr><td>检查内外轴承</td><td colspan="2">1. 滚柱保持架无断裂现象，滚柱不脱落，无裂损和烧蚀现象
2. 轴承内圈无裂纹和烧蚀现象</td></tr>
<tr><td>检查制动蹄及支承销</td><td colspan="2">1. 制动蹄无裂纹及明显变形，摩擦片不破裂，铆接可靠，铆钉头距摩擦片表面距离大于或等于0.80mm，摩擦片厚度大于或等于9mm
2. 支承销与制动蹄承孔衬套配合间隙不超过0.10mm
3. 支承销无过量磨损，螺纹扁方（四方）完好</td></tr>
</table>

（续）

<table>
<tr><th rowspan="2">部位</th><th rowspan="2">序号</th><th rowspan="2">维护项目</th><th rowspan="2">操作要点</th><th colspan="2">技术要求</th></tr>
<tr><th>EQ1090（EQ140）</th><th>CA1091（CA141）</th></tr>
<tr><td rowspan="9">前桥</td><td rowspan="9">23</td><td rowspan="9">前轮毂及内部机件</td><td rowspan="2">检查制动蹄回位弹簧</td><td colspan="2">1. 回位弹簧应无明显变形</td></tr>
<tr><td>2. 自由长度为130mm
3. 拉长至179mm时，拉力为590～785N</td><td>2. 自由长度为138mm
3. 拉长至179mm时，拉力为1030～1225N</td></tr>
<tr><td rowspan="2">检查前轮毂、制动鼓及轴承外座圈，校紧轮胎螺栓内螺母</td><td colspan="2">1. 轮毂无损伤
2. 轴承外座圈不走外圆，无裂纹、无麻点、无烧蚀现象
3. 制动鼓无裂纹、不起槽，内径小于或等于426mm，圆度误差小于或等于2mm，外边缘不得高出工作表面，制动鼓检视孔完整</td></tr>
<tr><td>4. 轮胎螺母齐全完好，规格一致，螺母紧固（拧紧力矩为274～314N·m）</td><td>4. 轮胎螺母齐全完好，规格一致，螺母紧固（拧紧力矩为343～392N·m）</td></tr>
<tr><td rowspan="5">装复前轮毂，调整前轮轴承松紧度及制动间隙</td><td colspan="2">1. 装复支承销，制动蹄支承销孔均应涂润滑脂，开口销或卡簧齐全可靠
2. 润滑轴承
3. 转向节轴颈表面涂机油后方能装上轴承
4. 制动片、制动鼓表面清洁，无油污</td></tr>
<tr><td>5. 制动片与制动鼓的间隙：凸轮端为0.40～0.55mm，支承销端为0.25～0.40mm，同一端两蹄间隙之差小于或等于0.10mm，转动时无碰擦现象或响声，检视孔挡板齐全紧固</td><td>5. 制动片与制动鼓的间隙：凸轮端为0.40～0.70mm，支承销端为0.20～0.50mm，同一端两蹄间隙之差小于或等于0.10mm，转动时无碰擦现象或响声，检视孔挡板齐全紧固</td></tr>
<tr><td colspan="2">6. 轮毂转动灵活，用拉力计测量（拉轮胎螺栓），拉力小于或等于15N时可转动，且感觉不到轴向间隙</td></tr>
<tr><td>7. 锁紧螺母的拧紧力矩为176～216N·m</td><td>7. 锁紧螺母的拧紧力矩为196～245N·m</td></tr>
<tr><td colspan="2">8. 保险可靠，防尘盖、衬垫完好，螺栓垫圈齐全紧固（螺栓规格一致）</td></tr>
</table>

（续）

<table>
<tr><th rowspan="2">部位</th><th rowspan="2">序号</th><th rowspan="2">维护项目</th><th rowspan="2">操作要点</th><th colspan="2">技术要求</th></tr>
<tr><th>EQ1090（EQ140）</th><th>CA1091（CA141）</th></tr>
<tr><td rowspan="8">转向机构</td><td rowspan="2">24</td><td rowspan="2">转向器、转向传动机构</td><td>检查转向器的工作状况、密封性及油位，校紧装置螺栓</td><td colspan="2">1. 转向盘自由转动量不得超过30°
2. 当垂臂处在垂直位置时，应感觉不到轴向间隙；蜗杆上、下轴承应无明显的松旷
3. 转动转向盘应轻便灵活，无卡滞现象
4. 转向器衬垫、油封无漏油现象
5. 各装置螺栓紧固
6. 转向器油位不应低于检视口下沿15mm
7. 垂臂及转向节臂无弯曲及裂损现象</td></tr>
<tr><td>检查转向传动机构，校紧装置螺栓及横销螺栓</td><td colspan="2">1. 转向盘大螺母紧固，支承轴承完好无松旷现象，柱管装置稳固，支架无断裂现象，装置螺栓紧固
2. 转向传动轴万向节不松旷，滑动叉扭转间隙小于或等于0.30mm，接合长度大于或等于60mm，各横销螺栓紧固，弹簧垫齐全
3. 防尘套完好</td></tr>
<tr><td rowspan="2">25</td><td rowspan="2">横、直拉杆</td><td>1. 解体横、直拉杆，清洗各零件
2. 检查各零件</td><td colspan="2">1. 清洗各零件，无泥垢、油污
2. 横拉杆杆体无裂纹、弯曲现象，两端的螺纹完好；直拉杆8字孔磨损不超过2mm，两端螺纹良好，与螺塞配合不松旷
3. 球头销、球座体及钢碗无裂纹，不起槽，球头销颈部磨损不超过1mm，球面磨损失圆小于或等于0.50mm，螺纹完好，弹簧不折断，作用良好</td></tr>
<tr><td>装复横、直拉杆</td><td colspan="2">1. 球头销灵活，不卡死，不松旷
2. 防尘毡、保险片、开口销齐全有效</td></tr>
<tr><td rowspan="4">26</td><td rowspan="4">前束及转向角</td><td rowspan="2">检查调整前束及转向角</td><td>1. 前束值为1～5mm，装子午胎时为1～3mm</td><td>1. 前束值为2～4mm，装子午胎时为1～3mm</td></tr>
<tr><td colspan="2">2. 横拉杆两个接头应在同一平面上，横销螺栓紧固，锁止可靠</td></tr>
<tr><td rowspan="2">用汽车转向角测量仪或直尺检查，调整转向角度</td><td>1. 测量前钢板销中心至轮胎内边缘的水平直线距离：左边为680～700mm，右边为680～690mm，或内轮为37°30′，外轮为30°30′</td><td>1. 测量前钢板销中心至轮胎内边缘的水平直线距离：左边大于或等于620mm，右边大于或等于655mm，或内轮为38°，外轮为32°</td></tr>
<tr><td colspan="2">2. 转向角度限位螺栓紧固</td></tr>
</table>

（续）

<table>
<tr><th rowspan="2">部位</th><th rowspan="2">序号</th><th rowspan="2">维护项目</th><th rowspan="2">操作要点</th><th colspan="2">技术要求</th></tr>
<tr><th>EQ1090（EQ140）</th><th>CA1091（CA141）</th></tr>
<tr><td>转向机构</td><td>27</td><td>转向器齿轮油</td><td>检查转向器齿轮油油位</td><td colspan="2">1. 拆卸加油螺塞时，应将孔口泥污除净
2. 油平面至加油口下边缘距离符合要求</td></tr>
<tr><td rowspan="2">变速器</td><td rowspan="2">28</td><td rowspan="2">变速器</td><td rowspan="2">1. 检查变速器润滑油油位
2. 检查紧固变速器第二轴凸缘螺母
3. 拆检、清洗变速器通气塞</td><td>1. 变速器第二轴凸缘螺母校紧时，拧紧力矩为196～245N·m</td><td>1. 变速器第二轴凸缘螺母校紧时，拧紧力矩为196N·m</td></tr>
<tr><td colspan="2">2. 油位以螺塞孔的下缘为准，不足时添加
3. 通气塞清洁、无损坏现象
4. 校紧变速器各紧固螺栓</td></tr>
<tr><td rowspan="2">传动轴</td><td rowspan="2">29</td><td rowspan="2">检查传动轴</td><td>检查传动轴万向节、中间轴承有无松旷现象</td><td colspan="2">1. 万向节、中间轴承、花键轴无松旷现象（无明显径向、轴向间隙）
2. 花键套防尘罩完好</td></tr>
<tr><td>检查传动轴凸缘联接螺栓、螺母和中间支承U形支架是否紧固</td><td>3. 支架无断裂现象，螺栓紧固，紧固传动轴凸缘联接螺母，拧紧力矩为88～108N·m</td><td>3. 支架无断裂现象，螺栓紧固，紧固传动轴凸缘联接螺母，拧紧力矩为127～147N·m</td></tr>
<tr><td rowspan="3">主减速器</td><td rowspan="3">30</td><td rowspan="3">主减速器</td><td rowspan="3">1. 拆下桥壳后盖，清除壳体内的沉积物，检视减速器齿轮，校紧减速器壳联接螺栓、螺母和差速器轴承盖紧固螺母
2. 检查、校紧主动锥齿轮凸缘螺母
3. 检查并调整主、被动锥齿轮啮合间隙
4. 拆洗通气孔
5. 加注机油</td><td colspan="2">1. 各齿轮工作表面轻微剥落或点蚀面积小于或等于总面积的25%，齿轮损伤不超过齿高的1/3和齿长的1/5，数量不多于3齿</td></tr>
<tr><td>2. 差速器壳联接螺栓、螺母的拧紧力矩为137～156N·m
3. 差速器轴承盖紧固螺母的拧紧力矩为196～235N·m
4. 主、被动齿轮啮合间隙为0.15～0.40mm
5. 主动锥齿轮凸缘螺母的拧紧力矩为392～490N·m
6. 加注机油（4.7L）</td><td>2. 差速器壳联接螺栓、螺母的拧紧力矩为88～147N·m
3. 差速器轴承盖紧固螺母的拧紧力矩大于或等于167N·m
4. 主、被动锥齿轮啮合间隙为0.15～0.40mm
5. 主动锥齿轮凸缘螺母的拧紧力矩为196～294N·m
6. 加注机油（4.5L）</td></tr>
<tr><td colspan="2">7. 推动传动轴，凸缘应无摆动
8. 通气孔清洁、畅通、工作正常，装置紧固</td></tr>
</table>

（续）

<table>
<tr><th rowspan="2">部位</th><th rowspan="2">序号</th><th rowspan="2">维护项目</th><th rowspan="2">操作要点</th><th colspan="2">技术要求</th></tr>
<tr><th>EQ1090（EQ140）</th><th>CA1091（CA141）</th></tr>
<tr><td rowspan="2">主减速器</td><td rowspan="2">31</td><td rowspan="2">后轮制动器调整臂</td><td rowspan="2">检查后轮制动器调整臂的作用</td><td colspan="2">1. 制动器调整合适，作用正常
2. 各部位的开口销齐全有效
3. 锁止套运动灵活</td></tr>
<tr><td>—</td><td>4. 防尘罩齐全完好</td></tr>
<tr><td rowspan="8">后桥</td><td rowspan="8">32</td><td rowspan="8">后轮毂及内部机件</td><td>拆下半轴、轮毂总成、制动蹄、支承销，清洗各零件及制动底板、半轴套管</td><td colspan="2">1. 轮毂通气孔畅通
2. 各零件及制动盘、后桥套管清洁，无油污</td></tr>
<tr><td rowspan="2">检查制动底板、制动凸轮轴，校紧联接螺栓</td><td>1. 制动底板不变形，联接螺栓紧固，拧紧力矩为70～80N·m</td><td>1. 制动底板完整、无裂纹，铆钉不松动</td></tr>
<tr><td colspan="2">2. 凸轮轴转动灵活无卡滞现象，轴向间隙不超过0.70mm，径向间隙不超过0.60mm
3. 凸轮轴支座固定螺栓保险钢丝齐全、可靠</td></tr>
<tr><td>检查后桥半轴套管、螺母及油封</td><td colspan="2">1. 套管无裂纹及明显松动现象，螺纹完好，与螺母配合无径向松旷现象
2. 调整螺母端面不起槽，加工后的厚度大于或等于7mm，六角完好、无毛刺，锁止垫圈完好
3. 油封完好，无损坏、漏油现象
4. 套管颈与轴承配合间隙不超过0.12mm</td></tr>
<tr><td>检查内外轴承</td><td colspan="2">1. 轴承保持架无断裂现象，滚柱不脱落，无裂损和烧蚀现象
2. 轴承内座圈无裂纹、烧蚀现象</td></tr>
<tr><td>检查制动蹄及支承销</td><td colspan="2">1. 制动蹄无裂纹及明显变形，摩擦片不破裂，铆接可靠，铆钉头离弧面距离大于或等于0.80mm，摩擦片厚度大于或等于9mm
2. 支承销与制动蹄承孔衬套配合间隙不超过0.40mm
3. 支承销无过量磨损，螺纹、扁方（四方）完好</td></tr>
<tr><td rowspan="2">检查制动蹄回位弹簧</td><td colspan="2">1. 回位弹簧无显著变形</td></tr>
<tr><td>2. 自由长度为130mm
3. 拉力良好（拉长至179mm时，拉力为590～785N）</td><td>2. 自由长度为138mm
3. 拉力良好（拉长至179mm时，拉力为1030～1225N）</td></tr>
</table>

（续）

<table>
<tr><th rowspan="2">部位</th><th rowspan="2">序号</th><th rowspan="2">维护项目</th><th rowspan="2">操作要点</th><th colspan="2">技术要求</th></tr>
<tr><th>EQ1090（EQ140）</th><th>CA1091（CA141）</th></tr>
<tr><td rowspan="6">后桥</td><td rowspan="6">32</td><td rowspan="6">后轮毂及内部机件</td><td rowspan="2">检查后轮毂制动鼓及轴承外座圈，检查并拧紧半轴螺栓，检查轮胎螺栓，校紧内螺母</td><td colspan="2">1. 轮毂无裂损现象
2. 轴承外圈无松动、裂纹、麻点、烧蚀现象
3. 制动鼓无裂纹、不起槽，内径小于或等于426mm，圆度误差小于或等于0.125mm，左右内径差小于或等于2mm，外边缘不得高出工作表面，制动鼓检视孔完整
4. 半轴螺栓齐全、无折断现象，螺纹完好无损坏，螺柱必须拧紧，不允许螺柱螺母一道装复半轴</td></tr>
<tr><td>5. 轮胎螺栓齐全完好，规格一致；螺母紧固（拧紧力矩为280～320N·m），锁止可靠</td><td>5. 轮胎螺栓齐全完好，规格一致；螺母紧固（拧紧力矩为340～390N·m），锁止可靠</td></tr>
<tr><td>检查半轴</td><td colspan="2">半轴无明显弯曲，不磨套管，无裂纹现象；花键无过量磨损或扭曲变形现象</td></tr>
<tr><td rowspan="3">装复后轮毂，调整制动间隙</td><td colspan="2">1. 装复支承销、制动蹄片时，承孔均应涂润滑脂；开口销或卡簧齐全可靠
2. 润滑轴承
3. 套管轴颈表面应涂机油后方能装上轴承
4. 制动蹄片、制动鼓面用砂布打磨干净，无油污</td></tr>
<tr><td>5. 制动蹄片与制动鼓的间隙：靠凸轮端为0.40～0.55mm，靠支承销端为0.25～0.40mm，同一端两蹄间隙之差小于或等于0.10mm，转动时应无撞擦情况或响声。检视孔挡板，应齐全、紧固</td><td>5. 制动蹄片与制动鼓的间隙：靠凸轮端为0.40～0.70mm，靠支承销端为0.20～0.50mm，同一端两蹄间隙之差小于或等于0.10mm，转动时无撞擦情况或响声。检视孔挡板，应齐全、紧固</td></tr>
<tr><td colspan="2">6. 轮毂转动灵活，用拉力计测量（拉轮胎螺栓），拉力小于或等于20N时可转动，且感觉不到轴向间隙
7. 锁紧螺母不允许用錾子錾，应以196～245N·m力矩拧紧
8. 半轴衬垫不多于2张，锥形垫圈、弹簧垫齐全，螺母紧固，丝杆长出螺母不应多于5牙，不应少于1牙</td></tr>
</table>

（续）

部位	序号	维护项目	操作要点	技术要求	
				EQ1090（EQ140）	CA1091（CA141）
制动系统	33	空气压缩机	1. 拆洗空气压缩机中的空气滤清器 2. 擦净空气压缩机外壳，检查底座有无裂损	1. 清洗空气滤清器滤芯 2. 空气压缩机外表清洁，空气压缩机底座无断裂现象，校紧各装置螺栓	
制动系统	34	制动阀与制动管路	检查制动系统阀和各管路接头是否漏气和紧固	1. 制动阀无漏气，作用正常，排气迅速（不超过3s） 2. 各管路无损伤，接头不漏气，连接紧固 3. 橡胶管路不老化、龟裂	
制动系统	34	制动阀与制动管路	拆检制动气室，检查制动踏板自由行程	1. 制动气室皮膜不漏气 2. 制动气室壳体不破裂 3. 制动气室推杆孔无明显磨损，推杆无变形 4. 制动踏板行程应为10～15mm	
制动系统	34	制动阀与制动管路	检查挂车阀、分离开关、连接头和管路	1. 挂车阀无漏气，工作正常 2. 分离开关密封性能好，不漏气 3. 连接头无漏气现象，作用可靠，装置正确、牢固 4. 管路装置牢固，无漏气现象，气路畅通	
制动系统	35	储气筒	检查储气筒装置是否稳固	1. 储气筒安装稳固，放水阀作用正常 2. 安全阀作用良好，无漏气现象；单向阀清洁，无卡死现象，作用正常	
车身	36	车头	检查紧固翼子板、发动机罩、散热器罩、挡泥板等	1. 各部位的螺栓紧固可靠 2. 各部位无破裂、凹陷、缺漆现象 3. 发动机罩开启灵活，锁止可靠	
车身	36	车头	检查紧固翼子板、发动机罩、散热器罩、挡泥板等	—	4. 车头安全钩完好，扭杆翻转助力机构良好，翻转灵活，前翻角度50°，不与前罩灯护罩碰触 5. 车头支撑杆完好，支撑有效
车身	37	驾驶室	1. 检查驾驶室的紧固情况 2. 检查并调整车门、玻璃升降器、门锁及止冲器	1. 驾驶室连接紧固可靠，无破裂、凹陷、缺漆现象 2. 车门开闭转动灵活，无下沉现象，铰链螺栓紧固 3. 门窗玻璃升降自如，不自行下滑和上下跳动 4. 门锁和止冲器性能可靠	
车身	37	驾驶室	1. 检查驾驶室的紧固情况 2. 检查并调整车门、玻璃升降器、门锁及止冲器	—	5. 驾驶室与车头间隙均匀，紧固可靠，无破裂、凹陷、缺漆现象 6. 车门、车窗开闭及定位良好

（续）

<table>
<tr><th rowspan="2">部位</th><th rowspan="2">序号</th><th rowspan="2">维护项目</th><th rowspan="2">操作要点</th><th colspan="2">技术要求</th></tr>
<tr><th>EQ1090（EQ140）</th><th>CA1091（CA141）</th></tr>
<tr><td>车身</td><td>38</td><td>气动刮水器</td><td>检查、调整、紧固</td><td colspan="2">1. 刮水器连杆球头销连接良好
2. 刮臂与刮片连接紧固，刮片良好
3. 刮片摆角符合要求（左120°，右110°）
4. 各部位连接不漏气</td></tr>
<tr><td>车厢</td><td>39</td><td>车厢</td><td>1. 检查车厢状况
2. 校紧各部位的螺栓</td><td colspan="2">1. 车厢栏板、底板无明显变形，无断裂脱焊现象，外部无明显凹陷现象，不缺漆
2. 挂钩和铰链连接牢固，无断裂现象
3. 穿销齐全完好
4. 连接车厢的U形螺栓及其他外露螺栓紧固</td></tr>
<tr><td rowspan="4">车架、悬架</td><td>40</td><td>车架</td><td>1. 检查车架铆钉
2. 检查保险杠，校紧螺栓
3. 检查并校紧前后拖钩
4. 检查并校紧车架上的各支架螺栓</td><td colspan="2">1. 车架铆钉无松动现象
2. 保险杠无变形，联接螺栓紧固
3. 拖钩磨损量小于或等于5mm，拖钩缓冲弹簧良好，拖钩与衬套配合间隙小于3mm
4. 车架上各支架固定可靠，无断裂现象</td></tr>
<tr><td rowspan="3">41</td><td rowspan="3">悬架</td><td rowspan="3">1. 检查钢板弹簧吊耳
2. 检查钢板弹簧
3. 检查紧固钢板弹簧的卡子
4. 检查并紧固U形螺栓
5. 检查并紧固减振器固定螺栓及支架</td><td colspan="2">1. 钢板弹簧吊耳不松动，无裂纹现象
2. 钢板弹簧无断片，片间错位不超过2.5mm
3. 钢板弹簧卡子固定可靠</td></tr>
<tr><td>4. U形螺栓按规定力矩（前196～245N·m，后294～343N·m）拧紧</td><td>4. U形螺栓按规定力矩(前294～343N·m，后392～411N·m)拧紧</td></tr>
<tr><td colspan="2">5. 减振器固定可靠，支架无裂纹现象，并且紧固可靠、有效</td></tr>
<tr><td>轮胎</td><td>42</td><td>车轮</td><td>1. 分解挡圈及轮辋并清洁、检查
2. 分解、清洁、检查轮胎
3. 装合轮胎，按规定充气</td><td colspan="2">1. 轮辋上的挡圈油污应清洗干净，并进行防锈处理
2. 轮辋及挡圈不变形，无裂纹、脱焊现象，螺孔磨损量不应超过1.5mm
3. 外胎胎面、胎肩、胎侧、胎里应无气鼓、裂伤、脱空、破洞、扎钉、跳线及胶质老化等现象，趾口应无磨损现象
4. 内胎无漏气、老化现象，气门嘴完好
5. 垫带完好
6. 装合轮胎时滑石粉要适量
7. 按规定气压充气</td></tr>
</table>

(续)

部位	序号	维护项目	操作要点	技术要求	
				EQ1090（EQ140）	CA1091（CA141）
轮胎	43	备胎	检查、补气	1. 备胎外部清洁、干净 2. 备胎架完好，不磨胎 3. 气压符合规定	
轮胎	44	换位	—	整车轮胎同规格、同层级、同花纹且行驶里程相同时，按循环换位法或交叉换位法进行换位。装用不同成色的轮胎和不能满足上述条件的，按下述原则合理换位 1. 按内小外大的原则搭配换位 2. 前轮不允许装翻新胎和修补胎 3. 子午线轮胎和斜交胎不许同轴混装	
电器、仪表	45	发电机	1. 清除集电环表面油污 2. 清洗检查轴承 3. 填充润滑脂 4. 检查二极管	1. 集电环表面光滑、无油污 2. 电刷磨损不超过基本尺寸的1/2；与集电环接触面积大于或等于待接触面积的75% 3. 二极管电阻值：正向为8~10Ω，反向在10000Ω以上 4. 六只二极管阻值应相近，相差不应大于10% 5. 轴承应无明显松旷现象 6. 弹簧压力正常 7. 常温下进行台架试验时应符合下列要求：空载时在转速小于或等于1150r/min的条件下，电压为14V；满载时在转速小于或等于2500r/min的条件下，电压为14V，输出电流为36A	
电器、仪表	46	发电机调节器	检查、调整	1. 触点无氧化、烧蚀现象，上下触点应对齐，其接触面积不应少于待接触面积的80%，触点支架及线圈接头无松脱及断路现象 2. 常开触点间隙为0.25~0.30mm 3. 衔铁间隙为1.28~1.32mm 4. 调节电压为13.0~14.3V 5. 调节器工作正常	
电器、仪表	47	起动机	1. 清洁整流子 2. 清洗轴承 3. 填充润滑脂	1. 起动机运转灵活，起动有力，不打滑，无异响 2. 电刷良好 3. 轴承无明显松旷现象 4. 起动机电流、电压符合要求 5. 各部位的螺栓紧固可靠	

（续）

部位	序号	维护项目	操作要点	技术要求	
				EQ1090（EQ140）	CA1091（CA141）
电器、仪表	48	蓄电池	1. 清洁蓄电池表面及接线柱 2. 接线柱应涂润滑脂 3. 检查电解液相对密度 4. 当电解液不足时应加注蒸馏水	1. 蓄电池清洁 2. 通气孔畅通 3. 蓄电池安装牢靠，支架无断裂现象 4. 电解液相对密度：夏季为1.25～1.27，冬季为1.27～1.30 5. 液面应高出极板15～20mm	
	49	灯光、仪表、信号、暖风装置、电喇叭、全车线路	—	1. 照明和信号装置应符合《汽车及挂车外部照明和光信号装置的安装规定》（GB4785—2007）的要求 2. 前照灯光束的调整应符合要求 3. 各仪表工作正常 4. 灯光继电器及开关工作性能良好 5. 暖风机固定牢靠，电动机工作良好 6. 电喇叭声响悦耳，其声级应符合规定 7. 全车线路整洁，接线柱不松动，卡固牢靠，不漏电	
润滑	50	水泵轴承	用润滑脂加注器加注	润脂嘴齐全有效，润滑良好	
	51	离合器与制动踏板轴承			
	52	变速器第一轴前轴承			
	53	制动调整臂			
	54	传动轴十字轴轴承			
	55	传动轴滑动叉			
	56	传动轴中间支承轴承			
	57	转向节上下轴承			
	58	前后钢板弹簧销			
	59	横拉杆球头销			
	60	直拉杆球头销			

（续）

部位	序号	维护项目	操作要点	技术要求	
				EQ1090（EQ140）	CA1091（CA141）
润滑	61	转向传动轴滑动叉及十字轴轴承	用润滑脂加注器加注	润滑脂嘴齐全有效，润滑良好	
	62	前、后制动凸轮轴			
	63	驻车制动蹄片轴			

5. 二级维护竣工检验

主要是对二级维护及其附加项目的作业质量进行检测评定，由汽车综合性能检测站按行业标准进行，出具的检测报告，作为维修企业的质量检验员签发出厂合格证的依据之一。

汽车二级维护竣工检验有9个部位32项，见表4-4。

表4-4　汽车二级维护竣工检验和技术要求

部位	序号	检验项目	技术要求		备注
			EQ1090（EQ140）	CA1091（CA141）	
整车	1	清洁	汽车外部、各总成外部、三滤应清洁		检视
		面漆	车身面漆、腻子无脱落现象，补漆颜色应与原色基本一致		检视
		对称	车体应周正，左右对称点离地高度差：驾驶室、保险杠、翼子板小于20mm，车厢小于400mm		汽车置平检查
		轴距	轴距左右差小于或等于10mm		检查
		紧固	各总成的螺栓、螺母按规定力矩拧紧，锁销齐全可靠		检查
		润滑	发动机、变速器、转向器、减速器的润滑符合规定，各通气孔畅通。各部位润滑点的润滑脂加注符合要求，滑脂嘴齐全有效，安装位置正确		检视
		密封及电路	全车无油、水、气泄漏、密封良好，电路装置可靠，不漏电		检视
		灯光、信号、仪表、刮水器、后视镜等	稳固、齐全、可靠，符合有关规定		检查

（续）

<table>
<tr><th rowspan="2">部位</th><th rowspan="2">序号</th><th rowspan="2">检验项目</th><th colspan="2">技术要求</th><th rowspan="2">备注</th></tr>
<tr><th>EQ1090（EQ140）</th><th>CA1091（CA141）</th></tr>
<tr><td rowspan="3">发动机</td><td rowspan="3">2</td><td>发动机工作状况</td><td colspan="2">发动机能正常起动，低、中、高速运转均匀、稳定，冷却液温度正常（不超过90℃），加速性能好，无断火、回火、放炮等现象。发动机运转稳定后应无异响，但允许有轻微均匀的正时齿轮、气门脚响声</td><td>路试与检测</td></tr>
<tr><td>发动机功率</td><td colspan="2">无负荷功率大于或等于额定值的80%</td><td>检测</td></tr>
<tr><td>发动机装备</td><td colspan="2">齐全有效</td><td>检测</td></tr>
<tr><td rowspan="2">离合器</td><td rowspan="2">3</td><td>踏板自由行程</td><td colspan="2">30～40mm</td><td>检查</td></tr>
<tr><td>离合情况</td><td colspan="2">接合平稳，分离彻底，无打滑、抖动及异响</td><td>路试</td></tr>
<tr><td rowspan="5">转向系统</td><td rowspan="5">4</td><td>转向盘最大自由转动量</td><td colspan="2">从中间位置向左或向右转动不得超过15°</td><td>检查</td></tr>
<tr><td>横、直拉杆装置</td><td colspan="2">球头销不松旷，各部位的螺栓、螺母紧固，锁止可靠</td><td>检查</td></tr>
<tr><td>转向系统机构</td><td colspan="2">操作轻便、转动灵活，无摆振、跑偏等异常现象。车轮转到极限位置时，不得与其他部件有碰擦现象</td><td>路试</td></tr>
<tr><td>前束及最大转向角度</td><td>前束值为2～5mm，装子午胎时为1～3mm
前轮最大转向角度，内轮为37°30′，外轮为30°30′</td><td>前束值为2～4mm，装子午胎时为1～3mm
前轮最大转向角度，内轮为38°，外轮为32°</td><td>检测</td></tr>
<tr><td>侧滑</td><td colspan="2">前轮的侧滑量应符合GB 7258—2004/XG3—2008的规定。使用单板侧滑仪测量，其值不超过7m/km（暂定）</td><td>检测
用单板侧滑仪检测时，侧滑板上平面与地面应在同一平面；左前轮以3～5km/h的速度匀速直线通过单板侧滑仪</td></tr>
<tr><td>传动系统</td><td>5</td><td>变速器、传动轴、主减速器</td><td colspan="2">变速器操纵灵活，不跳挡，不乱挡。变速器传动轴、主减速器各部位无异响，传动轴装配正确</td><td>路试</td></tr>
</table>

(续)

部位	序号	检验项目	技术要求		备注
			EQ1090(EQ140)	CA1091(CA141)	
行驶系统	6	轮胎	轮胎胎冠磨损后,其花纹深度应大于或等于3.2mm,并不得露出轮胎帘布层;同轴轮胎应为相同的规格和花纹;转向轮不得使用翻新轮胎;轮胎气压符合规定;后轮辋孔与制动鼓观察孔对齐		检查
		钢板弹簧	钢板弹簧无断裂、无位移、无缺片,U形螺栓紧固,前后钢板支架无裂纹、无变形		检查
		减振器	稳固有效		路试
		车架	车架不变形;纵横无裂纹;铆钉无松动;拖车钩、备胎架齐全,无裂损变形,连接牢固		
		前后轴	无变形及裂纹		检查
制动与滑行性能	7	制动性能	应符合GB7258—2004/XG3—2008的规定		路试与检测
		制动踏板自由行程	10~15mm		—
		驻车制动性能	应符合GB7258—2004/XG3—2008的规定 制动拉杆拉至3~5牙即产生制动作用,且锁止可靠,装置紧固		路试与检测
		滑行性能	在平坦干燥的混凝土路面上以30km/h的速度开始滑行到停止,其滑行距离应大于250m;用拉力计拉动汽车,开始拉动汽车的力不应超过汽车整车重量的1.5%		路试与检测
车身、车厢	8	车身	驾驶室装置紧固,门铰链灵活无松旷现象,限动装置齐全有效,驾驶室门关闭牢靠,无旷动现象,挡风玻璃完好,窗框严密;门把、门锁、玻璃升降器齐全有效;发动机罩锁扣有效,暖风装置工作正常		检查
		车厢	车厢不歪斜,整体不变形,底板无破洞、翘曲现象;边板、后门平整,无严重变形;铰链完好,关闭严密,前后锁扣作用可靠		检视
其他	9	尾气排放的测量	在海拔1000m以下,在用车的怠速工况排放值:CO含量≤5%,HC含量≤0.2%,含氧量(暂定值)为9%~15%(500r/min)		检测
		车外噪声级的测量	应符合GB1495—2002的规定		检测

汽车二级维护质量保证里程为1500km，或者从出厂之日起时间间隔为10天。

二、汽车修理作业

1. 汽车修理的分类

汽车修理分为车辆大修、总成大修、车辆小修、零件修理四类。进厂送修时，要填写进厂检验单。

（1）车辆大修　车辆大修是指新车或经过大修后的车辆，在行驶一定里程（或时间）后，经过检测、诊断和技术鉴定，用修理或更换车辆零部件的方法，恢复车辆的完好技术状况，完全恢复或接近完全恢复车辆寿命的恢复性修理。

1）汽车大修的送修标志。按照交通部相关文件的规定：客车以车厢为主，结合发动机总成；货车以发动机为主，结合车架总成或其他两个总成，符合大修条件者，即可进行车辆大修。

2）挂车大修送修标志

① 挂车车架（包括转盘）和货厢符合大修条件。

② 定车牵引的半挂车和铰接式大客车，按照汽车大修标志，与牵引车同时进厂大修。

3）送修时的装备条件

① 鉴定送修的汽车，除肇事车或特殊情况外，必须保持行驶状态。车辆装备应齐全，严格防止乱拆零件和任意更换零件、总成等。

② 汽车送厂大修时，应将车辆的有关技术资料一起带进厂，承修单位和送修单位填写车辆的交接清单、进厂检验单，办理交接手续。

③ 随车工具及备用品不属于汽车附件范围内，应由送修单位自行保管。送修车辆必须备齐轮胎，并按规定充足气压。

4）送修时的进厂检查

① 调查汽车的使用情况。接收进厂送修的车辆时，应向送修单位或该车驾驶人了解车况（包括已行驶里程、使用过程中的维修情况、有哪些明显的损坏特征、燃油和润滑油的消耗量等），作为判定汽车技术状况的初步依据。

② 汽车的外部检查

a. 检查车容，察看汽车外部有无损伤，各种零部件是否完备齐全。

b. 检查车架及主要基础件（如气缸体、变速器壳、前后桥壳等）是否有裂纹、破损等损伤。

c. 检查安全机构（如转向、传动、制动等机构）是否有松动、渗漏、缺损等现象。

d. 轮胎是否有不正常磨损和损伤，若有，则查明原因。

③ 汽车的行驶检查

a. 起动发动机，察听有无异常响声，各级运转速度是否稳定，排气是否有异常现象，机油压力与冷却液温度是否正常。

b. 汽车起步时，检查离合器分离情况，是否有发抖和打滑现象；变速器挂挡时，是否困难或有发响现象。

c. 汽车在行驶中，制动性能是否良好，转向是否灵活；变速器是否跳挡。汽车高速行驶时，传动轴及后桥是否出现不正常响声，各轴承及密封部位是否有渗漏或发热现象，前桥及转向传动装置是否有跑偏和不稳现象。

d. 对客车车身，应通过路试检查车桥、车架是否有断裂现象。

汽车行驶检查后，再次检查有无漏油、漏水、漏气等现象，并检查各部位的温度是否正常，做好记录，经分析判断，确定出比较明确的维修项目，填写进厂检验单，送交承修部门。

(2) 总成大修　总成大修是指车辆的总成经过一定使用里程或时间后，用修理或更换总成零部件（包括基础件）的方法，恢复其完好技术状况和寿命的平衡性修理。

(3) 车辆小修　车辆小修是指用修理或更换个别零部件的方法，保证或恢复车辆工作能力的运行性修理。凡是车辆在运行过程中或维修作业过程中发生或发现的故障或隐患，都需要进行小修。

有些按磨损规律、故障规律、总成的外部征兆能预先预测到的小修项目，可结合相应的一、二级维护，组织一次计划性的小修作业。

(4) 零件修理　零件修理是指为恢复汽车零件性能和寿命而进行的加工性修理，是指对磨损、变形、蚀损、断裂等不能继续使用的零件，对其进行机械加工，恢复其原有的使用性能的修理。

零件修理是对检验分类时换下的不可用件进行修旧再利用。随着科学技术的进步，原则上不可用件（包括需修件和报废件）都可以进行修理。零件是否需要修复，要考虑生产上可能、质量上可靠、经济上合理三项原则。

零件修理，国外称其为“二次制造”、“翻新”。因此，需修件在质量上和新制件有着相似的要求，应根据汽车修理技术标准、规范和图样上的技术要求进行加工。

2. 汽车维修企业的作业范围

根据中华人民共和国国家标准 GB/T16739.1～2—2004 的规定，汽车维修企业分为三类，其作业范围如下：

(1) 一类汽车维修企业　通常是指规模比较大的汽车修理厂，即从事汽车整车和总成大修的生产企业。此类企业亦可从事二类和三类汽车维修企业的作业。

（2）二类汽车维修企业　通常是指有能力从事汽车整车各级维护、小修和换件的规模比较小的汽车维修企业。

（3）三类汽车维修业户　通常是指专门从事汽车专项修理（或维护）的企业和个体户。专项维修的主要项目为汽车发动机、车身、电气系统、自动变速器、车身清洁维护、涂装、轮胎动平衡及修补、四轮定位检测调整、供油系统维护及油品更换、喷油泵和喷油器维修、曲轴修磨、气缸镗磨等共16项。

车身清洁维护通常是指进行汽车车身清洗、除尘、除垢、打蜡、抛光等作业的专项维护。

3. 汽车修理作业方法

汽车修理按作业的基本方法可分为就车修理法、总成互换修理法、混装修理法。

（1）就车修理法　是指进行修理作业时，要求被修复的主要零件和总成装回原车的修理方法，也称为原车原件修理法。就车修理法工艺过程如图4-2所示。

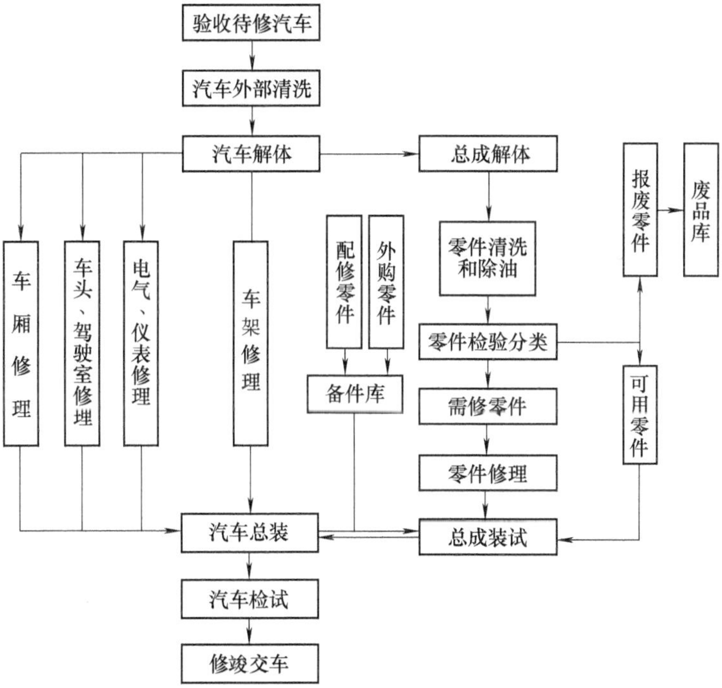

图4-2　就车修理法工艺过程

这种方法的优点是保持了原车的特点，可满足用户的要求，不需备用总成，对一些中小企业比较适合；缺点是生产周期长，不便于组织大规模的流水生产，经济效益差。

（2）总成互换修理法　是指用储备完好的总成替换汽车上的不可用总成的修理方法。在修理过程中，除载货汽车车架及客车车身应就车修理而不予互换外，其余需修总成都可以换用周转总成库中预先修好（或新品）的总成，而替换下来的总成，则另行安排修理，然后入库备用。其工艺过程如图4-3所示。

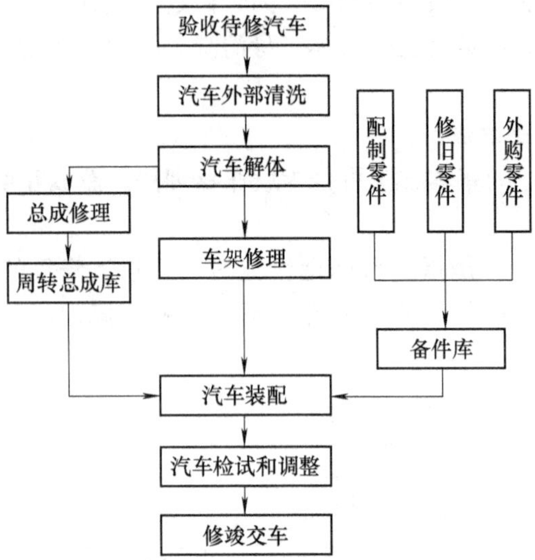

图4-3　总成互换修理法工艺过程

这种方法的优点是大大缩短了汽车的停厂时间，便于采用流水作业，从而可以提高工效，降低成本，保证修车质量。生产规模较大、承修车型比较单一、工艺装备完善、具有周转总成的一类维修企业，宜采用该种方法。这种方法的缺点是要备有质量符合要求的一定数量的总成，否则将影响修车时间和修车质量。

（3）混装修理法　是指在进行修理作业时，不要求被修复的汽车零件及汽车总成装回原车的修理方法。实际上是把就车修理法和总成互换修理法结合起来，扬长避短的综合方法。其工艺过程如图4-4所示。

这种方法可以缩短汽车停厂时间，提高工效，保证质量，可满足用户的要求，是目前我国汽车修理企业采用较多的方法。

4. 汽车修理作业方式

汽车修理作业方式一般分为两种，即定位作业法和流水作业法。

（1）定位作业法　是指汽车在固定工位上进行修理作业的方法。通常，汽车拆装、主要总成的拆装、车架和驾驶室修理等作业，多在固定工位上进行，而拆卸后的修理工作，则在专业组进行。定位作业法占地面积小，不受时间限制，所需设备简单，一般适用于生产规模不大或承修车型比较复杂的修理厂。

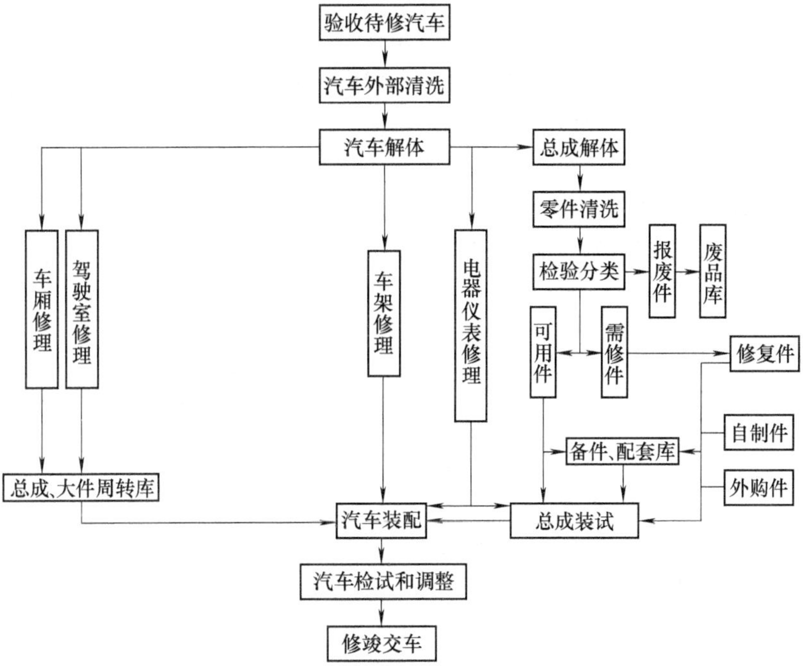

图 4-4　混装修理法工艺过程

（2）流水作业法　是指汽车在生产线的各工位上，按确定的工艺顺序和节拍进行修理的方法。流水作业法可根据流动情况的不同，分为连续流水和间歇流水两种。所谓连续流水是指作业始终在流动着的流水线上进行；而间歇流水则是指作业每流至一个工位便停留一定时间，当完成所需工作后再流至下一工位。汽车修理的拆装作业、其他总成的修理作业可考虑采用间歇流水作业法。不能组成流水作业的工种，仍可分散在各专业组进行。这种作业方式，专业化程度高、运距短、工效高，便于组织大规模生产。其缺点是设备投资多，占地面积大，需有足够的配件和周转总成，一般适用于生产规模大、车型单一的修理厂。

5. 汽车修理劳动组织

汽车修理就其劳动组织形式来说，不管采用哪种修理方法，都可采用综合作业和专业分工作业两种形式。

（1）综合作业　是指全部汽车的修理作业由一个班组完成的组织形式。辅助工种，如机加、钳、锻、焊、木、漆、胎、缝、钣金、电等由其他车间配合完成。这种组织形式要求工人的技术全面，但技术水平不易提高，而且作业周期长、修理质量不稳定、工效低，不适合大规模生产。其优点是责任明确，便于管理。

（2）专业分工作业　是指汽车修理作业的各个单元由不同的人去完成的组织形

式。单元可按工种、部位、总成、组合件或工序进行划分，作业单元分得越细，专业化程度也就越高。这种形式易于提高工人的技术水平，能保证修理质量，修理周期短、工效高、成本低，适合修理车型单一、规模较大的修理厂采用。但要注意修车进度的相互平衡，搞好生产计划调度及材料供应，保证生产有节奏地进行。

6. 汽车修理企业人员的组成

汽车修理企业的人员由生产人员和非生产人员组成。首先要根据年度工作量计算出企业的生产工人数，在确定生产工人数后，便可计算其他人员数。汽车修理企业人员的划分见表4-5。

表4-5　汽车修理企业人员的划分

生产人员	工人	生产工人	清洗、拆卸工，修理工，汽车电工，胎工，车架钣金工，涂装工，汽车木工，缝纫工，机、钳、锻、焊、铸工，热处理工
		辅助生产工人	设备维修与革新工，配电、变电工，生产锅炉工，水、气、乙炔站工，车间起重工，仓库搬运工，化验员，计量员，检验员
	技术人员		车间、检验部门和技术部门的工程师、助工、技术员、技师
非生产人员	管理人员	行政管理	厂长、主任、科长、股长，人事、财务、物资、计划、设备、总务、保卫等科、室、车间的全部行政管理人员，包括秘书、打字员、调度员、验收员、质量检查员、机要员、仓库主任、保管员、材料收发员、采购员、计工员
		技术管理	科、室、车间从事技术管理工作的总工程师、副总工程师、工程师、助工、技术员、技师
		政　　工	党、团、工、妇的书记、主任、专职委员、干事、事务员、人武干事
	服务人员	工勤	机关汽车驾驶员、工勤人员、话务员、收发员
		门卫、消防	门卫、干事以下的警卫，消防民警
		文教、卫生	技工学校、职工训练班、俱乐部、图书馆的保健员、医生，中小学生，业余文化技术教员
		生活福利	食堂、托儿所、招待所、单身宿舍、浴室、理发室、住宅管理维修等全部工作人员
其他人员			6个月以上的病、伤、假人员，长期学习人员，援外工作人员

辅助生产工人根据企业设备数量、设备维修制度、技术革新任务、动力站房和库房的设置及作业班次来确定。设备维修与技术革新工人数是根据工作量计算的，动力站房工人数可按生产工人数的8%～10%考虑，库房工人数可按生产工人数的7%～9%确定。

非生产人员数是根据企业的生产性质和企业职工总数来确定的。非生产人员数可按全厂职工总数的18%左右选取。

7. 汽车修理组织中的统筹方法

为了合理地组织汽车大修生产，必须对汽车修理各项作业所组成的工艺过程进行统筹计划，常用的方法是统筹法。统筹法也称为网络分析技术、计划协调技术（PERT）和关键路径法（CPM），是我国著名数学家华罗庚教授从1965年开始，在我国推行和应用的一种数学管理方法。

下面以发动机大修为例，说明统筹法在汽车修理组织中的应用。发动机大修工艺过程见表4-6。其中，圆圈代表事件，带箭头的线代表工序的流动方向，两个事件组成一道工序。从始点到终点，所有线路中所需工时最长的路线称为关键路线，关键路线上的各工序称为关键工序。发动机大修工艺统筹图如图4-5所示。

表4-6　发动机大修工艺过程

工序编号	工序	工序名称及内容	工时/h
1	①→②	发动机解体	2.0
2	②→③	零件清洗	0.5
3	③→④	零件检验分类	1.0
4	④→⑤	修磨气缸盖、气缸体平面，校正燃烧室容积	3.0
5	⑤→⑨	压换气缸套，镗磨气缸，铣气门口，镶气门导管，镗飞轮壳孔	6.0
6	④→⑥	磨凸轮轴	2.0
7	⑥→⑦	修理离合器	2.0
8	④→⑦	磨曲轴	3.0
9	⑦→⑧	曲轴及离合器部件的动平衡	2.0
10	⑧→⑨	校连杆及合连杆轴承	2.0
11	⑨→⑬	光磨气门并进行配对研磨，合主轴承及凸轮轴轴承	6.0
12	⑧→⑬	修配连杆小头衬套，选配活塞销，装配活塞组	2.0
13	④→⑩	修理空气压缩机	5.0
14	⑩→⑪	修理化油器、汽油泵	2.0
15	⑪→⑫	修理点火系统	2.0
16	⑫→⑭	修理发电机、调节器、起动机等	4.0
17	⑩→⑬	修三滤器、机油泵、水泵及管路	2.0
18	②→⑭	修理蓄电池并充电	18.0
19	⑬→⑭	发动机总装及冷磨	4.0
20	⑭→⑮	发动机热试、调整及装配	4.0
21	⑮→⑯	涂装、验收	0.5

（1）画出流线图　流线图也称为统筹图，是把各工序顺序、时间逻辑排列

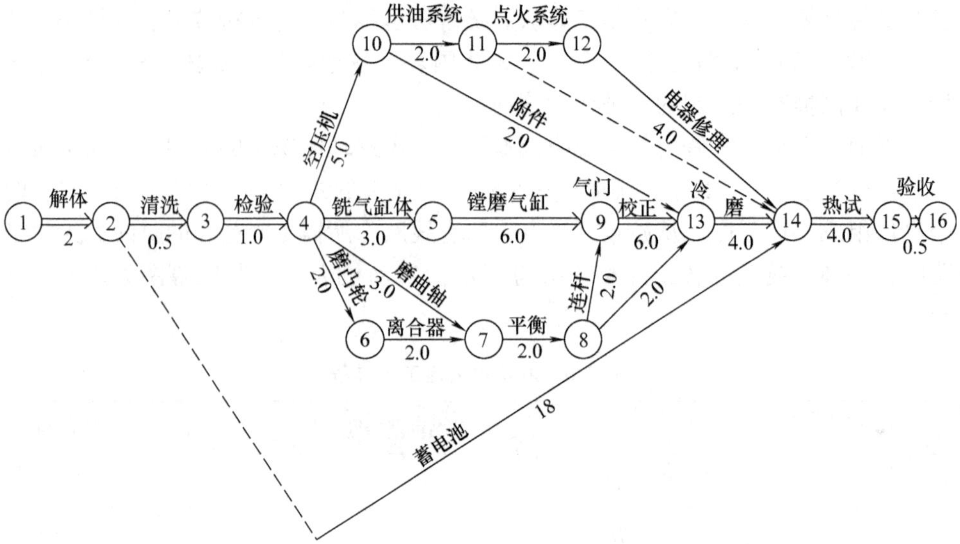

图 4-5　发动机大修工艺统筹图

起来的箭头图。通常把工序连接的节点处画成圆圈，编上序号，各工序所需的时间标在箭杆上方，就构成了一幅完整的流线图。把表 4-6 用流线图表示出来，如图 4-5 所示。

（2）计算各工序的最早开工期 $T_E(ij)$　工序的最早开工期是指某一工序必须等它近前工序完工以后，才能开工的时刻。它等于近前工序的最早开工期加上近前工序所需的时间。近前工序有多个时间，取其中的最大值。

$$T_E(ij) = \max[T_E(Qi) + t_e(Qi)]$$

其中，$Q<i<j$。

$$T_E(12) = T_E(01) + t_e(01) = 0$$

$$T_E(23) = T_E(12) + t_e(12) = 0 + 2.0 = 2.0$$

$$T_E(34) = T_E(23) + t_e(23) = 2 + 0.5 = 2.5$$

$$T_E(45) = T_E(46) = T_E(47) = T_E(4\ 10)$$

$$= T_E(34) + t_e(34) = 2.5 + 1.0 = 3.5$$

$$T_E(59) = T_E(45) + t_e(45) = 3.5 + 3.0 = 6.5$$

$$T_E(67) = T_E(46) + t_e(46) = 3.5 + 2.0 = 5.5$$

$$T_E(78) = \max[T_E(47) + t_e(47), T_E(67) + t_e(67)]$$

$$= \max[3.5 + 3.0, 5.5 + 2.0] = 7.5$$

$$T_E(89) = T_E(8\ 13) = T_E(78) + t_e(78) = 9.5$$

$$T_E(9\ 13) = \max[T_E(59) + t_e(59), T_E(89) + t_e(89)]$$

$$= \max[6.5+6, 9.5+2.0] = 12.5$$

$$T_E(10\ 11) = T_E(10\ 13) = T_E(4\ 10) + t_e(4\ 10) = 8.5$$

$$T_E(11\ 12) = T_E(10\ 11) + t_e(10\ 11) = 8.5 + 2.0 = 10.5$$

$$T_E(12\ 14) = T_E(11\ 12) + t_e(11\ 12) = 10.5 + 2.0 = 12.5$$

$$T_E(13\ 14) = \max[T_E(8\ 13) + t_e(8\ 13), T_E(9\ 13) + t_e(9\ 13), T_E(10\ 13) + t_e(10\ 13)]$$

$$= \max[9.5+2.0, 12.5+6, 8.5+2] = 18.5$$

$$T_E(14\ 15) = \max[T_E(12\ 14) + t_e(12\ 14), T_E(13\ 14) + t_e(13\ 14)]$$

$$= \max[12.5+4, 18.5+4] = 22.5$$

$$T_E(15\ 16) = T_E(14\ 15) + t_e(14\ 15) = 22.5 + 4.0 = 26.5$$

$$T_E(16) = T_E(15\ 16) + t_e(15\ 16) = 26.5 + 0.5 = 27$$

（3）计算各工序的最迟开工期 $T_i(ij)$　工序的最迟开工期是指为不影响后续工序按期开工，工序最晚的开工时刻。其值等于后续工序的最迟开工期，减去本工序所需工时。当后续工序较多时，选其中的最小者计算。

$$T_L(ij) = \min[T_L(j\varphi)] - t_e(ij)$$

其中，$Q < i < j < \varphi; j = n, n-1, \cdots, 0; T_L(n\varphi) = T_L(n) = T_E(n)$。

计算时由后向前计算，和 $T_E(ij)$ 计算方向相反，公式结构也不一样。

$$T_L(16) = T_E(16) = 27$$

$$T_L(15\ 16) = T_L(16) - t_e(15\ 16) = 27 - 0.5 = 26.5$$

$$T_L(14\ 15) = T_L(15\ 16) - t_e(14\ 15) = 26.5 - 4.0 = 22.5$$

$$T_L(13\ 14) = T_L(14\ 15) - t_e(13\ 14) = 22.5 - 4.0 = 18.5$$

$$T_L(12\ 14) = T_L(14\ 15) - t_e(12\ 14) = 22.5 - 4.0 = 18.5$$

$$T_L(11\ 12) = T_L(12\ 14) - t_e(11\ 12) = 18.5 - 2.0 = 16.5$$

$$T_L(10\ 11) = T_L(11\ 12) - t_e(10\ 11) = 16.5 - 2.0 = 14.5$$

$$T_L(10\ 13) = T_L(13\ 14) - t_e(10\ 13) = 18.5 - 2.0 = 16.5$$

$$T_L(9\ 13) = T_L(13\ 14) - t_e(9\ 13) = 18.5 - 6.0 = 12.5$$

$$T_L(8\ 13) = T_L(13\ 14) - t_e(8\ 13) = 18.5 - 2.0 = 16.5$$

$$T_L(8\ 9) = T_L(9\ 13) - t_e(8\ 9) = 12.5 - 2.0 = 10.5$$

$$T_L(7\ 8) = \min[T_L(8\ 9), T_L(8\ 13)] - t_e(7\ 8)$$

$$= \min[10.5, 16.5] - 2.0 = 8.5$$

$$T_L(6\ 7) = T_L(7\ 8) - t_e(6\ 7) = 8.5 - 2.0 = 6.5$$

$$T_L(5\ 9) = T_L(9\ 13) - t_e(5\ 9) = 12.5 - 6.0 = 6.5$$

$$T_L(4\ 5) = T_L(5\ 9) - t_e(4\ 5) = 6.5 - 3.0 = 3.5$$

$$T_L(4\ 7) = T_L(7\ 8) - t_e(4\ 7) = 8.5 - 3.0 = 5.5$$

$$T_L(4\ 6) = T_L(6\ 7) - t_e(4\ 6) = 6.5 - 2.0 = 4.5$$

$$T_L(4\ 10) = \min[T_L(10\ 11), T_L(10\ 13)] - t_e(4\ 10)$$
$$= \min[14.5, 16.5] - 5.0 = 9.5$$

$$T_L(3\ 4) = \min[T_L(4\ 5), T_L(4\ 6), T_L(4\ 7), T_L(4\ 10)] - t_e(3\ 4)$$
$$= \min[3.5, 4.5, 5.5, 9.5] - 1.0 = 2.5$$

$$T_L(2\ 3) = T_L(3\ 4) - t_e(2\ 3) = 2.5 - 0.5 = 2.0$$

$$T_L(1\ 2) = T_L(2\ 3) - t_e(1\ 2) = 2.0 - 2.0 = 0$$

（4）计算各工序的时差 $S_t(ij)$　工序的时差是指一个工序不影响下一工序的最早开工时间的完工期延时。其值等于该工序的最迟开工期与该工序的最早开工期之差。时差越大，工序的时间潜力就越大。

$$S_t(ij) = T_L(ij) - T_E(ij)$$

$$S_t(1\ 2) = T_L(1\ 2) - T_E(1\ 2) = 0 - 0 = 0$$
$$S_t(2\ 3) = T_L(2\ 3) - T_E(2\ 3) = 2.0 - 2.0 = 0$$
$$S_t(3\ 4) = T_L(3\ 4) - T_E(3\ 4) = 2.5 - 2.5 = 0$$
$$S_t(4\ 5) = T_L(4\ 5) - T_E(4\ 5) = 3.5 - 3.5 = 0$$
$$S_t(4\ 6) = T_L(4\ 6) - T_E(4\ 6) = 4.5 - 3.5 = 1.0$$
$$S_t(4\ 7) = T_L(4\ 7) - T_E(4\ 7) = 5.5 - 3.5 = 2.0$$
$$S_t(4\ 10) = T_L(4\ 10) - T_E(4\ 10) = 9.5 - 3.5 = 6.0$$
$$S_t(5\ 9) = T_L(5\ 9) - T_E(5\ 9) = 6.5 - 6.5 = 0$$
$$S_t(6\ 7) = T_L(6\ 7) - T_E(6\ 7) = 6.5 - 5.5 = 1.0$$
$$S_t(7\ 8) = T_L(7\ 8) - T_E(7\ 8) = 8.5 - 7.5 = 1.0$$
$$S_t(8\ 9) = T_L(8\ 9) - T_E(8\ 9) = 10.5 - 9.5 = 1.0$$
$$S_t(8\ 13) = T_L(8\ 13) - T_E(8\ 13) = 16.5 - 9.5 = 7.0$$
$$S_t(9\ 13) = T_L(9\ 13) - T_E(9\ 13) = 12.5 - 12.5 = 0$$
$$S_t(10\ 11) = T_L(10\ 11) - T_E(10\ 11) = 14.5 - 8.5 = 6.0$$
$$S_t(11\ 12) = T_L(11\ 12) - T_E(11\ 12) = 16.5 - 10.5 = 6.0$$
$$S_t(12\ 14) = T_L(12\ 14) - T_E(12\ 14) = 18.5 - 12.5 = 6.0$$
$$S_t(13\ 14) = T_L(13\ 14) - T_E(13\ 14) = 18.5 - 18.5 = 0$$
$$S_t(14\ 15) = T_L(14\ 15) - T_E(14\ 15) = 22.5 - 22.5 = 0$$
$$S_t(15\ 16) = T_L(15\ 16) - T_E(15\ 16) = 26.5 - 26.5 = 0$$

（5）确定关键路线　时差为零的工序为关键工序，把关键工序连接起来的路径称为关键路线。此例的关键路线为①→②→③→④→⑤→⑨→⑬→⑭→

⑮→⑯。关键路线确定后，就可以充分调动人力、物力，保证关键工序的按时完工，从而可保证整个发动机大修作业在规定的时间内竣工。

需要指出的是，一个流线图的关键路线不是唯一的，经过精心计划安排可以出现多条关键路线。初始的非关键路线，也可变成关键路线，这样可以进一步缩短大修工期。寻找工期、人力、成本等的优化方案，只要在关键路线中的关键工序上采取相应措施就能实现。

第二节 组织协调维修作业技能训练

训练1 桑塔纳轿车二级维护作业的组织

根据相关规定，对桑塔纳轿车二级维护做以下规定：

1. 二级维护附加作业

桑塔纳轿车二级维护附加作业项目的确定参照表4-7进行。

表4-7 桑塔纳轿车二级维护附加作业项目确定依据

序号	项目	检测结果	相关故障	附加作业项目
1	点火系统	1. 闭合角、点火提前角失准 2. 点火高压达不到规定值，点火波形失常	1. 霍尔信号发生器气隙失准 2. 点火系统的部件工作性能变差 3. 点火控制器工作不良	检修分电器、霍尔信号发生器总成，视情况更换有故障的元件
2	发动机动力性	1. 发动机功率低于原厂规定值的80% 2. 单缸转速降 <90r/min，各缸转速差 >25% 3. 气缸压力低于规定值的80%，或各缸压力差 >300kPa 4. 燃油系统供油压力 <280kPa	1. 气门与气门座密封性差 2. 气缸垫、进气支管衬垫漏气 3. 气缸与活塞磨损、配合间隙过大 4. 活塞环磨损、黏结、断裂 5. 正时齿轮、凸轮轴磨损或配气正时失准 6. 化油器、油泵及管路故障或燃油喷射系统部件故障 7. 点火系统故障	研磨气门 更换损坏衬垫 更换、大修 更换磨损零件或调整配气相位 更换活塞环 检修、调整、更换燃油系统有关部件

(续)

序号	项目	检测结果	相关故障	附加作业项目
3	进气支管真空度	真空度<57kPa 波动值>5kPa (怠速时)	1. 气缸、活塞磨损，配合间隙过大 2. 活塞环磨损、黏结、断裂 3. 气门杆与导管磨损，气门密封性差 4. 气缸垫窜气，进气支管衬垫漏气	视情况大修 更换活塞环 视情况修理气门杆、气门、导管 更换气缸垫、进气支管衬垫
4	气缸漏气量	测量表压力值<0.25MPa	1. 气缸、活塞磨损，配合间隙过大 2. 活塞环磨损、黏结、断裂 3. 活塞烧顶，严重拉缸 4. 气门密封性差	视情况镗缸或更换活塞 更换活塞环 更换活塞或镗缸 研磨气门
5	发动机异响	1. 曲柄连杆机构异响 2. 曲轴主轴承、连杆轴承异响 3. 活塞敲缸 4. 活塞销异响	1. 轴承与轴颈磨损、烧蚀 2. 活塞与气缸磨损、间隙增大，曲轴及连杆变形 3. 活塞销与活塞、连杆衬套间隙过大	视情况修理
		配气机构异响	1. 气门间隙调整不当，液压气门挺杆工作不良 2. 摇臂与轴、气门挺杆与承孔磨损 3. 凸轮轴承间隙超差 4. 气门座圈脱落 5. 气门弹簧折断 6. 正时齿轮损坏	1. 视情况拆检相关部位，更换磨损或损坏的零件 2. 不解体清洗润滑油道
6	冷却系统	发动机过热	1. 散热器结垢严重，散热片变形，节温器工作不正常，风扇热敏开关失灵，电动机损坏 2. 配气相位调整不当 3. 点火正时调整不当	1. 拆检冷却系统相关零件 2. 调整配气相位、点火正时
		水泵异响、渗漏	水泵轴承损坏或各部密封不良	1. 检修水泵 2. 视情况检修或更换密封件

（续）

序号	项目	检测结果	相关故障	附加作业项目
7	润滑系统	机油压力：低压段 < 30kPa，高压段 < 180kPa 油压报警灯亮	1. 机油泵磨损 2. 曲轴主轴承、连杆轴承、凸轮轴轴承配合间隙大 3. 油量不足、油路泄漏、调压阀失灵，仪表、感应器相应的机油压力开关不正常 4. 油道、集滤器滤网或滤清器堵塞	1. 拆检有关部位 2. 视情况修理或更换有关部件 3. 拆洗油底壳、集滤器，清洗油道
8	燃烧效果	排放污染物：CO 质量分数 > 4.5%，HC 质量分数 > 0.12%	1. 活塞、气缸磨损，间隙过大 2. 活塞环磨损、黏结、断裂 3. 气门密封不严 4. 化油器油道、量孔不畅 5. 喷油器工作不良，供油系统性能差	1. 检修活塞、活塞环、气缸，研磨气门 2. 拆洗化油器 3. 拆检、调试喷油泵和喷油器
9	离合器	1. 打滑 2. 分离不彻底 3. 接合不平稳	1. 离合器摩擦片烧蚀、有油污或材料过硬 2. 摩擦片磨损过度，分离叉轴、传动臂变形，花键过度磨损 3. 离合器压盘、膜片弹簧工作面不平整	1. 拆检离合器 2. 检查、更换离合器片或压盘总成
		分离轴承异响	分离轴承损坏	更换分离轴承
10	变速器及差速器	1. 异响 2. 乱挡 3. 跳挡 4. 换挡困难	1. 齿轮、轴、轴承磨损，间隙过大 2. 齿轮啮合不良或损坏 3. 各轴承孔同轴度、平行度超限 4. 变速器操纵机构失效 5. 同步器失效	1. 拆检变速器 2. 视情况更换或修理有关零部件
		漏油	1. 油封老化、失效，衬垫损坏 2. 油位过高或通气孔堵塞	1. 更换油封或衬垫 2. 调整油位，疏通气孔

（续）

序号	项目	检测结果	相关故障	附加作业项目
11	驱动轴	异响、振动、松旷	1. 驱动轴有损伤、变形 2. 等速万向节磨损、损坏	视情况更换或修理有关零部件
12	制动系统	1. 驻车制动器失效齿数多于2齿 2. 液压主缸渗油或漏油 3. 真空加力器漏气	1. 棘爪、棘轮磨损过度，支架损坏 2. 总泵皮碗老化、密封不良，活塞磨损过度 3. 真空加力器密封不良	1. 拆检、更换驻车制动有关零件 2. 更换液压制动主缸 3. 更换真空加力器
13	车轮定位与转向系统	1. 车轮定位不符合规定 2. 转向盘有游隙 3. 转向卡滞、沉重 4. 车轮跑偏 5. 转向盘振抖	1. 悬架支柱变形，球形节磨损松旷 2. 车身承载部位、摆臂、稳定杆变形或开裂 3. 转向机构连接不当 4. 齿轮齿条啮合间隙过大 5. 各配合副磨损、卡滞 6. 转向助力泵漏油、失效 7. 转向减振器失效	1. 更换磨损的零件 2. 校正变形部位，焊接损坏部位，拆检或修理转向器 3. 调整转向传动机构部件
14	悬架与轮胎	轴距失准	前横梁、后桥体撞击变形或疲劳损伤	补焊、校正或更换
		悬架机构异响	1. 摆臂、稳定杆、侧向杆变形 2. 减振器漏油 3. 减振器弹簧疲劳损伤、定位失准	1. 整修变形件 2. 更换减振器、减振弹簧
		轮胎异常磨损	1. 前轮定位不符合规定 2. 车身承载部位、前悬架、后桥体变形	1. 视情况调校或修理有关零部件 2. 整修变形件
15	车身	钣金件开裂、锈蚀、变形、脱漆	—	修整、补漆
16	电器与电子设备	起动困难，起动机负载电流大于110A，起动时蓄电池电压小于9V	1. 蓄电池电压不足 2. 起动线路插头松动 3. 起动机故障 4. 发动机曲轴转动阻力大	1. 给蓄电池充电 2. 紧固起动线路插头 3. 拆检起动机 4. 视情况检修发动机相关部件
		计算机控制系统有故障码	传感器、控制线路或电控单元有故障	

2. 二级维护基本作业

桑塔纳轿车二级维护作业检验内容、检验方法和技术要求，参照表4-8

执行。

表 4-8　桑塔纳轿车二级维护作业基本项目

<table>
<tr><th>部位</th><th>序号</th><th>检 验 内 容</th><th>检验方法</th><th colspan="3">技 术 要 求</th></tr>
<tr><td rowspan="3">发动机</td><td>1</td><td>传动带张紧度</td><td>检视</td><td colspan="3">1. 用拇指以约 98N 的力下压传动带，各处挠度：交电发电机处为 12mm，水泵处为 10mm，转向助力泵处为 5mm
2. 用拇指和食指捏紧正时带，应刚好能扭转 90°</td></tr>
<tr><td>2</td><td>燃油喷射系统供油压力</td><td>检测</td><td colspan="3">断开燃油分配器供油软管并连接压力表，测出系统供油压力应为 280 ~ 320kPa</td></tr>
<tr><td>3</td><td>点火正时</td><td>检测</td><td colspan="3">点火正时要求：化油器式为 6° ±1°（上止点前），燃油喷射式为 12° ±1°（上止点前）</td></tr>
<tr><td rowspan="10">底盘</td><td>4</td><td>离合器工作情况</td><td>检查</td><td colspan="3">—</td></tr>
<tr><td>5</td><td>离合器踏板自由行程</td><td>检测</td><td colspan="3">—</td></tr>
<tr><td>6</td><td>驱动轴万向节</td><td>检查</td><td colspan="3">—</td></tr>
<tr><td>7</td><td>转向拉杆球形节</td><td>检查</td><td colspan="3">—</td></tr>
<tr><td rowspan="3">8</td><td rowspan="3">前束值</td><td rowspan="3">检测</td><td>车型</td><td>LX 系列</td><td>2000 系列</td></tr>
<tr><td>前轮前束值</td><td>−20′ ±10′
(−3 ~ −1mm)</td><td>−20′ ±10′
(−3 ~ −1mm)</td></tr>
<tr><td>后轮前束值</td><td>25′ ±15′</td><td>25′ ±15′</td></tr>
<tr><td>9</td><td>制动摩擦片
制动盘
制动鼓</td><td>检测</td><td colspan="3">1. 摩擦片表面无油污、无损裂，磨损极限：前轮为 7mm（包括底板），后轮为 2. 5mm
2. 前制动盘表面无裂纹、不起槽，厚度极限：LX 系列为 10mm，2000 系列为 17. 8mm，端面圆动量误差 ≤ 0. 06mm
3. 后制动鼓无裂纹，表面无沟槽，圆度误差≤0. 10mm，磨损量≤1mm</td></tr>
<tr><td>10</td><td>轮毂轴承</td><td>检查</td><td colspan="3">轴承表面无明显点蚀、磨损，润滑良好，不松旷，无异响，轮毂轴向间隙 <0. 1mm</td></tr>
<tr><td>11</td><td>车轮</td><td>检查胎面
检测胎压</td><td colspan="3">1. 胎面无异常磨损，花纹深度≥1. 6mm
2. 轮胎充气压力标准
空载、半载：前轮 180kPa，后轮 190kPa
满载：前轮 190kPa、后轮 230kPa（2000 系列 240kPa）
备胎：250kPa</td></tr>
<tr><td rowspan="3">其他</td><td>12</td><td>车身</td><td>检查</td><td colspan="3">承载部位无裂纹、不锈蚀、不变形</td></tr>
<tr><td>13</td><td>发电机电刷及支架</td><td>检测</td><td colspan="3">1. 电刷无过度磨损，极限长度为 5mm
2. 电刷支架无变形，弹簧弹性良好</td></tr>
<tr><td>14</td><td>—</td><td>—</td><td colspan="3">用高频放电计测试（负载电压为 110V 时），在 5s 内端电压≥9. 6V</td></tr>
</table>

3. 二级维护竣工检验

桑塔纳轿车二级维护竣工检验项目、技术要求等，请参照表4-9进行。

表4-9 桑塔纳轿车二级维护竣工检验项目及技术要求

序号	部位	检验项目	技术要求	备注
1	整车	清洁	汽车外部、各总成外部、三滤应清洁	检视
		面漆	车身面漆、腻子无脱落现象，补漆颜色应与原色基本一致	检视
		对称	车体应周正，左右对称点离地面高度差<40mm	汽车置平检查
		轴距	左右轴距差应≤5mm	检查
		紧固	各总成外部螺栓、螺母应按规定力矩拧紧，锁销齐全可靠	检查
		润滑	发动机、变速器、转向器、减速器润滑符合规定，各通气孔畅通，各部位润滑点的润滑脂加注符合要求	检视
		密封及电器	1. 全车无油、水、气泄漏，密封良好 2. 电路装置可靠、不漏电	检视
		照明、信号、仪表、刮水器、后视镜等	1. 稳固、齐全、可靠、有效 2. 符合相关规定	检查
		计算机控制自诊断系统	无故障码显示	检查
2	发动机	发动机工作状况	1. 发动机能正常起动，低、中、高速运转均匀、稳定 2. 冷却液温度正常（≤90℃） 3. 加速性能好，无断火、回火、放炮等现象 4. 运转稳定后应无异响，但允许有轻微均匀的正时齿轮、气门脚响声	路试与检测
		发动机功率	无负荷功率大于或等于额定值的80%	检测
		发动机装备	齐全有效	检测
3	离合器	踏板自由行程	15～25mm	检查
		离合情况	接合平稳，分离彻底，无打滑、抖动及异响	路试

（续）

<table>
<tr><th>序号</th><th>部位</th><th>检验项目</th><th colspan="4">技术要求</th><th>备注</th></tr>
<tr><td rowspan="9">4</td><td rowspan="9">转向系统</td><td>转向盘最大自由转动量</td><td colspan="4">转向盘自由转动量为0（无游隙）</td><td>检查</td></tr>
<tr><td>横直拉杆装置</td><td colspan="4">球头销不松旷，各部位的螺栓、螺母紧固，锁止可靠</td><td>检查</td></tr>
<tr><td>转向系统机构</td><td colspan="4">1. 操作轻便，转动灵活，无摆振、跑偏等异常现象
2. 车轮转到极限位置时，不得与其他部件碰擦</td><td>路试</td></tr>
<tr><td rowspan="5">前束及最大转向角度</td><td colspan="2">车型</td><td>LX 型</td><td>2000 型</td><td rowspan="5">检测</td></tr>
<tr><td colspan="2">前轮前束值</td><td>-3 ~ -1mm</td><td>-3 ~ -1mm</td></tr>
<tr><td rowspan="2">前轮最大转向角度</td><td>内轮</td><td>40°18′</td><td>40°18′</td></tr>
<tr><td>外轮</td><td>35°36′</td><td>35°36′</td></tr>
<tr><td colspan="2">后轮前束值</td><td>25′±15′</td><td>25′±15′</td></tr>
<tr><td>侧滑</td><td colspan="4">转向轮的横向侧滑量应≤5m/km</td><td>检测</td></tr>
<tr><td>5</td><td>传动系统</td><td>变速器、驱动轴、万向节</td><td colspan="4">1. 变速器操纵灵活，不跳挡，不乱挡，无异响
2. 驱动轴无损伤
3. 万向节不松旷，润滑良好</td><td>路试</td></tr>
<tr><td rowspan="4">6</td><td rowspan="4">行驶系统</td><td>车轮</td><td colspan="4">1. 轮胎胎冠磨损后，其花纹深度应≥1.6mm，并不得暴露出轮胎帘布层
2. 同轴轮胎应为相同规格，花纹深度一致
3. 转向轮不得使用翻新轮胎
4. 轮胎气压符合规定</td><td>检查</td></tr>
<tr><td>悬架</td><td colspan="4">悬架各摆臂、稳定杆、拉力杆、减振器、减振弹簧等各件完好，连接紧固</td><td>检查</td></tr>
<tr><td>减振器</td><td colspan="4">密封良好，稳固有效</td><td>路试</td></tr>
<tr><td>前轴、后桥壳</td><td colspan="4">无变形及裂纹</td><td>检查</td></tr>
<tr><td rowspan="3">7</td><td rowspan="3">制动系统</td><td>制动性能</td><td colspan="4">应符合 GB7258—2004/XG3—2008 的规定</td><td>路试与检测</td></tr>
<tr><td>驻车制动性能</td><td colspan="4">1. 应符合 GB7258—2004/XG3—2008 的规定
2. 制动拉杆拉至 2 齿即产生制动作用，且锁止可靠、装置紧固</td><td>路试与检测</td></tr>
<tr><td>制动踏板自由行程</td><td colspan="4">总行程的 1/3</td><td>检查</td></tr>
</table>

(续)

序号	部位	检验项目	技术要求	备注
7	制动系统	滑行性能	在平坦干燥的混凝土路面上以30km/h的速度开始滑行到停止，其滑行距离应大于250m，或用拉力计拉动汽车，开始拉力应不超过汽车整车重量的1.5%	路试与检测
8	车身附件	车身附件	1. 车门、发动机罩、后厢盖装置紧固，锁扣有效 2. 门铰链灵活、无松旷现象，门把、门锁、玻璃升降器齐全有效 3. 风窗玻璃完好，窗框严密 4. 空调、暖风装置工作正常	检查
		车身	1. 车身不歪斜，整体不变形，车身表面平整，车身承载部位无损伤 2. 底板无破洞、翘曲现象	检视
9	其他	排气污染物	在海拔1000m以下，怠速工况污染物排放标准：CO质量分数≤4.5%，HC质量分数≤0.12%	检测
		车外噪声级	应符合GB1495—2002中的规定	检测

训练2　发动机大修作业的统筹规划

1. 确定工序和工序时间

工序是指一项有具体活动内容，需要人力、物力参加，经过一定时间才能完成的生产过程。工序时间是指为完成某一道工序所需的工时定额。某一项作业，都是由若干工序组成的，工序大小的划分与企业规模的大小、作业的细化程度等有关。工序时间定额既要考虑生产的可能性，又要考虑指标的先进性。这样才能充分调动职工的积极因素，发挥出较高的经济效益。

在实际生产中，由于设备、人员的不同，工序时间不是肯定的，多为非肯定型时间。在画流线图时，只有把非肯定型时间变为肯定型时间，才能进行参数计算。计算工序的时间，通常采用两种方法：概率计算法和加权平均法。概率计算法的精度较高，但计算较复杂；加权平均法虽然精度低，但是可以满足维修企业的要求，且计算简单，计算公式为

$$t_e = \frac{1}{6}(a + 4m + b)$$

式中　a——最乐观的时间，即工序最短的时间；

b——最悲观的时间，即工序最长的时间；

m——最可能的时间，即经常发生的时间。

2. 画出作业流线图

作业流线图也称为统筹图、网络图、流程图，是统筹法的基础。发动机大修

作业是由许多工序组成的，如果把一个工序用一支箭头表示，那么多道工序就有多条箭头。把代表各工序的箭头按照工序间的工艺性和组织性的相互关系、制约要求联系起来，依流程方向按先后顺序，从左向右，逻辑地排列起来并画成图，就形成了作业流线图。在相邻工序的交接处画一个圆圈，每个圆圈编上序号来表示事件，那么，箭杆连同相邻的事件表示每道工序，箭尾表示工序的开始，箭头表示工序的完成，每道工序所需的时间标在相应的箭杆上，这样就构成了一完整的作业流线图，如图 4-5 所示。

画作业流线图时要注意：工序的划分应适当，连接应合理，注意虚工序（用虚线箭杆表示的工序）的运用。虚工序不消耗资源，也不需要时间，只表示工序间的逻辑性联系。作业流线图有许多条路，其中路径最长的一条为关键路线。

3. 计算工作流线图各参数

工作流线图各参数的计算包括工序的最早开工期、工序最迟开工期、工序时差、事件最早完工期、事件最迟完工期、事件时差等。常用的计算方法有图上计算法和表上计算法。图上计算法已在本章第一节中讲述，本训练中讲述一下表上计算法（也称为矩阵法）。以前例发动机大修中的工时定额为例计算，具体见表 4-10。

表 4-10　节点矩阵表

$T_E(i)$	头 / 尾	①	②	③	④	⑤	⑥	⑦	⑧	⑨	⑩	⑪	⑫	⑬	⑭	⑮	⑯
0	①		2.0														
2.0	②			0.5											18.0		
2.5	③				1.0												
3.5	④					3.0	2.0	3.0			5.0						
6.5	⑤									6.0							
5.5	⑥							2.0									
7.5	⑦								2.0								
9.5	⑧									2.0				2.0			
12.5	⑨													6.0			
8.5	⑩											2.0		2.0			
10.5	⑪												2.0				
12.5	⑫														4.0		
18.5	⑬														4.0		
22.5	⑭															4.0	
26.5	⑮																0.5
27.0	⑯																
$T_L(i)$		0	2.0	2.5	3.5	6.5	6.5	8.5	10.5	12.5	14.5	16.5	18.5	18.5	22.5	26.5	27.0
$T_L(i)-T_E(i)$		0	0	0	0	0	1	1	1	0	6	6	6	0	0	0	0

(1) 作一个16×16的节点矩阵表 依次写上节点的编号，左侧增加一列事件的最早完工期 T_E (i)，下侧增加一行事件的最迟完工期 T_L (i) 和一行事件的时差 S_t (i) $=T_L$ (i) $-T_E$ (i)。

(2) 填入对应的工序时间 顺序把各工序的工时填入对应的格中，如⑤→⑨工序工时为6.0，可将6.0填入第五行和第九列交叉的方格中。

(3) 计算各节点的最早完工期 T_E (j)

$$T_E(j) = \max[T_E(i) + t_e(ij)]$$

例如：T_E (7) $=\max$ [3.5+3，5.5+2] =7.5，把其填入表4-10 T_E (7) 对应的格中。

(4) 计算各节点的最迟完工期 T_L (i)

$$T_L(i) = \min[T_L(i) - t_e(ij)]$$

例如：T_L (10) $=\min$ [18.5-2.0，16.5-2.0] =14.5，把其填入表4-10 T_L (10) 对应的格中。

(5) 计算各节点的时差 $S_t(i)$

$$S_t(i) = T_L(i) - T_E(i)$$

例如：$S_t(5)$ = 6.5 - 6.5 = 0，将各事件（节点）的时差列入表4-10中。

(6) 确定关键路线 时差为零的节点为关键节点，把关键节点连接起来即为关键路线。表4-10中把 $T_L(i) - T_E(i) = 0$ 的节点串连起来①→②→③→④→⑤→⑨→⑬→⑭→⑮→⑯即为关键路线。一项作业至少有一条关键路线。若关键路线越多，或其他路线的工时越接近关键路线的工时，则表明该作业工艺安排越合理。要想缩短作业时间，节约人力、物力、财力，首先得在关键路线上想办法。关键路线不是永远不变的，优化后的工作流线图，原关键路线可变为非关键路线。

复习思考题

1. 画出汽车二级维护工艺过程图。
2. 汽车二级维护检测分为哪些过程?
3. 汽车二级维护的保证里程（或时间）为多少?
4. 按GB/T16739.1~2—2004汽车维修企业如何分类?
5. 试画出汽车修理作业方法的工艺过程图?
6. 汽车修理的作业方式和劳动组织有哪些?
7. 计算统筹法工作流线图中各参数，找出关键路线。
8. 车辆修理是如何分类的?
9. 用表上计算法（矩阵法）寻找关键路线。

第五章

诊断发动机疑难故障

培训学习目标 了解发动机综合性能检测仪的功能、构造、使用方法和示波器的构造及汽油机点火系统的波形；掌握用发动机综合性能检测仪检测发动机功率的方法；掌握发动机常见异响的特征、原因与诊断方法；掌握电控燃油喷射系统故障诊断步骤；了解故障树的概念及分析方法和车载故障自诊断系统及故障分析报告的写作方法；了解技术资料检索知识；掌握发动机疑难故障的诊断方法。

第一节　诊断发动机疑难故障必备的专业知识

*一、发动机综合性能检测仪简介

1. 发动机综合性能检测仪的功能

发动机综合性能检测仪除了可检测发动机功率外，还可检测汽油机点火系统的点火波形、柴油机高压油管内的压力波形、起动系统及各种异响等。

2. 发动机综合性能检测仪的构造（以国产 QFC—5 型发动机综合性能检测仪为例）

发动机综合性能检测仪主要由主机、显示器、键盘、检测信号接收和处理系统、打印机及电源等几部分组成。它既可单独使用，也可安在检测线、检测车上组成配套仪器使用。它是以计算机为核心的测量和数据处理系统。该系统通过各种不同的传感器，从发动机的相应部位采集到多种信号，将这些信号进行放大处理后送往计算机，然后采用相应的软件，通过键盘操作完成发动机各种参数的测量和故障判断。检测结果可由屏幕显示出来，还可由打印机输出。

3. 使用方法（以发动机功率的检测方法为例）

（1）检测前的准备

1）发动机的准备

① 调整好发动机的配气机构、燃料供给系统和点火系统，使它们处于完好的技术状态，否则将影响测试结果。

② 起动发动机并预热到正常的工作温度（75～85℃）。

2）测功仪的准备。按使用说明书的要求安装好工作台，检查仪器是否正常，并对测功仪进行使用前的检查、自校与调整。自校与调整应在开机并达到预热要求后进行。

（2）检测步骤

1）打开计算机电源进行自检，屏幕显示出2.13汉字系统配置选择。

2）按<Esc>键，就进入DOS状态；按<Enter>键，就进入测试程序。

屏幕上除显示检测程序的版本号、生产厂家外，还出现“汽油车检测”、“柴油车检测”、“输入新车型”、“返回DOS”等内容。

3）按<1>键，进入汽油车检测，屏幕显示：“实际检测吗（Y/N）?”

按<Y>键，进入实际检测状态。按<N>键，进入模拟检测状态。

4）按<Y>键，按<Enter>键选择是否实际检测。此时，屏幕显示出各种车型，并按序号排列。如果输入选中车型的序号，那么该车型即为所检测的车型。

5）输入所选车型序号，选出所测车型。此时，屏幕显示汽油机检测项目，包括起动系统检查、点火系统检查、动力性检查、发动机异响检查、综合检查、充电系统检查、打印综合输出表格、显示存盘数据、快速检测。

6）按<3>键，进入动力性能检测程序，屏幕显示“汽油机动力性能检测”。

注意事项：模拟时不可接传感器。

① 接好“触点传感器”：将黑夹子接搭铁，红夹子接触点。

② 操作步骤。首先使发动机处于怠速状态，然后猛踩加速踏板，使发动机在最短的时间内达到高速，当发动机达到一定转速后，使其自动熄火，以保护发动机并结束发动机功率检测。

③ 数据分析。加速时间越小，功率就越大。如果是已标定的车型，那么“K”值就已经给定，可直接得到功率值。用户通过“新车信息输入表”输入“K”系统，便可自动计算，否则则按原有的“K”值计算，会有很大误差。

此时，屏幕显示“开始功率测量吗（Y/N）?”

7）按<Y>键，进行测量。屏幕显示“汽油机动力系检测结束”目录。

8）按 <Y> 键，进入“检测”程序，对发动机进行检测。按说明书要求进行正确操作，此时屏幕分别显示转速值、加速时间、减速时间、功率平均值。输入正确的“K”系数。

9）重复检测 3 次，按 <C> 键，重新测量，此时屏幕显示同上；按 <P> 键，可自动将数据打印出；按 <N> 键，将退出检测程序，返回目录。

二、发动机常见异响的特征、原因与诊断方法

发动机出现故障时，会产生一种附加的、不正常的响声和振动，这种不正常的响声称为异响。异响的产生象征着故障的存在。一旦发动机产生故障，就应立即停止发动机运转，并进行检查与分析，判断异响产生的部位。

发动机常见的异响有曲轴主轴承异响、活塞销异响、活塞敲缸异响、连杆轴承异响、气门异响、气缸漏气异响、正时齿轮异响、汽油机点火敲击异响和柴油机着火敲击异响等。

1. 诊断程序

（1）曲轴主轴承异响的诊断

1）异响特征。该异响发生在气缸体下部的曲轴箱处，为“嘡嘡”声；突然提高发动机转速时，响声更加明显；单缸断火时无明显变化；相邻两缸同时断火时，响声会明显减弱或消失；响声与温度无关。

2）异响产生的原因。主轴承松动，轴承间隙过大；曲轴偏磨或弯曲；主轴承因过长或过短而折断或转动；机油过稀或不足，导致轴承烧毁。

3）诊断方法。曲轴主轴承异响的诊断流程如图 5-1 所示。

（2）活塞销异响的诊断

1）异响特征。发动机气缸体上、下部均响，响声较脆，且随着转速的升高而增大；单缸断火试验时响声明显减弱或消失；发动机温度变化时对响声影响不大。

2）异响产生的原因。活塞销与连杆小头衬套磨损或活塞销与活塞销座处松旷，衬套与连杆小头孔配合有间隙等。

3）诊断方法。活塞销异响的诊断流程如图 5-2 所示。

（3）活塞敲缸异响的诊断

1）异响特征。异响产生在气缸体的中上部，声音清晰且有明显的“铛铛”声；冷车时响声明显，热车时减弱或消失；多缸响时，声音嘈杂；单缸断火时响声减弱或消失。

2）异响产生的原因。气缸或活塞严重磨损，致使它们的配合间隙过大；活塞或气缸壁间隙润滑条件不良；活塞圆柱度误差过大等。

3）诊断方法。活塞敲缸异响的诊断流程如图 5-3 所示。

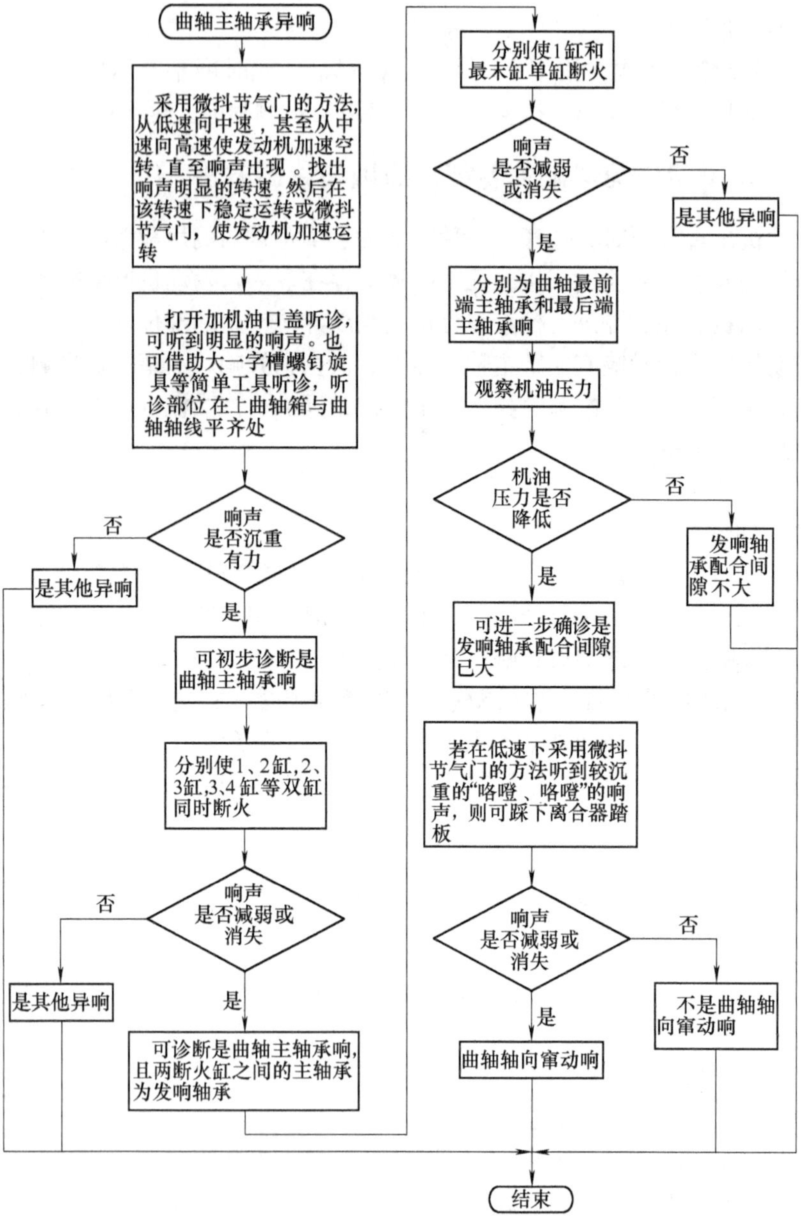

图5-1　曲轴主轴承异响的诊断流程

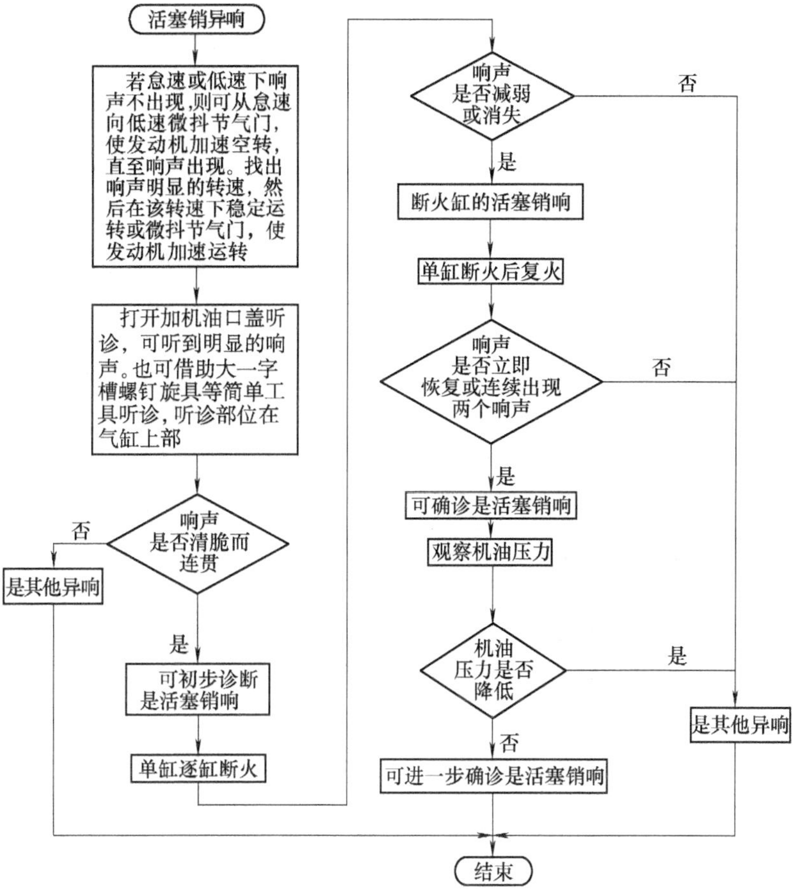

图 5-2 活塞销异响的诊断流程

（4）连杆轴承异响的诊断

1）异响的特征。异响发生在气缸的中部，是轻而短促的“铛铛”声；当发动机突然加速时，响声更为明显；单缸断火时响声减弱或消失，但重新接通时又能立即出现，即发生“铛”的一声响；响声与温度无关；发动机负荷变化时，响声随着负荷增加而加剧。

2）异响产生的原因。连杆轴承松动，致使连杆轴承间隙过大；连杆轴承合金烧毁或脱落；连杆轴承偏磨；连杆弯曲等。

3）诊断方法。连杆轴承异响的诊断流程如图 5-4 所示。

（5）气门异响（气门脚响或气门落座响）的诊断

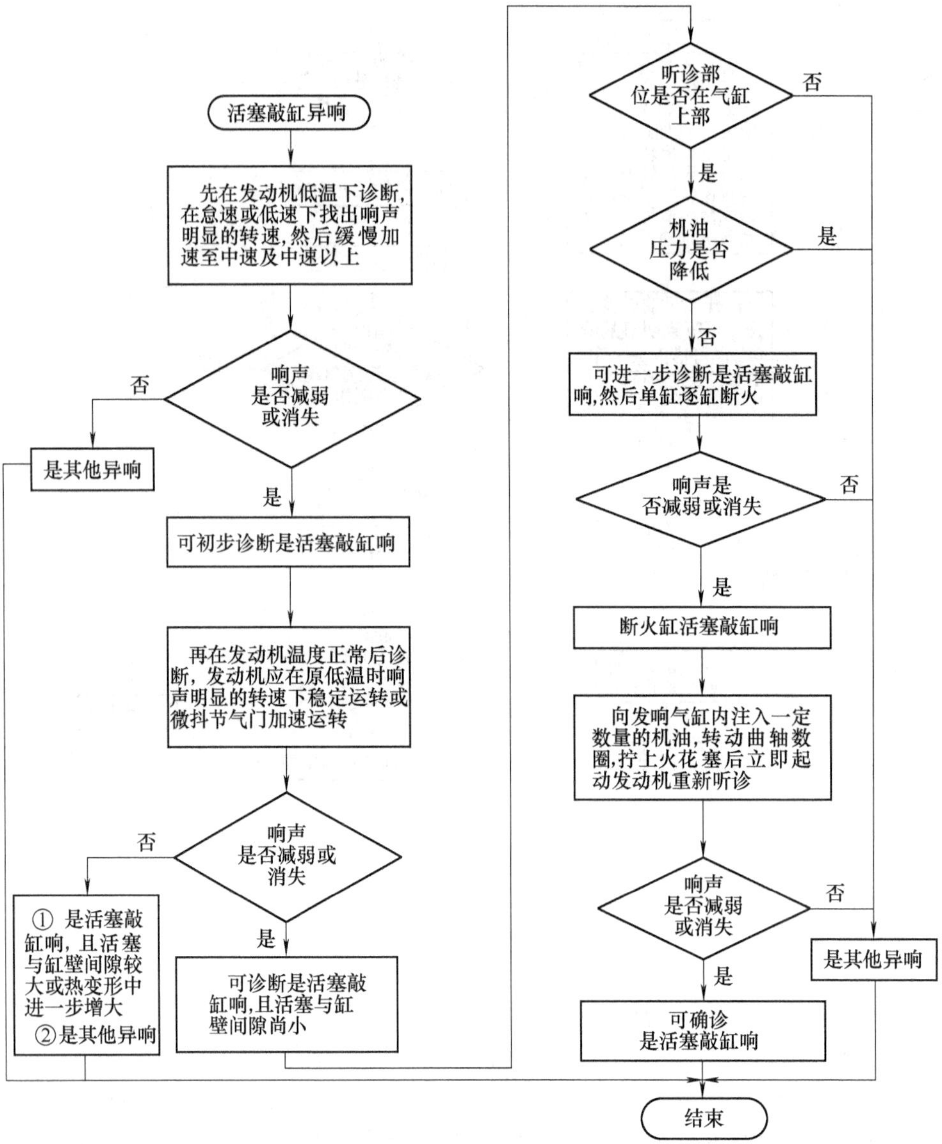

图5-3 活塞敲缸异响的诊断流程

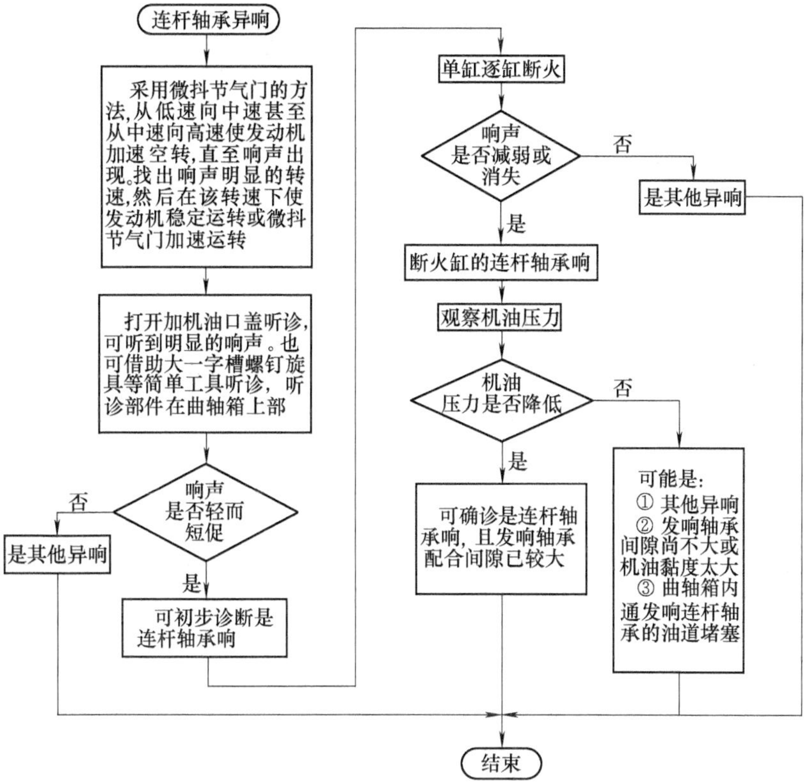

图 5-4　连杆轴承异响的诊断流程

1）异响的特点。异响发生在气缸盖附近；发动机怠速运转时发出有节奏的“嗒嗒”（气门脚处）或“啪啪”的敲击声；温度变化和单缸断火时响声不减弱；若气门脚响，插入厚度适当的塞尺，则响声消失。

2）异响产生的原因

① 气门脚响。气门间隙过大；气门间隙调整螺钉松动或气门间隙处两平面不平；气门脚处润滑不良。

② 气门落座响。气门杆与气门导管间隙过大；气门间隙过大；气门座圈松动。

3）诊断方法。气门异响的诊断流程如图 5-5 所示。

（6）气缸漏气异响的诊断

1）异响特征。发动机工作时，从机油加注口处发出“砰砰”的漏气声；单缸断火时响声减弱或消失；伴随响声的出现，机油加注口处向外冒烟；负荷加大

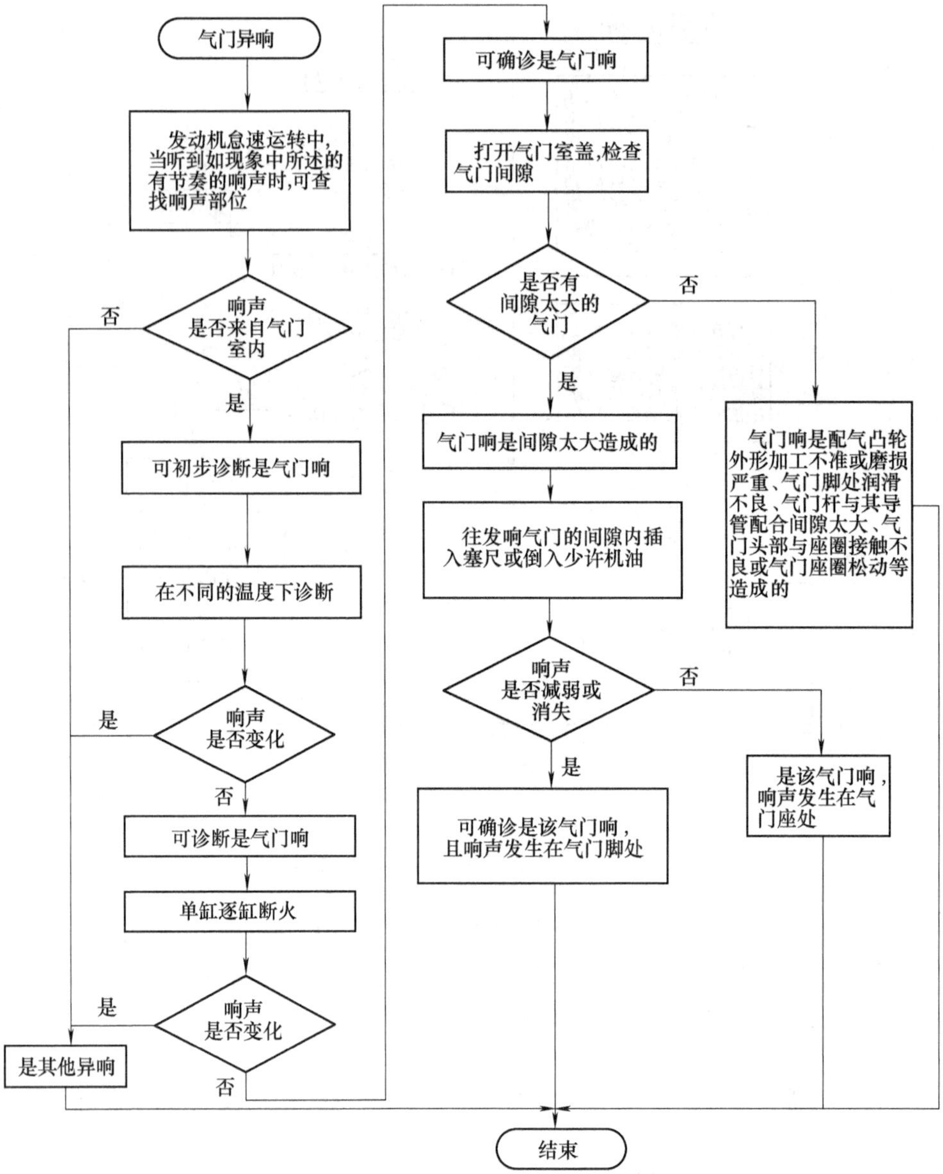

图 5-5　气门异响的诊断流程

时响声变大，发动机转速越高响声越小。

2）异响产生的原因。活塞环与气缸壁磨损严重；活塞环开口间隙太小或各活塞环开口重合；活塞环弹力太弱；活塞环卡死在活塞环槽内；气缸壁拉伤，出现沟槽等现象。

3）诊断方法。气缸漏气异响的诊断流程如图 5-6 所示。

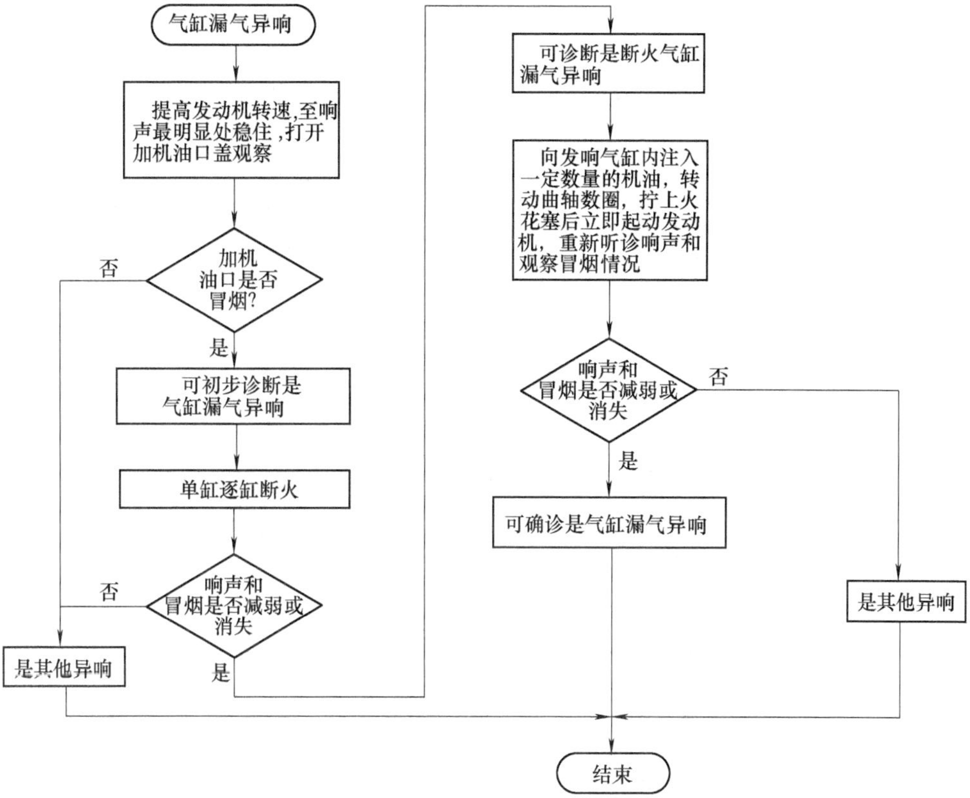

图 5-6　气缸漏气异响的诊断流程

（7）正时齿轮异响的诊断

1）异响特征。异响的发生部位在气缸体的前端；怠速和中速时发出一种有节奏的“嘎啦、嘎啦”的响声，高速时变得杂乱，并且随着转速的提高响声越来越大；温度变化时响声不变化；单缸断火试验时响声不减弱。

2）异响产生的原因。气门间隙过大或过小；齿轮传动时径向啮合间隙不一致；曲轴主轴承孔与凸轮轴轴承孔中心距发生变化；未成对更换正时齿轮；凸轮轴或曲轴轴向间隙过大等。

3）诊断方法。正时齿轮异响的诊断流程如图 5-7 所示。

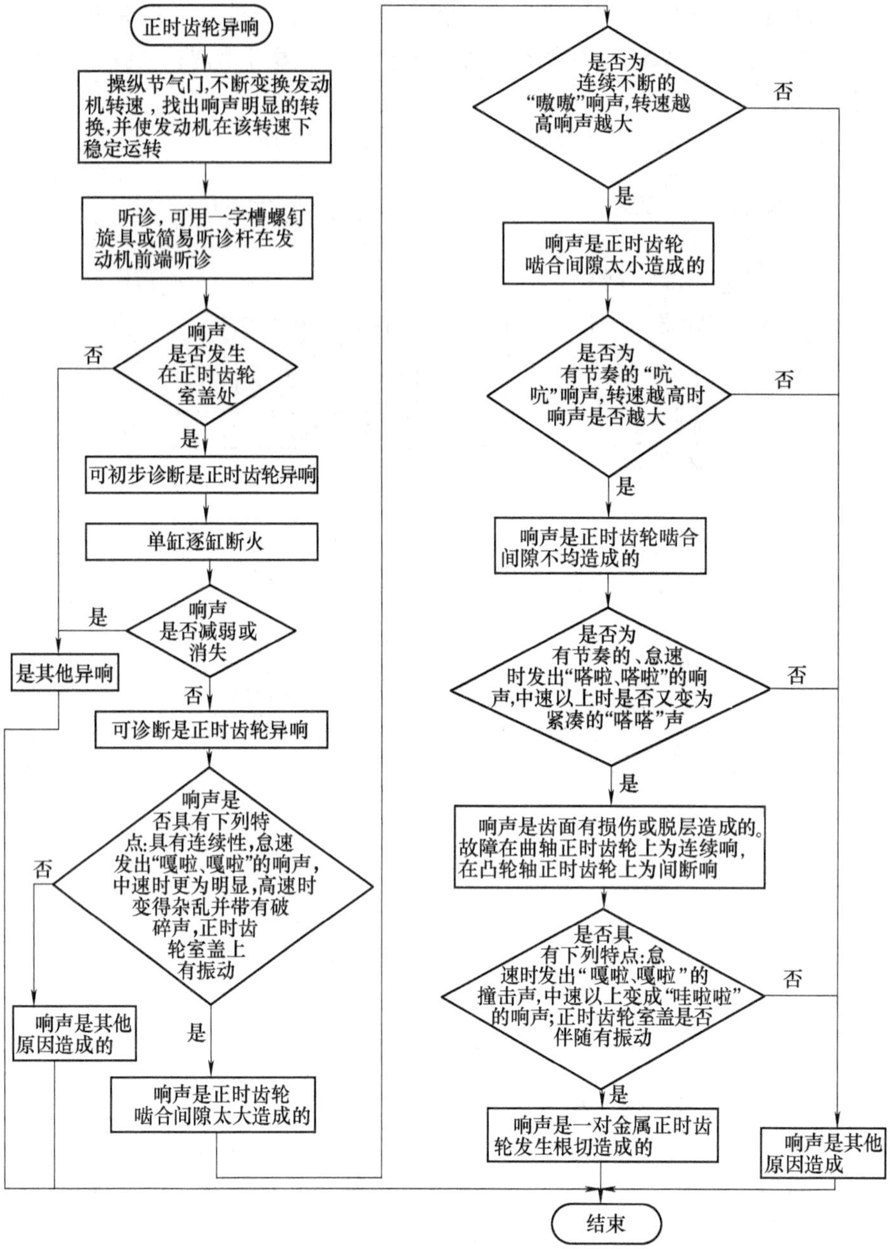

图5-7 正时齿轮异响的诊断流程

(8) 汽油机点火敲击异响的诊断

1) 异响特征。汽车挂最高挡，以最低稳定车速行驶时，急速踩加速踏板，发动机发出“嘎嘎”似的金属敲击声，若此时松开加速踏板，响声会减弱或消失，而再次踩下加速踏板时，响声又会出现；当发动机温度升高，负荷加大时，响声又会明显。

2) 异响产生的原因。使用了辛烷值（与汽油的型号有关）低的汽油，燃烧室积炭，可燃混合气过稀，点火提前角过大，由于使用或维护等原因致使压缩比过大等。

3) 诊断方法。汽油机点火敲击异响的诊断流程如图5-8所示。

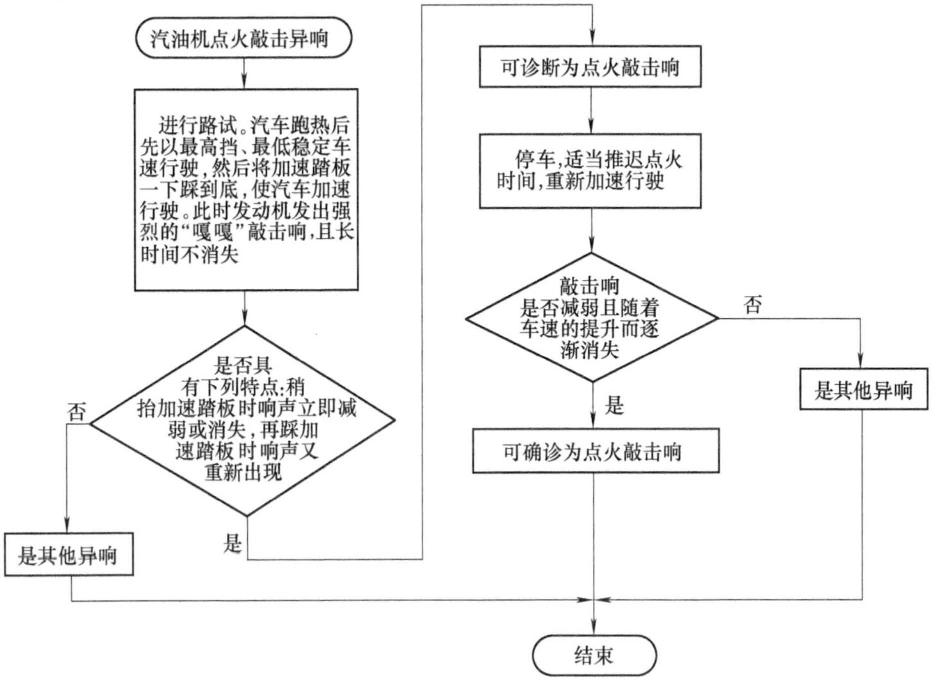

图5-8　汽油机点火敲击异响的诊断流程

(9) 柴油机着火敲击异响的诊断

1) 异响的特点。当发动机低速或无负荷工作时，可听到清脆和连续的“嘎啦、嘎啦”金属敲击声，冷起动时更为明显；随着发动机转速的升高、发动机温度的上升及负荷的加大，响声会减弱或消失，而发动机若过热或超负荷工作，则响声又增大；微动供油拉杆时，动得越急，响声越大。

2) 异响产生的原因。柴油着火性差，使用了品质差的柴油；供油提前角过大；发动机过冷或过热；供油间隔时间不等或供油量不均匀度超标；个别气缸密封不佳，压缩行程终了时气缸内的温度和压力过低等。

3) 诊断方法。柴油机着火敲击异响的诊断流程如图5-9所示。

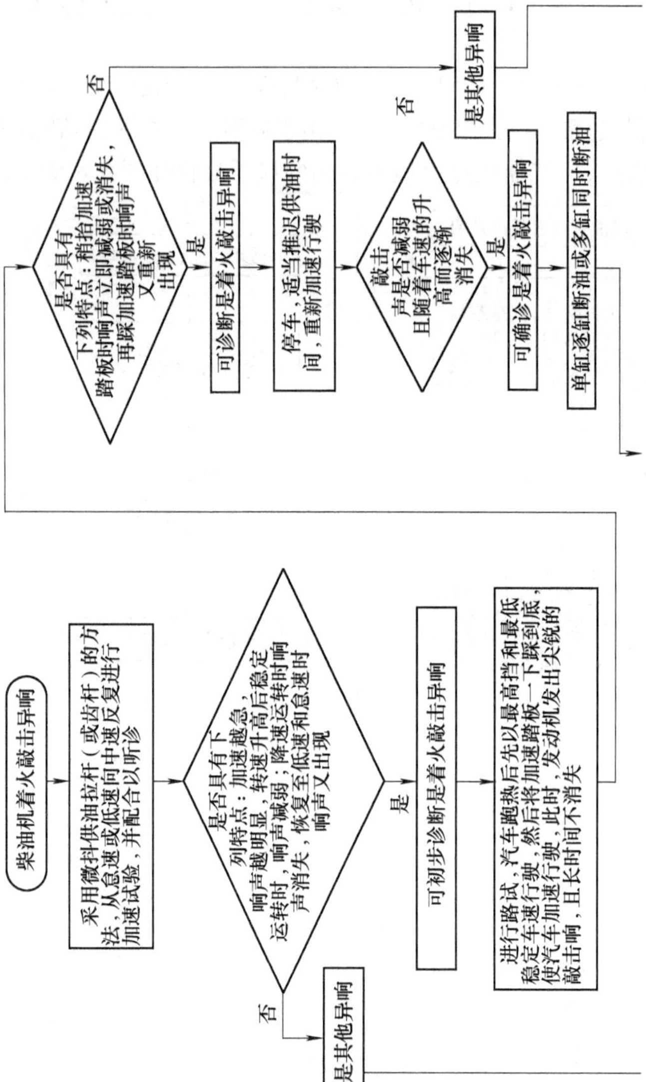
柴油机着火敲击异响
采用微抖供油拉杆（或齿杆）的方法，从怠速或低速间中速反复进行加速试验，并配合以听诊
是否具有下列特点：加速越急，响声越明显，转速升高后稳定运转时，响声减弱；降速运转时响声消失，恢复至低速和怠速时响声又出现
否
是其他异响
是
可初步诊断是着火敲击异响
进行路试，汽车跑热后先以最高挡和最低稳定车速行驶，然后将加速踏板一下踩到底，使汽车加速行驶，此时，发动机发出尖锐的敲击响，且长时间不消失
是否具有下列特点：稍抬加速踏板时响声立即减弱或消失，再踩加速踏板时响声又重新出现
否
是其他异响
是
可诊断是着火敲击异响
停车，适当推迟供油时间，重新加速行驶
敲击声是否减弱且随着车速的升高而逐渐消失
否
是
可确诊是着火敲击异响
单缸逐缸断油或多缸同时断油

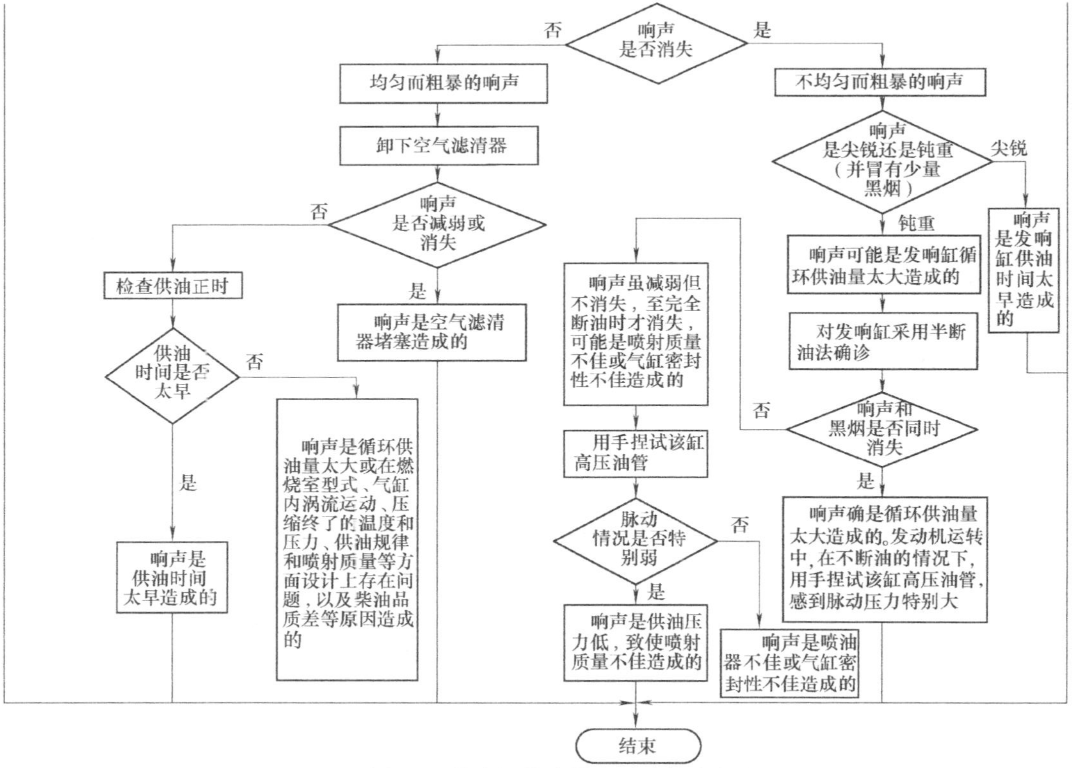

图5-9 柴油机着火敲击异响的诊断流程

2. 注意事项

1）发动机常见的异响可分为机械异响、燃烧异响、空气动力异响和电磁异响。上面叙述的异响主要是机械异响和燃烧异响。

2）影响异响的因素有发动机转速、发动机温度、发动机的负荷及发动机的润滑条件。

3）在诊断异响时，应分清是主机响声还是附件的响声。若全部附件卸掉后异响仍存在，则可认为是主机及其他部件异响；若松开空气压缩机传动带后异响消失，则表明该异响与水泵或发电机及旋转部件相关。

4）判断异响时，应分清是良性异响还是恶性异响。良性异响是指在短期内不会对机件造成损害的响声；恶性异响是指很快会对机件造成损坏的响声。

三、示波器与波形

1. 示波器简介

示波器是检测、诊断汽油发动机点火系统技术状况的仪器之一。

示波器由示波管、传感器和电子电路组成。示波管为阴极射线管（见图5-10），由电子枪、垂直偏转板、水平偏转板和荧光屏等组成。阴极射线管内的电子枪将电子束射至管前的荧光屏上，产生一个光亮点。在阴极射线管内的里面有两组金属板，水平的两块叫垂直偏转板，垂直的两块叫水平偏转板。当从示波器电路中得到适当电荷时，水平偏转板会使电子束在管内的水平方向产生弯曲，从而使在荧光屏上显示光点的电子束从左至右横掠屏幕扫过一条光亮的线条，然后再从右至左变暗回扫。由于光的运动速度非常之快，所以光点出现在观察者前面的是一条实线。

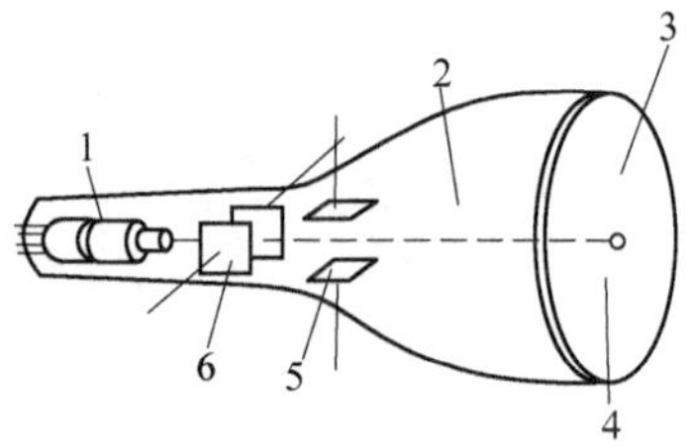

图5-10　示波管的阴极射线管
1—电子枪　2—电子束　3—荧光屏
4—光亮点　5—垂直偏转板
6—水平偏转板

将示波器接到运转的发动机点火系统时，垂直偏转板可通过示波器电路接受到电荷，且此电荷的大小与点火系统电压的瞬时变化成比例。随着电子束从左至右的扫描，变化着的电荷使其在垂直方向产生弯曲，因而光点在阴极射线管的屏幕上扫出一条曲线图形。该曲线图形与点火系统电荷的大小相对应，并代表了点火系统中电压随时间的变化关系。

屏幕上的曲线波形，在垂直方向上表示电压，在水平方向上表示时间，走向为从左到右，并且以基线为准，向上为正电压，向下为负电压。

2. 点火示波器波形类别

发动机点火系统的点火过程，在示波器上显示的波形有以下几种：

（1）多缸平列波形　即在屏幕上从左至右按点火顺序将所有缸的点火波形首尾相连的一种排列方式。

（2）多缸并列波形　即在屏幕上从上至下按点火顺序将所有缸的点火波形之首对齐并分别放置的一种排列方式。

（3）多缸重叠波形　即在屏幕上将所有缸的点火波形之首对齐并重叠成近似一个波形放置的一种排列方式。

（4）单缸选缸波形　即根据需要选出的任何一缸的单缸点火波形。

点火波形还可分初级波形和次级波形。因此，上述波形还可分初级平列波形和次级平列波形、初级并列波形和次级并列波形、初级选缸波形和次级选缸波形等多种波形。

3. 汽油机点火系统波形

图 5-11 所示为点火示波器示出的单缸初、次级电压标准波形。它表示断电器触点从开始打开经闭合到再次打开时的电压随着时间变化的过程。

（1）初级电压标准波形　图 5-11a 所示的初级电压标准波形，是从断电器触点上得到的。当断电器触点打开时，初级电压迅速增长，次级电压也迅速增长，两电压之和击穿火花塞间隙，如图 5-11a 中 *ab* 线所示。在火花塞两电极出现电火花时的高频振荡，由于点火线圈的初级绕组和次级绕组间的变压器效应，便出现在初级波形中，所以图 5-11a 中 *abc* 段为高频振荡波形。当次级火花放电结束时，点火线圈和电容器中的残余能量要继续释放，初级电路中出现低频振荡波形，如图 5-11a 中 *de* 段所示。同样，由于点火线圈的初、次级绕组间的变压器效应，低频振荡波形也出现在次级波形中，如图 5-11b 中 *BE* 段波形。图 5-11a 中的 *de* 段振荡终了时为一段直线，高于基线的距离表示施加于初级电路上触点两端的电压。

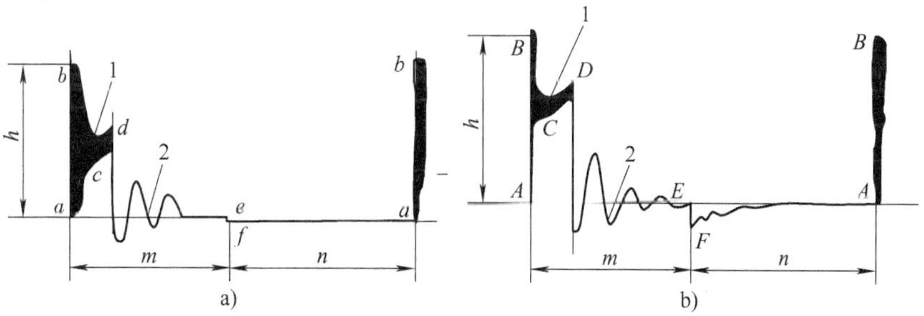

图 5-11　单缸初、次级电压标准波形

a）初级电压标准波形　b）次级电压标准波形

1—高频振荡波形　2—低频振荡波形

m—触点张开时间　*n*—触点闭合时间　*h*—击穿电压

(2) 次级电压标准波形　次级电压标准波形如图5-11b所示。

*AB*线表示击穿电压(击穿火花塞间隙所需要的电压),该线也称为点火线。

*BC*线表示放电电压(火花塞间隙被击穿时,两电极之间出现电火花时的电压),此时次级电压骤然下降。

*CD*线的高度表示电火花放电的电压,其宽度表示电火花放电的持续时间,该线称为火花线。

*DE*线表示电火花持续放电的能量消耗完毕,点火线圈和电容器的残余能量以低频振荡形式消耗完的过程。

*EF*线表示断电器触点闭合,点火线圈初级电路又有电流流过,次级电路产生一个负电压的过程。

*FA*线表示触点闭合后,先是产生次级闭合振荡,之后次级电压由一定的负值逐渐变到零。当到达*A*点时,触点又打开,次级电路又产生点火电压。

四、电控汽油发动机故障诊断步骤

1. 填写用户调查表

为了迅速、准确地诊断出故障的发生点,可首先询问用户,了解故障出现时的情况、自然条件、故障如何发生及是否检修过等,再填写检修车登记表(表5-1)。该表填写的内容与诊断结果一起作为查找故障点的依据,还可作为检修后的验收参考。

表5-1　检修车登记表

车　型		牌　照　号	
车身号		17位代码	
里程读数/km		送车日期	年　月　日
故障发生日期	年　月　日	登记号	
故障发生频次		经常　有时　仅一次　其他	
故障发生时的条件	天气	晴天　阴天　雨天　其他	
	气温	炎热　天热　天冷　天寒　冷天(大约℃)	
	地点	高等级公路　一般(三级以下)公路　室内　上坡　下坡　其他	
	发动机温度状况	冷机时　暖机时　暖机后　任何温度　其他	
	发动机状况	起动时　起动后　怠速　无负载行驶(匀速加速减速)　其他	

（续）

车型			牌照号	
故障现象	发动机不能起动	不能运转 无起动征兆 有起动征兆		
	起动困难	起动时运转转速低 其他		
	怠速不良	怠速不稳 怠速高 怠速低 怠速抖动 其他		
	动力不足	加速迟缓 回火放炮 喘振 敲缸 其他		
	发动机熄火	起动后立即熄火 踏加速踏板后 放松加速踏板后 空调工作时 换挡时 其他		
	其他			
故障指示灯状态		常亮 有时亮 不亮		
用户单位				
送车人签字				
记录人签字				

2. 外观初步检查及故障再现

填写检修车登记表后，按用户所述，重新再现故障现象，并仔细进行外观检查，为诊断故障打下感性认识基础。

3. 读取故障码

查找该车故障码表或检修概述表（见表5-2），找出故障源。

表5-2 电控汽油发动机故障检修概述表

可能原因 / EFI系统的故障表现	油量供应不足	点火系统故障	蓄电池亏电	电子控制器	主喷射器	节气门	空气滤清器堵塞	油管堵塞	冷起动喷射器	控温时间开关	附加空气阀	电动汽油泵	汽油滤清器	空气流量计	熔丝	油泵继电器	主继电器	油压调节器	供油管路中有气	进气系统不密封	怠速调节不良	其他
起动机运转正常，发动机不能起动	①	②		●			●	●	④	③		⑤	●	●	⑥	●	●	●				
冷车不起动		①	●	●																		
热车不起动		②																	①			
起动困难		①		●			②					●	●					●	●	●		
冷起动困难									①	②		●	●	●				●				
热起动困难	●				①						④	②	●	●				③				
起动后熄火	①										②	●		●				③	●			
怠速不稳					②				①		●	●		●							●	

（续）

可能原因 EFI 系统的故障表现	油量供应不足	点火系统故障	蓄电池电压低	电子控制器	主喷射器	节气门	空气滤清器堵塞	油管堵塞	冷起动喷射器	控温时间开关	附加空气阀	电动汽油泵	汽油滤清器	空气流量计	熔丝	油泵继电器	主继电器	油压调节器	供油管路中有气	进气系统不密封	怠速调节不良	其他
怠速太高																				●	●	
怠速太低		●					●				②			①				●		●		
热车时运转不稳					④				②		①			●						●	③	
冷起动后，发动机一直无怠速									②		③										①	
发动机断火	①				②				●		●											
加速不良	●	●		②								⑤	●	④						③	①	
加载时发动机转速下降		①				②						③										
功率不足		①					②							●	●						●	
不能达到最高转速		①										②	●									
怠速时发动机卡死												●										●
行驶时发动机卡死	●	①		●	●		②					●										●
发动机过热		●								●												●
油耗太高		●			●			●	●	●		●		●				●				●

注：①表示可能性最大的原因，②、③、④、⑤等次之；●表示可能与其有关。

1）读取该车故障码，了解故障码含义，确定故障所在部位。

2）若无故障码输出（显示正常代码）或无故障码含义注释表，可根据故障现象并结合电控汽油发动机故障检修概述表所示故障表现逐一诊断。

3）对已诊断出的故障点进行调整、换件或检修、排除故障，然后清除故障码并试车，检验故障是否排除，否则应重新诊断故障并排除。

4. 注意事项

1）安装蓄电池时，极性不得接反；维修电控系统时要带上接铁金属带，将其一端缠在手上，另一端夹在车身上。

2）修理前，应先切断点火开关，并拆下蓄电池负极接线柱上的桩夹。应注意，对于带安全气囊的汽车，应在拆下搭铁线 2～3min 之后，再进行诊断。

3）电控燃油喷射系统的电控单元即使坏了也不能修，不应对它进行分解，应保持该系统各线路插脚、插座、插头的清洁及可靠接触。

4）一般情况下，应首先确定发动机进气系统及电气系统无故障，然后再对燃油系统进行检查。

第二节　诊断发动机疑难故障技能训练

训练1　用示波器诊断点火系统故障

1. 训练准备

国产 QFC—5 型发动机综合性能检测仪或示波器。

2. 诊断程序

借助国产 QFC—5 型发动机综合性能检测仪，通过观测点火波形可诊断汽油机点火系统故障。下面介绍几种故障波形。

（1）初级并列波形　标准初级并列波形如图 5-12 所示。

1）断电器触点闭合角。多缸发动机断电器触点闭合角：四缸发动机为 40°～45°，六缸发动机为 38°～42°，八缸发动机为 29°～32°。如果测出的断电器触点闭合角太小，那么表明断电器触点间隙太大。这不仅有可能使点火提前，而且会造成发动机高速时点火电压不足。如果测出的断电器触点闭合角太大，那么表明断电器触点间隙太小。这不仅有可能使点火推迟，而且会造成某缸由于触点不能张开而缺火。因此，应正确调整断电器触点间隙，使其符合标准值。在标准初级并列波形上也可容易地测出各缸之间的重叠角。

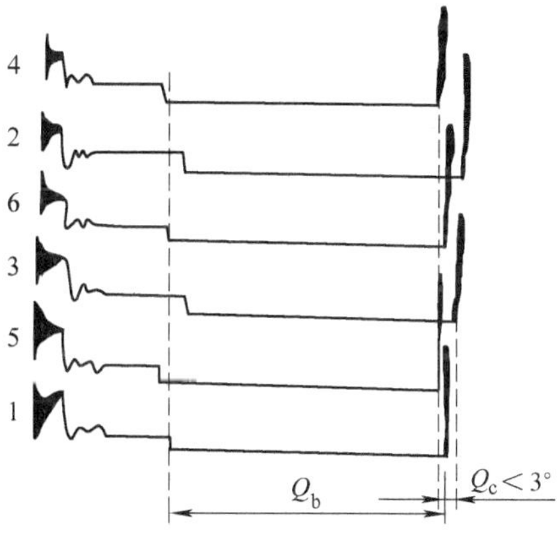

图 5-12　标准初级并列波形
Q_b—断电器触点闭合角
Q_c—各缸之间的重叠角

2）在标准初级并列波形中，如果在每一缸的断电器触点闭合点或张开点段内有杂波（见图 5-13），那么表明断电器触点烧蚀。

3）在标准初级并列波形中，如果在某些缸的断电器触点闭合点附近或断电器触点闭合段内有杂波（见图 5-14），那么表明断电器触点弹簧力不足，应调整。

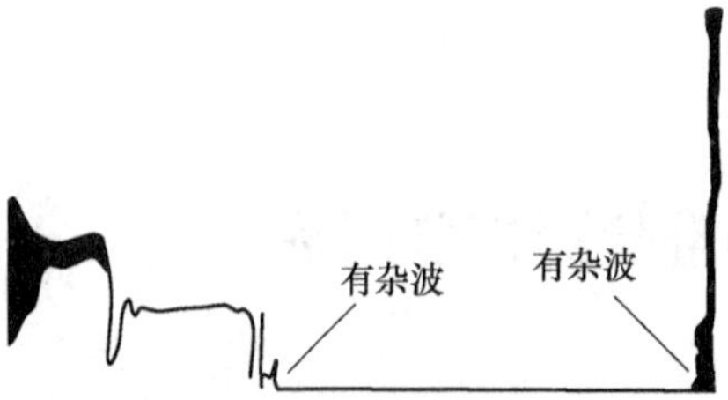

图 5-13　断电器触点烧蚀的故障波形

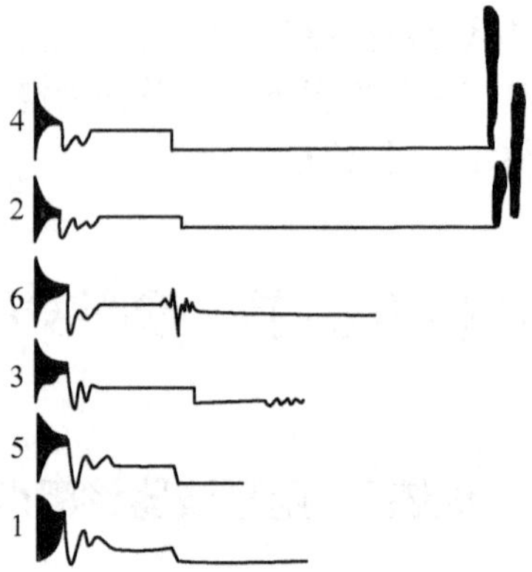

图 5-14　断电器触点弹簧力不足的故障波形

4）在标准初级并列波形中，如果某缸火花塞跳火波形的振荡波减少、振幅减小、波形变宽、波形平直且不上下跳动（见图 5-15），那么表明该缸火花塞“淹死”；若波形时好时坏，则表明该缸火花塞性能不良。

5）在标准初级并列波形中，如果每一缸跳火后的低频振荡波形上、下跳动（见图 5-16），那么表明点火线圈次级绕组可能短路。

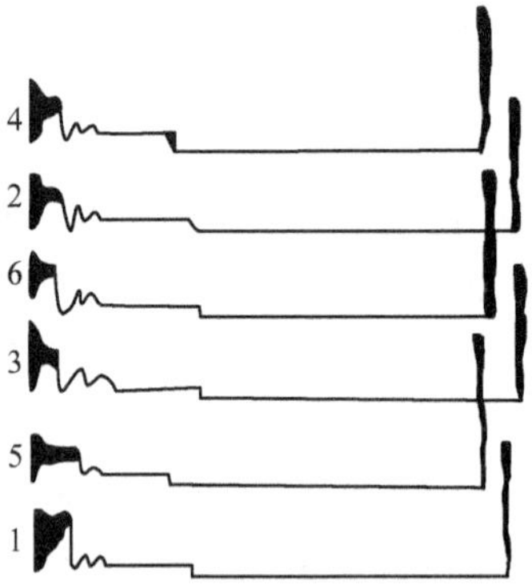

图 5-15　某缸火花塞“淹死”的故障波形

图 5-16　点火线圈次级绕组短路的故障波形

6）在标准初级并列波形中，如果某一缸触点张开波形时有时无，那么表明触点在该缸有时张不开（可能是由触点间隙太小、分电器凸轮磨损不均、分电器凸轮轴磨损松旷或弯曲变形等原因造成的）。

（2）次级并列波形　标准次级并列波形如图 5-17 所示。其反映的故障和测量的项目与相应的初级波形一致，若无特殊需要，则可不进行检测。

（3）高压平列波行　标准高压平列波形如图 5-18 所示。借助高压平列波的标准波形可进行下列参数的测量和故障判断：

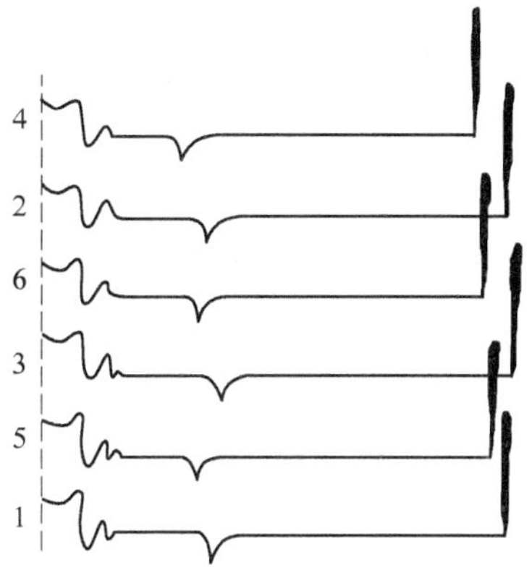

图 5-17　标准次级并列波形

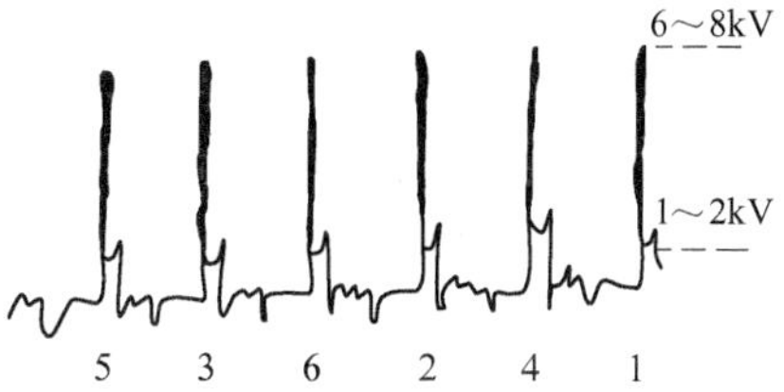

图 5-18　标准高压平列波形

1）各缸点火电压的测量。可通过点火高压平列波直接观察各缸点火电压值。各缸点火电压的高压值之差应小于 2kV。

若各缸的点火电压过高（均大于 10kV），则可能是可燃混合气过稀、分电器中央插孔高压线端部未插到底、分火头与分电器盖旁插孔间隙太大或各缸火花塞间隙太大等原因造成的。

若各缸的点火电压过低（均小于 6kV），则可能是可燃混合气过浓、各缸火花塞间隙太小、火花塞脏污、蓄电池电压不足等原因造成的。

若个别气缸的点火电压过高，则可能是分火头与该缸旁插孔高压线电极间隙太大或该缸火花塞间隙太大等原因造成的。

若个别气缸的点火电压过低，则可能是该缸火花塞间隙太小、电极过脏或者其绝缘性能差等原因造成的。

2）单缸开路电压测量。将某缸高压线从火花塞上取下而不短路，该缸高压电应达到 20～30kV（见图 5-19），否则，表明高压线、分电器盖绝缘不良或者点火线圈、电容器性能不良。

3）单缸短路电压测量。将某缸火花塞用螺钉旋具对气缸盖短路，该缸跳火电压应小于 5kV，否则，表明分火头与分电器盖旁插孔电极间隙过大或者高压分线与分电器旁插孔接触不良。此时的次级平列波形如图 5-20 所示。

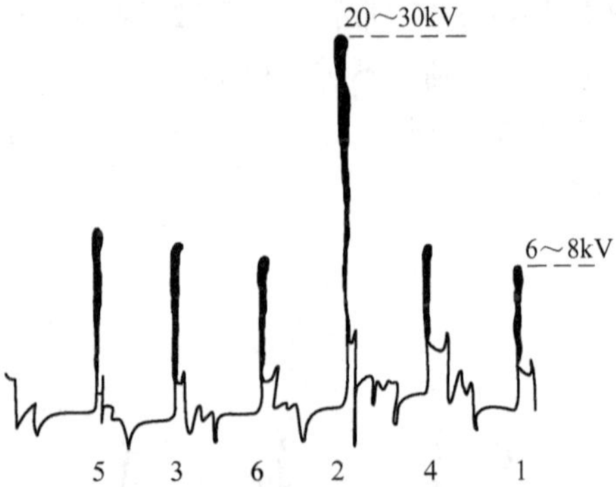

图 5-19　某缸火花塞高压线取下的次级平列波形

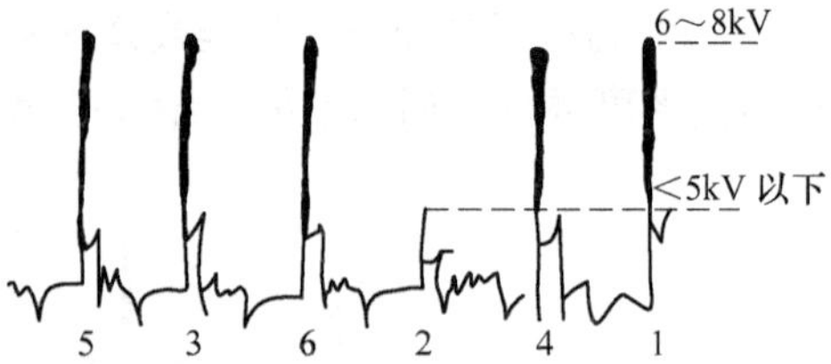

图 5-20　单缸短路次级平列波形

3. 注意事项

1）每次测量的各缸重叠角 Q_c 值越接近越好，而且 Q_c 的最大值越小越好。导致 Q_c 最大值大的原因是分电器轴松旷和凸轮磨损不均。

2）点火电压一般为 6～8kV。该参数有一定的随机性，测量结果只要大体上符合正常值即可。

3）怠速或加速时，如果某一气缸高压过高，那么应更换该缸火花塞。

4）电子点火系统也可用示波器检测其波形。

4. 训练要求

按正常操作规程，根据点火波形判断汽油机点火系统故障。

训练2　用解码器对电控燃油喷射系统故障进行诊断

1. 训练准备

V. A. G1551 型解码器。

2. 诊断程序

以桑塔纳 2000GLi 型轿车使用的解码器 V. A. G1551 为例。

（1）选择解码器功能　解码器功能见表 5-3。

表 5-3　解码器功能

功　能		点火开关接通	发动机怠速运转
02	读取故障存储器	√	√
03	执行机构自诊断	√	
04	进入基本设定	√	√
05	清除故障存储器	√	√
06	结束输出	√	√
08	读取测量数据组	√	√

（2）解码器的连接　在读取故障存储器中的内容之前，应使蓄电池电压正常，27 号熔断器工作正常，发动机及变速器连接地线正常，之后按下列步骤进行解码器连接：

1）如图 5-21 所示，打开诊断插口盖板，用电缆 V. A. G1551/3 接上解码器 V. A. G1551。

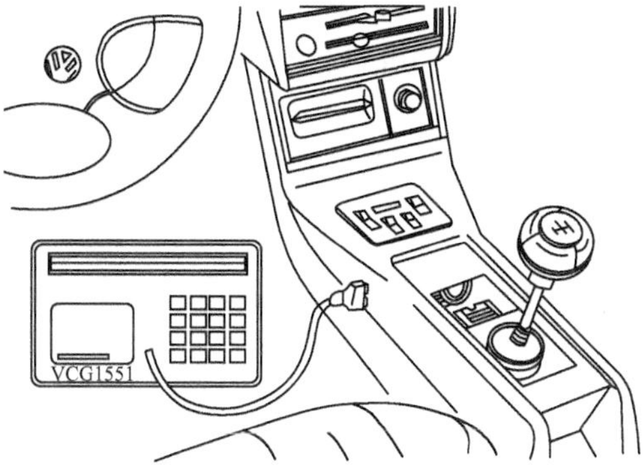

图 5-21　打开诊断插口盖板

2）接通点火开关或起动发动机，读取 ECU 版本编号和代号。若发动机因故障无法起动，则仍应接通点火开关，以便于控制所有信号。

3）按显示器显示说明，操作解码器。

4）输入代码 1（表示快速数据传输）。

5）输入“发动机电控单元”地址指令 01，按 <Q> 键确认，解码器显示器上将显示 ECU 代号：

300907311A MOTRONIC M1、5、4P 1303

其中，300907311A 为 ECU 零件编号；MOTRONIC 为燃油喷射系统；M1、5、4P 为计算机的硬件代号（制造编号）；1303 为计算机的软件代号（程序编号）。

6）按下 <→> 键，显示器上显示：

Schnelle Uatenübertragung	HELP
Funktion anwählen × ×	

译成汉语为：

快速的数据传输	帮助
功能选择 × ×	

7）其他操作方法见维修步骤。

(3) 故障存储器内容的读取

1) 将点火开关置于接通位置，使发动机运行至少220s，并满足：

① 在冷却液温度高于70℃的情况下，发动机至少运转174s。

② 发动机高速运转至少6s。

③ 发动机怠速运转10s（至少在210s之后）。

④ 发动机转速超过2200r/min至少一次。

2) 接上解码器，选择“发动机电控单元”（地址指令01），使发动机怠速运转。

3) 按下<Print>键，接通打印机（键上的指示灯发光），此时显示器上显示：

Schnelle Datenübertragung	HELP
Funktion anwählen × ×	

译成汉语为：

快速的数据传输	帮助
功能选择 × ×	

4) 输入“读取故障存储器”功能代码02，再按<Q>键进行确认，此时显示器上显示：

× Fehler drkannt!

译成汉语为：

×个故障被识别!

显示器上显示了其他内容，参见解码器使用说明。若ECU中存储多个故障，则可按顺序显示并打印出来，然后显示器上显示：

Schnelle Datenübertragung	HELP
Funktion anwählen × ×	

译成汉语为：

快速的数据传输	帮助
功能选择 × ×	

5) 若无故障存储，则按下<→>键。

6) 输入“结束输出”功能指令06，再按下<Q>键进行确认。

7) 切断点火开关，根据发动机故障码表（见表5-4），排除故障并打印。

表 5-4　发动机故障码表

故障码	故障现象或部件	故障原因	排除方法
	未发现故障	如果存在问题，那么故障未能被自诊断系统识别	继续按照故障码表查询故障
00518	节气门位置传感器（G69）对正极短路	电缆或 G69 对正极短路	检查 G69 的电路
	对地断路/短路	电缆断路	
		G69 损坏	
00519	进气压力传感器（G71）对正极断路/短路	G71 损坏	检查 G71 的电路
		电缆断路	
00522	冷却液温度传感器（G62）对正极断路/短路	G62 损坏	检查 G62 的电路
		电缆断路	
00623	进气温度传感器（G42）对地断路	G42 损坏	检查电缆或 G42 对地短路的情况
		电缆对地短路	
	进气温度传感器（G42）对正极断路/短路	G42 损坏	检查 G42 的电路
		电缆断路	
00524	爆燃传感器（G61）无信号	在传感器电路内有电缆短路或断路	检查 G61 的电路
		G61 损坏	更换 G61
00525	氧传感器（G39）无信号	G39 损坏	检测燃油空气混合气比例传感器
		电缆断路	检查 G39 电路
	氧传感器（G39）对正极短路	G39 损坏	检查电缆或 G39 对正极短路的情况
		电缆对正极短路	
00532	供电电压信号过大	蓄电池电压大于 16.0V	检测发电机
	供电电压信号过小	蓄电池电压小于 10.0V	检测蓄电池
01249	气缸 1 的喷油器（N30）对正极短路	电缆或 N30 对正极短路	检查 N30 或 N30 的电缆，必要时更换 N30
	气缸 1 的喷油器（N30）对地断路/短路	电缆对地断路/短路	
		N30 损坏	

（4）故障存储器内容的消除

1）根据故障一览表寻找和清除打印出来的故障，这时显示器上显示：

```
Schnelle Datenübertragung          HELP
Funktion anwählen × ×
```

译成汉语为：

快速的数据传输	帮助
功能选择××	

2）输入“读取故障存储器”功能指令02，并按下<Q>键进行确认，这时显示器上将显示：

Schnelle Datenübertragung	HELP
Funktion anwählen××	

译成汉语为：

快速的数据传输	帮助
功能选择××	

3）按下<→>键，直到显示出所有的仍被存储的故障，输入“清除故障存储器”功能指令05，并且按下<Q>键进行确认，这时显示器上将显示：

Schnelle Datenübertragung	HELP
Funktion anwählen××	

译成汉语为：

快速的数据传输	帮助
功能选择××	

4）按下<→>键，显示器上将显示：

Schnelle Datenübertragung	HELP
Funktion anwählen××	

译成汉语为：

快速的数据传输	帮助
功能选择××	

5）输入“结束输出”功能指令06，并按下<Q>键进行确认。

6）重新试车并再次读取故障存储器，不得再有故障显示。

3. 注意事项

1）如果被监测的传感器或者组件出现故障，那么该故障及关于故障种类的说明将存储在故障存储器中，所存储的故障输出见故障显示器说明。

2）读取故障码并排除故障后，应急时清除故障码，否则再次使用自诊断系统进行故障诊断时，此次的故障会一并读出，影响自诊断系统的正常工作。

3）如果发动机故障是由临时电缆短路或者接触不良造成的，那么该故障也被存储，并将作为偶然故障“SP”显示。如果发动机经过40次起动后，故障未重复出现，那么存储的故障内容会被自动清除。

4）如果一个故障涉及氧传感器的功能，那么发动机至少运行4min后才可读取故障存储器的内容。

5）如果ECU供电电压被切断（ECU插头被拔下或蓄电池接线柱上的接线被拆下），那么故障存储器原来存储的内容即被清除。

4. 训练要求

能用解码器对电控燃油喷射系统故障进行正确诊断。

*训练3　无故障码的电控燃油喷射系统故障诊断

1. 训练准备

故障灯和相关车型解码器。

2. 诊断程序

（1）故障说明　电控燃油喷射系统的故障除用解码器诊断外，还可用故障灯诊断。故障灯的工作状态如下：

1）在发动机刚起动时，故障灯亮，显示故障灯系统工作正常，不表示发动机电控系统有故障。

2）在发动机运行一段时间或转速超过500r/min后，故障灯应熄灭，表示电控单元内无故障存储；如果故障灯不熄灭，那么表明电控单元已有故障存储，此时应调出故障码并予以排除。

3）在发动机运行中，如果故障灯亮，那么表明有传感器或执行机构发生故障，应急时调出故障码，排除故障。故障排除后，应清除故障码。

4）在汽车运行中，如果不再出现新故障，那么故障灯应显示熄灭状态。

（2）故障码的显示　不同车型，故障码的显示方法不同，并且故障码的调用、清除方法也不同。故障码的显示可用两位数字或四位数字表示。

1）通过仪表板故障灯闪烁次数显示故障码。

用故障灯显示两位数字的故障码如图5-22所示。开始调用故障码4，5s后故障灯开始闪烁，第一次连续闪烁的次数为十位数，间隔1.5s后第二次连续闪烁的次数为个位数。例如：先闪1次，后闪3次，则故障码为13。第一个故障码显示后，间隔2.5s，再显示第二个故障码。当有多个故障码时，故障灯将从小到大逐个显示全部故障码。存储的故障码全部显示完了，如果不停止调用操作，那么将从小到大再反复显示。

有些车型的控制系统，其两位数字的故障码，是由故障灯闪亮的时间来区分十

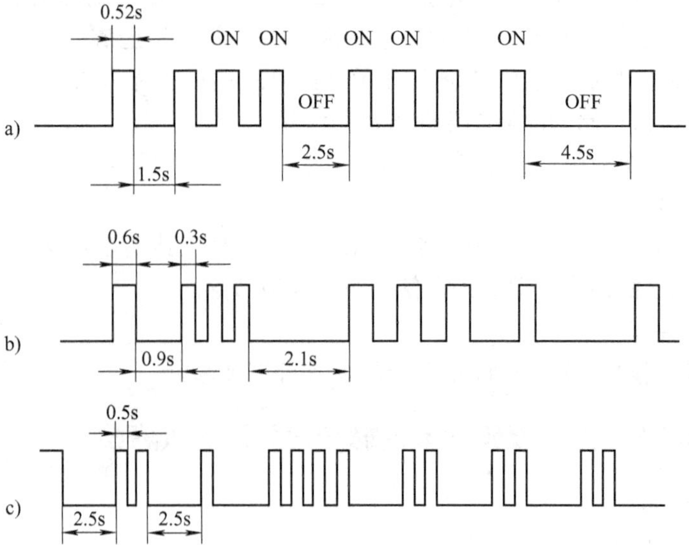

图 5-22　用故障灯显示两位数字的故障码

a)、b）两位数字显示故障码及重复显示　c）四位数字显示故障码

位数和个位数的，如图5-22b所示。故障码中十位数灯亮的时间为0.6s，个位数则为0.3s，十位数与个位数的间隔时间为0.9s。两个故障码之间的间隔时间为2.1s。图5-22c所示为奥迪轿车用四位数字显示的故障码2142。

2）通过电控单元故障检查灯显示故障码，如图5-23所示。有些车型的电控单元上装有红、绿两个发光二极管组成的故障检查灯及检查显示开关。显示故障码时，红色发光二极管先闪烁，闪烁的次数为故障码的十位数，绿色发光二极管后闪烁，闪烁的次数为故障码的个位数。

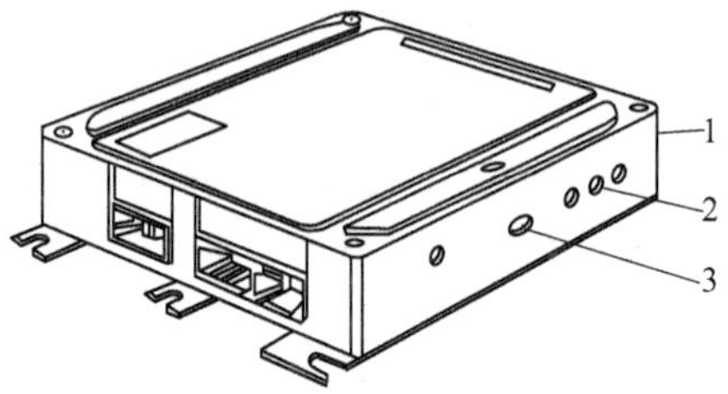

图 5-23　电控单元故障检查灯

1—电控单元　2—检查显示开关

3—故障检查灯

3）有些车型利用百分数或闭合角角度表从诊断插头上读取故障码，如图5-24所示。故障码由0～100%的百分数或用0°～90°的闭合角度表示。

（3）故障码的调取　车型不同，故障码的调取方法也不同。

1）通过仪表板上的故障灯调取故障码。该方法由操作人员根据故障灯闪烁的次数直接读取故障码，也称为手工调取故障码，如图5-25a所示。在控制系统中设有与电控单元相连的诊断插头。图5-25a所示诊断插头主要用于手工调取

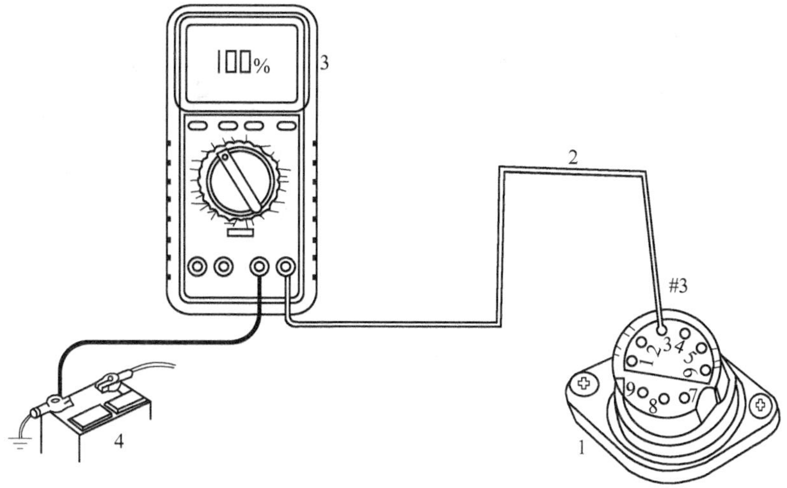

图 5-24 用百分数显示的故障码

1—诊断插头 2—连接线 3—百分表 4—蓄电池

故障码，一般装在发动机室内；图 5-25b 所示诊断插头主要用于解码器调取故障码，也可用于手工调取故障码，一般装在驾驶室仪表板下，丰田轿车一般采用这种方法。

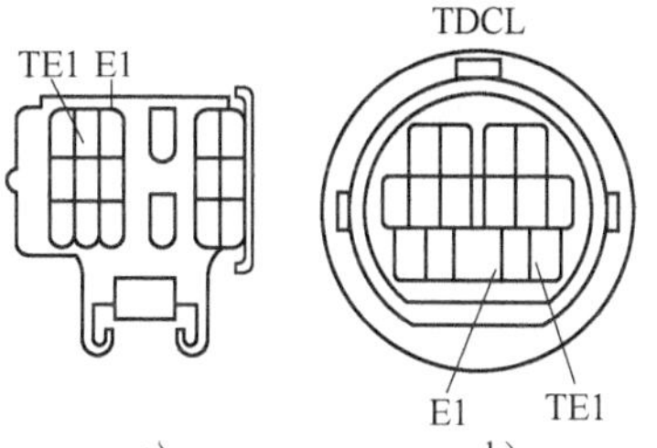

图 5-25 故障诊断插头

a）手工调取故障码用诊断插头 b）机器调取故障码用诊断插头

2）通过电控单元上的故障检测灯调取故障码。该方法由操作人员根据红、绿发光二极管闪烁的次数，直接读取故障码，称为手工调取故障码。日产汽车的一些车型采用这种方法。

3）用诊断插头和发光二极管调取故障码。图 5-26 所示为德国奔驰汽车的几种插头。诊断插头的各个插孔诊断的故障不同。

4）用解码器调取故障码。该方法既快捷又准确，因此使用广泛。

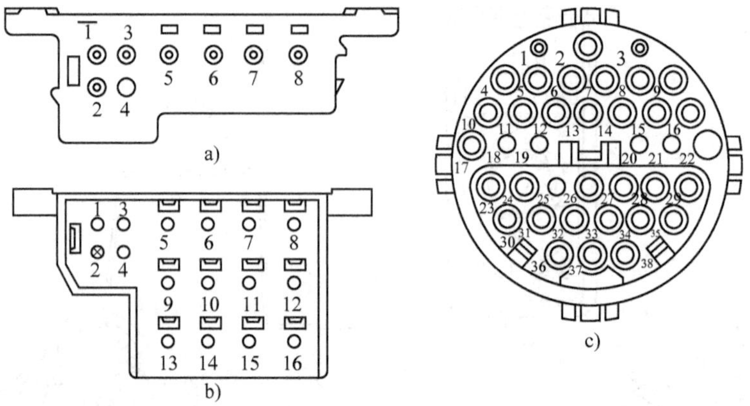

图5-26　奔驰汽车诊断插头

a）方形8孔　b）方形16孔　c）圆形38孔

3. 注意事项

1）点火开关只要一接通，无论发动机是否运行，都不可断开各主要用电设备，否则，会因线圈自感作用产生瞬时高压，损坏电控单元、传感器或其他电子组件。

2）如果电控系统发生故障，那么当故障灯亮时，应及时调取故障码，并排除故障。

3）除测试程序特殊指明外，不能用指针式万用表或欧姆表测试ECU或传感器，应用高阻抗的数字式万用表测试ECU或传感器。

4）在车身上进行电弧焊接时，应断开ECU电源；在靠近传感器的地方进行车身修理作业时，也应注意不要损坏传感器。

5）收录机扬声器应安装在远离ECU的位置，以免工作时产生的磁场及扬声器本身的磁场损坏ECU元器件。

6）在装有氧传感器的空燃比反馈控制系统中，必须使用无铅汽油，否则，会损坏氧传感器。

4. 训练要求

除解码器外，会用故障灯等其他方法诊断电控燃油喷射系统的故障。

复习思考题

1. 简述发动机综合性能检测仪的功能和构造。
2. 曲轴主轴承异响的特征有哪些？
3. 活塞销异响的特征有哪些？

4. 活塞敲缸异响的特征有哪些?
5. 连杆轴承异响的特征有哪些?
6. 气门异响的特征有哪些?
7. 示波器的功能与组成如何?
8. 在进行电控汽油发动机故障诊断时，应注意哪些事项?
9. 利用标准并列波形可诊断哪些故障?
10. 用解码器诊断电控燃油喷射系统时，应注意哪些事项?
11. 用故障灯诊断电控燃油喷射系统时，应注意哪些事项?

第六章

诊断汽车底盘疑难故障

培训学习目标 了解转向轮定位原理和工作原理、电控动力转向组成和工作原理及防抱死制动系统的组成和工作原理；掌握自动变速器故障诊断步骤、转向轮定位的检测原理、电控动力转向故障诊断程序及防抱死制动系统故障诊断程序；了解车辆识别代号编码的相关知识及汽车综合性能检测站的相关知识；掌握电控巡航系统和电控悬架系统故障诊断程序。

第一节 诊断汽车底盘疑难故障必备的专业知识

一、车辆识别代号编码的相关知识

1. 用途

目前，世界各国汽车公司生产的汽车都使用了 VIN（Vehicle Identification Number）车辆识别代号编码。

VIN 车辆识别代号编码由一组字母和阿拉伯数字组成，共 17 位，所以又称为 17 位识别代号编码。它是识别一辆汽车不可缺少的工具。

VIN 车辆识别代号编码的每位代码代表着汽车某一方面的信息参数。按照识别代号编码顺序，从 VIN 中可以识别出该车的生产国别、制造公司或生产厂家、车辆类型、品牌名称、车型系列、车身形式、发动机型号、车型年款（属于哪年生产的）、安全防护装置型号、检验数字、装配工厂名称和出厂顺序号码等。

VIN 车辆识别代号编码经过排列组合，可以使同一车型生产在 30 年之内不会发生重号现象，就像我们的身份证号码一样，不会产生重号错认，故又称为

“汽车身份证”。

各国机动车辆管理部门办理牌照时可以将其输入计算机存储，以备需要时调用，如处理交通事故、保险索赔、查获被盗车辆、报案等。有的国家不准进口没有17位车辆识别代号编码的汽车，有些国家的客户不能购买没有17位车辆识别代号编码的汽车。

汽车修理逐步实行计算机管理和故障分析诊断，所以在各种测试仪表和维修设备中都存储有17位车辆识别代号编码VIN的数据，作为修理的依据。17位车辆识别代号编码在汽车配件经营管理上也起着重要作用，在查找零件目录中的汽车零件号之前，首先要确认17位车辆识别代号编码的车型年款，否则会产生误购、错装等现象。

VIN车辆识别代号编码一般以标牌的形式，装贴在汽车的不同部位。利用VIN车辆识别代号编码还可以鉴别出拼装车、走私车，因为拼装的进口汽车一般不是按VIN规定进行组装的。

2. 基本内容

VIN车辆识别代号编码由三个部分组成：第一部分，世界制造厂识别代号（WMI）；第二部分，车辆说明部分（VDS）；第三部分，车辆指示部分（VIS）。

VIN识别代号编码表示为

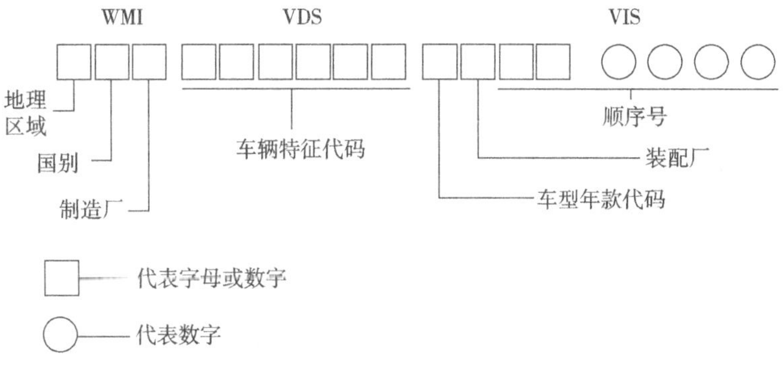

（1）第一部分　世界制造厂识别代号。国际标准化组织按地理区域给世界各国制造厂分配识别代号，各国再将分得的识别代号分配给本国的制造厂。

世界制造厂识别代号由三位字码组成。第一位字码标明一个地理区域的字母或数字，如1～5代表北美洲，6和7代表大洋洲，8、9和0代表南美洲，A～H代表非洲，J～R代表亚洲，S～Z代表欧洲。第二位字码标明一个特定地区内的一个国家的字母或数字。第一、二位字码的组合将能保证国家识别标志的唯一性。第三位字码由国家机构指定一个字码来标明某个特定的制造厂。三位字码的组合能保证制造厂识别标志的唯一性。

(2) 第二部分　车辆说明部分，由六位字码组成，表示车辆的类型和配置，其代号顺序由制造厂决定。该部分包括的信息有：汽车系列、动力系统（如发动机型号、变速器形式）、车身形式、约束系统配置（安全气囊、安全带）、检验位（为第9位，用0~9或X表示）。

(3) 第三部分　车辆指示部分，由八位字码组成，是制造厂为了区别每辆汽车而制订的一组字符。该部分包括的信息有：车型年代、装配厂（用字母或数字表示，若无装配厂，则可规定其他的内容）、生产顺序号（最后6位，一般为数字）。

3. 车辆识别代号编码举例

(1) 中国第一汽车集团公司车辆识别代号编码中各代码（号）内容的含义、规范及其编制规则　中国第一汽车集团公司生产的某一辆红旗牌轿车车辆识别代号编码举例如下：

L	F	P	H	4	A	C	B	4	1	1	C	0	2	0	1	0
①	②	③	④	⑤	⑥	⑦	⑧	⑨	⑩	⑪	⑫	⑬	⑭	⑮	⑯	⑰

其中，第①~③位为汽车生产国别、工厂代码，如LFP代表中国一汽轿车股份有限公司生产；第④位为汽车辆品牌系列代码，如H代表红旗牌；第⑤位为发动机排量代码，如4代表四缸1.8L（CA7180系列）；第⑥位为发动机气缸数配置代码，如A代表四缸直列式发动机（CA7202系列），B代表V型8缸（V8）发动机（CA7460系列）；第⑦位为汽车车身类型代码，如C代表三厢四门式车身（折背式CA7202系列）；第⑧位为乘员安全保护装置代码，如B代表手动安全带和驾驶人气囊；第⑨位为工厂检验数字代码，用数字0~9或X表示；第⑩位为汽车生产年款（生产年份）代码，见表6-1；第⑪位为汽车装配工厂代码，如1代表一汽轿车股份有限公司；第⑫位为汽车生产线代码，如C代表直属总装生产线；第⑬~⑰位为汽车生产顺序号代码。

(2) 德国大众（VOLKSWAGEN）汽车公司车辆识别代号编码中各代码内容的含义、规范及其编制规则　德国大众汽车公司生产的某一辆轿车车辆识别代号编码举例如下：

W	V	W	D	B	4	5	0	5	L	K	0	0	5	6	7	8
①	②	③	④	⑤	⑥	⑦	⑧	⑨	⑩	⑪	⑫	⑬	⑭	⑮	⑯	⑰

其中，第①位为汽车生产国家代码，如W代表德国；第②位为汽车制造工厂代码，如V代表大众汽车公司；第③位为汽车种类代码，如W代表轿车，MPV代表多用途汽车；第④位为车型系列代码，如D代表两门旅行轿车；第⑤

位为发动机型号系列代码，如B代表四缸60/66/75/77/90kW汽油机；第⑥位为乘员安全防护系统代码，如4代表主动式安全带；第⑦、⑧位为车型系列代码，如50代表Corraolo（1990—1995），1G代表Glof（高尔夫），9M代表新捷达（1999—2003）；第⑨位为工厂内部检验数字代码，用数字0～9或X表示；第⑩位为汽车生产年款代码，如L代表1990；第⑪位为装配工厂代码，如K代表奥斯纳布鲁克；第⑫～⑰位为工厂生产顺序号代码。

表6-1　汽车生产年款（生产年份）代码

年份	代码	年份	代码	年份	代码	年份	代码
1971	1	1981	B	1991	M	2001	1
1972	2	1982	C	1992	N	2002	2
1973	3	1983	D	1993	P	2003	3
1974	4	1984	E	1994	R	2004	4
1975	5	1985	F	1995	S	2005	5
1976	6	1986	G	1996	T	2006	6
1977	7	1987	H	1997	V	2007	7
1978	8	1988	J	1998	W	2008	8
1979	9	1989	K	1999	X	2009	9
1980	A	1990	L	2000	Y	2010	A

二、自动变速器故障诊断步骤与参数

1. 自动变速器故障诊断步骤

1）进行自动变速器的基本检查，即检查自动变速器的油位是否合适，油质是否合格，自动变速器是否漏油，变速器联动机构及发动机工作状况是否正常等。排除以上自动变速器故障后，再进行下一步的诊断。

2）通过手动换挡试验来判断故障是由电子控制系统引起的还是由机械和液压系统引起的。

3）再通过机械试验来区分故障是机械系统造成的还是液压系统造成的。

4）最后，采用不同的诊断方法来确定不同系统的具体故障部位。

2. 典型自动变速器电控系统诊断参数简介

1）丰田A341E型和A342E型自动变速器故障码见表6-2。

表 6-2 丰田 A341E 型和 A342E 型自动变速器故障码

故障码	故障现象	故障部件
42	1号车轮转速传感器线路有短路或断路现象	1号车速传感器、1号车速传感器线路、电控单元
46	4号电磁阀电路有开路或短路现象	4号电磁阀、4号电磁阀电路、电控单元
61	2号车轮转速传感器信号电路有短路或断路现象	2号车轮转速传感器、2号车轮转速传感器线路、电控单元
62	1号电磁阀线圈有电路短路或断路现象	1号电磁阀、1号电磁阀线束或插接器、电控单元
63	2号电磁阀线圈有电路短路或断路现象	2号电磁阀、2号电磁阀线束或插接器、电控单元
64	3号电磁阀线圈有电路短路或断路现象	3号电磁阀、3号电磁阀线束或插接器、电控单元
67	O/D位转速传感器信号不良	O/D位离合器转速传感器、O/D位离合器转速传感器线束与插接器、O/D位线束或插接器、电控单元
68	自动跳合开关短路	自动跳合开关、自动跳合开关线束与插接器、电控单元

2）一汽宝来轿车自动变速器故障码见表 6-3。

表 6-3 一汽宝来轿车自动变速器故障码

V. A. G1551 打印机输出	故障原因	故障排除
没有发现故障	—	—
00258 电磁阀1（N88）： 断路 短路 对地断/短路 正极短路	导线断路或短路 电磁阀1（N88）损坏	按电路图检查导线和插头连接情况 读取测量数据块
00260 电磁阀2（N89）： 断路 短路 对地断/短路 正极短路	导线断路或短路 电磁阀2（N89）损坏	按电路图检查导线和插头连接情况 读取测量数据块

（续）

V. A. G1551 打印机输出	故 障 原 因	故 障 排 除
00262 电磁阀 3（N90）： 断路 短路 对地断/短路 正极短路	导线断路或短路 电磁阀 3（N90）损坏	按电路图检查导线和插头连接情况 读取测量数据块
00264 电磁阀 4（N91）： 断路 短路 对地断/短路 正极短路	导线断路或短路 电磁阀 4（N91）损坏	按电路图检查导线和插头连接情况 读取测量数据块
00266 电磁阀 5（N92）： 断路 短路 对地断/短路 正极短路	导线断路或短路 电磁阀 5（N92）损坏	按电路图检查导线和插头连接情况 读取测量数据块
00268 电磁阀 6（N93）： 断路 短路 对地断/短路 正极短路	导线断路或短路 电磁阀 6（N93）损坏	按电路图检查导线和插头连接情况 读取测量数据块
00270 电磁阀 7（N94）： 断路 短路 对地断/短路 正极短路	导线断路或短路 电磁阀 7（N94）损坏	按电路图检查导线和插头连接情况 读取测量数据块
00281 车速传感器（G68）： 无信号	导线断路 车速传感器（G68）损坏	读取测量数据块
00293 多功能开关（F125）： 开关状态不稳定	导线断路 多功能开关（F125）失效	首先检查多功能开关插头是否腐蚀或进水，必要时更换 读取测量数据块

（续）

V. A. G1551 打印机输出	故障原因	故障排除
00297 变速转速器传感器(G38)： 无信号 不真实信号	导线断路 变速器转速传感器（G38）失效 如果控制单元识别到不真实信号，应对变速器转速传感器(G38）和车速传感器（G68）进行调整	首先检查多功能开关插头是否腐蚀或进水，必要时更换 进行电器检测
00300 变速器油温传感器(G93)： 无法识别故障类型	导线断路 变速器油温传感器（G93）失效	首先检查多功能开关插头是否腐蚀或进水，必要时更换 如果电磁阀显示有故障，那么要特别注意变速器传输线/阀体和线束间的10孔插头连接情况 读取测量数据块
00518 节气门电位计（G69）： 信号超出允许值	导线短路或断路 发动机电控单元或节气门电位计（G69）、节气门、加速踏板位置传感器（G79）失效	阅读节气门电位计相关内容： 如果显示故障，那么发动机电控单元自诊断必须被执行。当显示故障码00638或01314时，这些故障必须先被排除 读取测量数据块
00529 无车速信号	导线断路	当显示故障码01312或者01314时，下面的工作必须进行： 根据电路图检查线束或者插头，包括数据总线 读取测量数据块 检查发动机电控单元
00532 电源电压	蓄电池损坏 整流器电压过低	检查蓄电池电压 读取测量数据块
00545 发动机/变速器电气连接： 短路 断路 对地断路	导线断路或短路 发动机/变速器电控单元未接上 发动机和变速器电控单元之间的点火正时信号没有传输或传输错误	当显示故障码01312或者01314时，下面工作必须进行： 根据电路图检查线束或插头，包括数据总线 读取测量数据总线 检查发动机电控单元 进行基本设定

（续）

V. A. G1551 打印机输出	故 障 原 因	故 障 排 除
00638 发动机/变速器电气连接： 无信号	导线短路或者断路 发动机/变速器无连接 节气门信号没有传输到变速器电控单元	当显示故障码 01312 或者 01314 时，下面工作必须进行： 读取测量数据块，包括数据总线 检查发动机电控单元 进行基本设定
00641 自动变速器油温： 信号太强 没有故障发现	自动变速器油温最高为 148℃，若油温太高，则变速器应降到相应的低挡 轿车负荷太大 自动变速器油油位不正常 自动变速器油温传感器失效	检查自动变速器油油位 检查数据总线 更换数据总线
00652 挡位监控： 不可靠信号	电气/液压故障 离合器或者阀体损坏	读取测量数据块，并在行驶中确定哪一挡有故障
00660 强制低挡开关/节气门电位计： 不可靠信息	线束断路 节气门电位计（G69）损坏 强制低挡开关（F8）失效	根据电路图检查线束或插头 当显示故障码 01312 或者 01314 时，下面工作必须进行： 排除节气门电位计故障 读取测量数据块
01192 变矩器锁止离合器： 机械故障	变矩器锁止离合器打滑，阀体失效	检查变矩器锁止离合器 读取测量数据块
01236 操纵手柄锁止离合器（N110）： 断路/对地短路	导线断路或者对地短路 操纵手柄锁止离合器（N110）损坏	读取测量数据块
01312 数据总线： 损坏、无连接	数据总线线束/插头损坏	根据电路图检查数据总线线束和插头
01314 发动机电控单元无连接	数据总线线束/插头损坏 发动机系统故障	根据电路图检查数据总线导线和插头 检查发动机电控单元
65535 自动变速器电控单元损坏	电控单元（J217）损坏	更换电控单元（J217）

三、转向轮的定位原理、检测和调整

1. 转向轮的定位（包括四轮定位）及工作原理

为了保持汽车直线行驶的稳定性、转向的轻便性和减小轮胎与机件间的磨损，转向轮、转向节和前轴三者之间与车架必须保持一定的相对位置。这种具有一定相对位置的安装称为转向轮定位（也称为前轮定位）。转向轮定位包括主销后倾、主销内倾、前轮外倾及前轮前束。

（1）主销后倾　主销装在前轴上后，在纵向平面内，其上端略向后倾斜，这种现象称为主销后倾。在纵向垂直平面内，主销轴线与垂线之间的夹角 γ 叫主销后倾角，如图 6-1 所示。

主销后倾后，它的轴线与路面的交点 a 位于车轮与路面接触前进方向点 b 之前，这样 b 点到 a 点之间就有一段垂直距离 l。当汽车转弯时（图 6-1 中所示向右转弯），汽车产生的离心力将引起路面对车轮的侧向反作用力 F，F 通过 b 点作用于轮胎上，形成了绕主销的稳定力矩 $M=Fl$。其作用方向正好与车轮偏转方向相反，使车轮具有恢复到原来中间位置的趋势。即使在汽车直线行驶过程中偶尔遇到阻力使车轮偏转时，也有此种作用。由此可见，主销后倾能保持汽车直线行驶的稳定性，并力图使转弯后的前轮自动回正。后倾角越大，车速越高，前轮的稳定性越强，但后倾角过大会造成转向盘沉重，一般 $\gamma<3°$。有些轿车和客车的轮胎气压较低，弹性较大，行驶时由于轮胎与地面的接触面中心向后移动，引起稳定力矩增加，故后倾角可以减小到接近于零，甚至为负值（即主销前倾）。

（2）主销内倾　主销安装到前轴上后，在横向平面内，其上端略向内倾斜，这种现象称为主销内倾。在横向垂直平面内，主销轴线与垂线之间的夹角 β 叫主销内倾角，如图 6-2 所示。

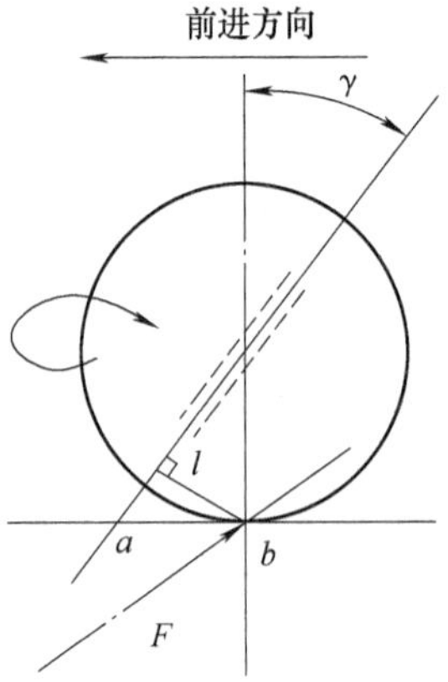

图 6-1　主销后倾示意图

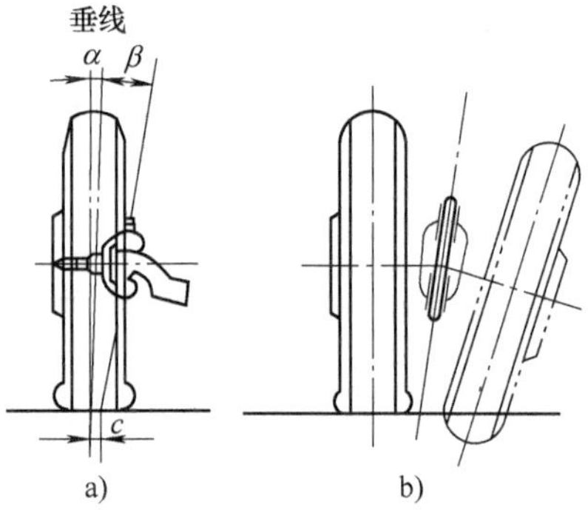

图 6-2　主销内倾示意图

主销内倾后，主销轴线的延长线与地面交点到车轮中心平面与地面交线的距离 c 减小（见图6-2a），从而可减小转向时驾驶人加在转向盘上的力，使转向操纵轻便，也可减少从转向轮传到转向盘上的冲击力。与此同时，当车轮转向或偏转时，车轮有向下陷入地平面的倾向（见图6-2b），但事实上这是不可能的，而只能使转向轮连同整个汽车前部向上抬起一个相应的高度，这样在汽车本身重力的作用下，迫使车轮自动回到原来的中间位置。由此可见，主销内倾的作用是使前轮自动回正，转向轻便。主销内倾角越大或前轮转角越大，则汽车前部抬起就越高，前轮的自动回正作用就越明显，但转向时转动方向盘费力，转向轮的轮胎磨损增加。一般主销内倾角控制在5°～8°之间。

（3）前轮外倾　前轮安装在车轮上，其旋转平面上方相对于纵向平面略向外倾斜，这种现象称为前轮外倾。前轮旋转平面与纵向垂直平面之间的夹角 α 称为前轮外倾角，如图 6-2a 所示。

前轮外倾的作用在于提高前轮工作的安全性和操纵轻便性。由于主销与衬套之间以及轮毂与轴承等处都存在间隙，若空车时车轮垂直地面，则满载后，车桥将因承载而变形，可能会出现车轮内倾，这样将会加速汽车轮胎的磨损。另外，路面对车轮的垂直反作用力沿轮毂的轴向分力将使轮毂压向轮毂外端的小轴承，这样就加重了外端小轴承及轮胎螺母的负荷，严重时使车轮脱出。因此，为了使轮胎磨损均匀和减轻轮毂外轴承的负荷，安装车轮时预先使车轮有一定的外倾角，以防止车轮出现内倾。同时，车轮有了外倾角也可以与拱形路面相适应。前轮外倾角大虽然对安全和操纵有利，但是过大的外倾角将使轮胎横向偏磨增加，油耗增多。一般前轮外倾角为1°左右。

（4）前轮前束　汽车两个前轮安装后，在通过车轮轴线与地面平行的平面内，两车轮前端略向内束，这种现象称为前轮前束。左右两车轮间后方距离 A 与前方距离 B 之差（$A-B$）称为前轮前束值，如图6-3所示。

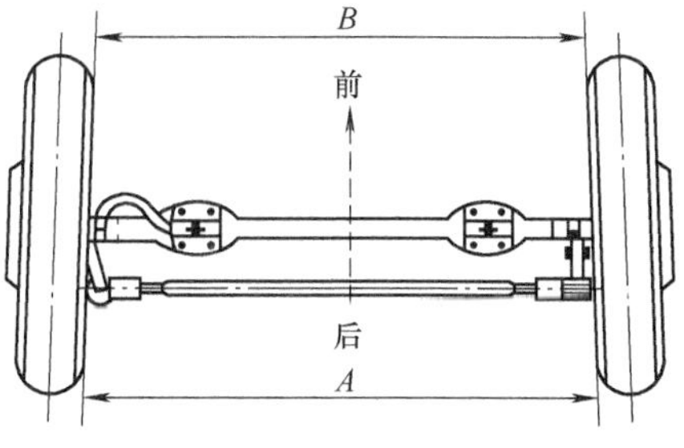

图 6-3　前轮前束（俯视图）

前轮前束的作用是消除汽车行驶过程中因前轮外倾而使两前轮前端向外张开的不利影响。由于前轮外倾，当车轮在地面上纯滚动时，车轮将向外侧方向运动。实际上装在汽车上的两个前轮只能向正前方滚动，当两车轮具有前束时，两车轮在向前滚动时会产生向内侧的滑动。这样，由车轮外倾使两前轮产生的滑动方向与前轮前束使两前轮产生的滑动方向相反，可以互相抵消，从而使两前轮基本上是纯滚动而无滑动地向前运动。此外，前轮前束还可以抵消滚动阻力造成的使两前轮前部向外张开的作用，使两前轮基本上是平行地向前滚动。

前轮前束可通过改变横拉杆的长度来调整。调整时，可根据各厂家规定的测量位置，使两轮前后距离差符合规定。测量位置除图6-3所示的位置外，还可取两车轮钢圈内侧面处的前后差值，也可以取两轮胎中心平面处的前后差值。一般前束值为0～12mm。几种车型转向轮定位数据见表6-4。

表6-4　几种车型转向轮定位数据

车　　型	主销后倾角	主销内倾角	车轮外倾角	前轮前束值/mm
一汽奥迪100	50′±40′	14°10′	0°±30′	−1.6
上海桑塔纳2000	1°30′±30′	—	−15′±15′	0～1.6
丰田CORONA2000	−1°～0°	7°20′	−5′～−55′	3～5
皇冠RS60L—Yb	45′±15′	7°20′	25′±30′	1～4
蓝鸟1.6XBLU11D	1°15′～2°45′	13°15′～14°15′	15′～1°5′	1～3
一汽捷达	1°30±30′	14°	−30′±20′	0～10
凌志LS400（空气悬架）	9°50′±45′	8°40′±45′（转向轴线倾斜角）	0°5′±45′	2±2
富康	0°30′±40′	10°45′±40′	0°30′±30′	−2～0
一汽红旗CA7220	1°10′	14°10′	−0°30′±30′	0^{+5}_{-10}

（5）四轮定位　随着汽车车速的不断提高，为了满足高速下稳定性和舒适性的要求，有的轿车后轮也有了定位的内容，即采用四轮定位。后轮定位的内容主要包括后轮外倾与后轮前束。其作用原理同前轮定位，目的是为了使车轮在路面上作纯滚动，使前后轮胎行驶轨迹重合。一汽红旗CA7220型、奥迪100、奥迪200、上海桑塔纳2000、二汽富康及日本凌志LS400等轿车均采用了四轮定位。

2. 转向轮定位的检测和调整

转向轮定位的检测，常采用静态检测法，即在汽车停驶状况下，用测量仪器对转向轮定位的几个参数进行测量。目前，常用的检测仪器有光束水准车轮定位仪和便携式水准车轮定位仪。

光束水准车轮定位仪由一套水准仪、两套聚光器、两套支架（见图6-4）、两套转盘（见图6-5）、两套杆尺、两套标杆和一个制动踏板抵压器组成，适用于检测大、中、小型汽车；便携式水准车轮定位仪由水准仪和转盘组成，只适用于检测小型汽车。水准车轮定位仪有插销式水准车轮定位仪和永久磁铁式水准车轮定位仪两种，如图6-6和图6-7所示。

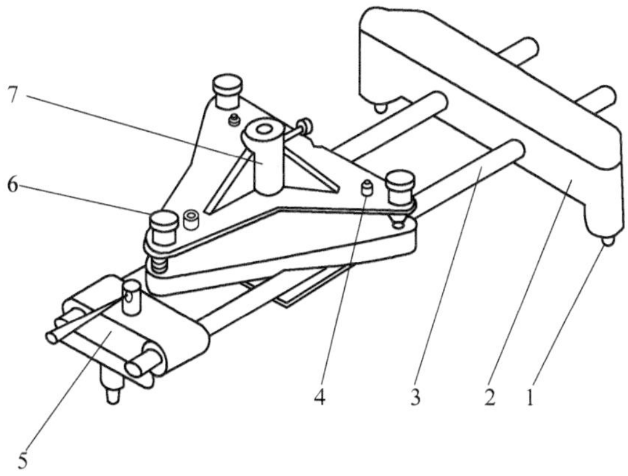

图 6-4　支架

1—支架固定脚　2—固定支架　3—导轨　4—定位螺栓、螺母

5—活动支架　6—调节螺钉　7—调整支座

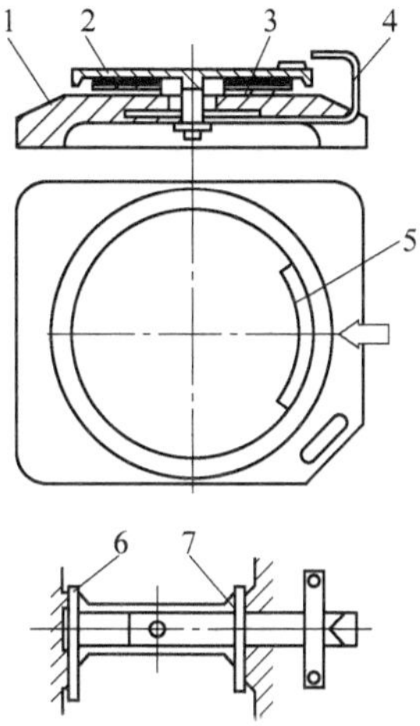

图 6-5　转盘的结构

1—底盘　2—上转盘　3—钢球

4—指针　5—刻度尺

6—横向导轨　7—纵向导轨

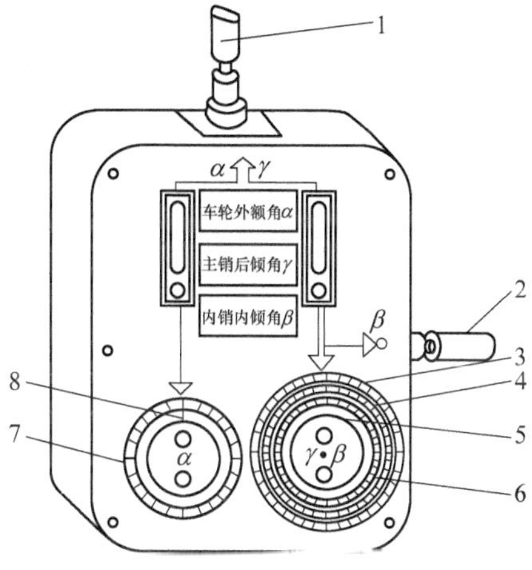

图 6-6　插销式水准车轮定位仪

1—测“α”、“γ”插销　2—测“β”插销

3—测“γ”刻度盘　4—测左轮“β”刻度盘

5—测“γ”、“β”表盘指针　6—测右轮“β”刻度盘

7—测“α”刻度盘　8—测“α”表盘指针

（1）主销后倾角（γ）的测量　主销后倾角不能直接测量，可通过转向轮绕主销转动一定角度时的几何关系间接测量。通常先把转向轮向外转 20°，回正后再向内转 20°，由于主销后倾角的存在，转向节轴线与水平面的夹角会发生变化，该变化值即可间接反映主销后倾角的大小。其测量步骤如下：

1）将汽车转向轮置于转盘上，使车轮处于直线行驶方向，并使转向轮主销

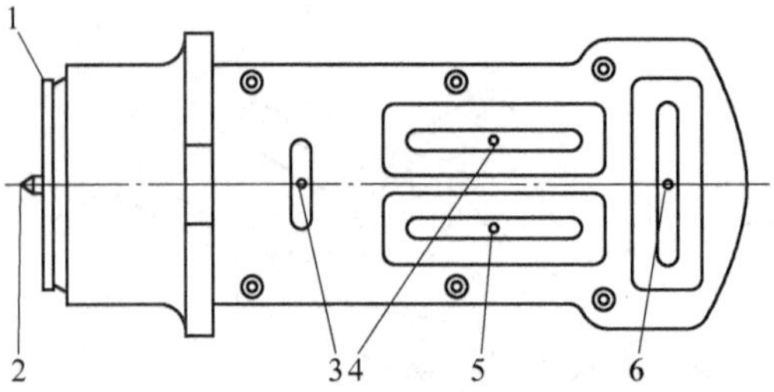

图6-7　永久磁铁式水准车轮定位仪

1—永久磁铁　2—定位针　3—水平校正水泡管　4—主销后倾角测量水泡管
5—车轮外倾角测量水泡管　6—主销内倾角测量水泡管

轴线的延长线通过转盘中心，拉紧驻车制动器，取下转盘销。

2）把测“α”、“γ”的插销插入支架座孔，使车轮外转20°，松开锁紧螺钉，使水准仪在垂直于“α”、“γ”插销的方向上处于水平状态后拧紧。

3）转动“γ”、“β”调节盘，使其指示红线与蓝、红、黄刻度盘零线重合。

4）调整气泡管调节旋钮，使其中的气泡处于中间位置。

5）使转向轮向内旋转40°，调节“γ”、“β”调节盘，使水准仪气泡回到中间位置，指示红线所指蓝盘上的读数即为主销后倾角的测量结果。

（2）主销内倾角（β）的测量　主销内倾角是通过测量转向轮绕主销转动过程中转动平面的角位移而间接测量的。其测量步骤如下：

1）将汽车转向轮置于转盘上，取下转盘销。

2）用制动踏板低压器压下制动踏板。

3）把水准仪的“β”插销插入支架座孔中并紧固。

4）将转向轮向外旋转20°，松开锁紧螺钉，使水准仪在垂直于“β”插销的方向上处于水平状态后拧紧，然后转动“γ”、“β”调节盘，使其指示红线与蓝、红、黄刻度盘上的零线重合。

5）使转向轮向内旋转40°，调节“γ”、“β”调节盘，使水准仪气泡回到中间位置，指示红线在红刻度盘（测右转向轮）或黄刻度盘（测左转向轮）上所指示的数值，即为主销内倾角的测量值。

（3）车轮外倾角（α）的测量　车轮外倾角可直接测量。当转向轮处于直线行驶位置时，通过支架垂直于转向轮旋转平面安装的水准仪上的测外倾角气泡管，亦与该旋转平面垂直。此时，气泡管与水平面的夹角与外倾角相等，气泡管中的水泡偏移向车轮一侧。把气泡管置于水平位置，气泡位移量和角度调节量即反映了外倾角的大小。其测量过程为：首先将水准仪上的测“α”、“γ”插销插入支架座孔，并使水准仪在垂直于该插销的方向上近似水平，然后拧紧锁紧螺钉，把水准仪固定于支架上。此时，水准仪气泡将偏离中间位置，调节“α”调节盘，直到水平仪气泡处于中间位置，其“α”调节盘上红线所示角度值即为该转向轮的外倾角。

（4）前轮前束的检测

1）将汽车转向轮置于转盘上，取下转盘锁止销，拉紧驻车制动器。

2）在转向轮上安装支架，把聚光器固定在车架上。

3）确定直线行驶位置。将聚光器光束水平投向后轮轴线与后轴垂直且相对于汽车总轴线对称放置的三脚架标尺，调节焦距，在标尺上显现出带缺口扇形图像（见图 6-8），如果两侧缺口所指数值相等，那么汽车处于直线行驶状态，否则，应转动转向盘调整，如图 6-9 所示。

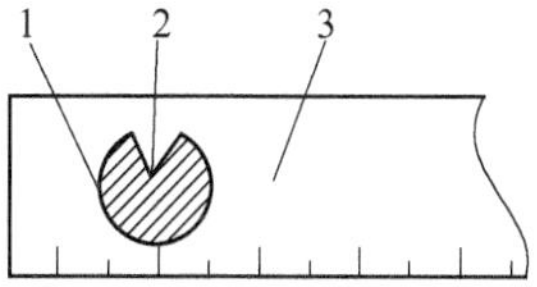

图 6-8　光束在标尺上的投影
1—光束　2—指针　3—标尺

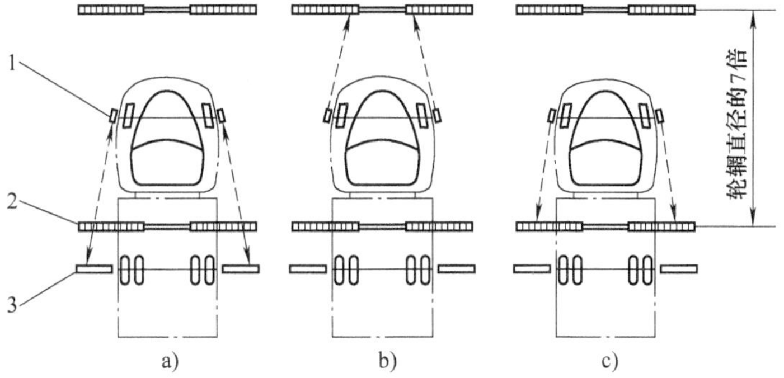

图 6-9　前轮前束的测量
a）确定直线行驶位置　b）、c）测量前束
1—聚光器　2—标杆　3—标尺

4）顶起转向桥，使两个转向轮离开转盘而能自由转动。

5）将两套标杆平行于转向轴放置于两侧，每一标杆距转向轮中心的距离为转向轮上规定前束测量点处半径的 7 倍。

6）将一侧聚光器光束投向前标杆，并移动标杆使之指向一个整数。移动转向轮使光束投向后标杆，同样使之指向同一个整数。然后，使另一侧聚光器光束分别投向前、后标杆，并记录所指数字，后标杆数字与前标杆数字之差即为该车前束值。

（5）四轮定位的检测　四轮定位可用四轮定位仪（见图 6-10）检测。

四轮定位检测的项目除了前轮定位的相应项目外，还包括后轮的外倾角和后

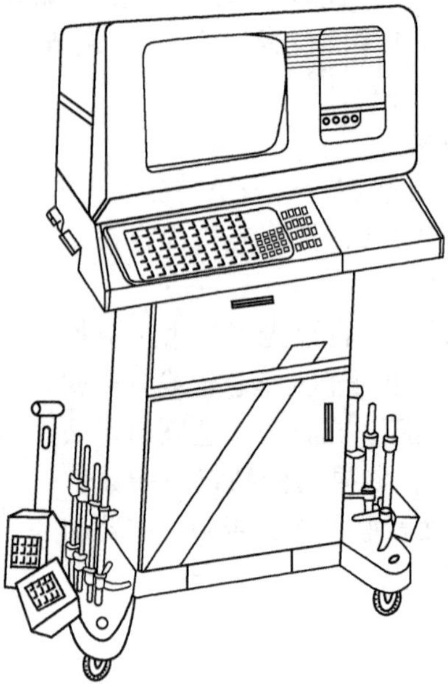

图 6-10　四轮定位仪外形图

轮的前束值。

通过安装在后车轮上的光敏晶体管式传感器，不仅可检测后轮的前束值，还可检测后轴的推力角。

1）后轮前束值的测量。安装在后轮上的传感器（又称为定位校正头）均有发射光线和接受光线的功能，利用光线发射和接收刚好能形成图 6-11 所示的四边形。传感器的受光平面上等距离地排列有一排光敏晶体管，当不同位置上的光敏晶体管受到光线照射时，所发出的电信号即可代表后轮前束值和左右轮轴距差。

后轮前束值的测量原理如图 6-12 所示。当左、右后轮存在前束时，左后轮

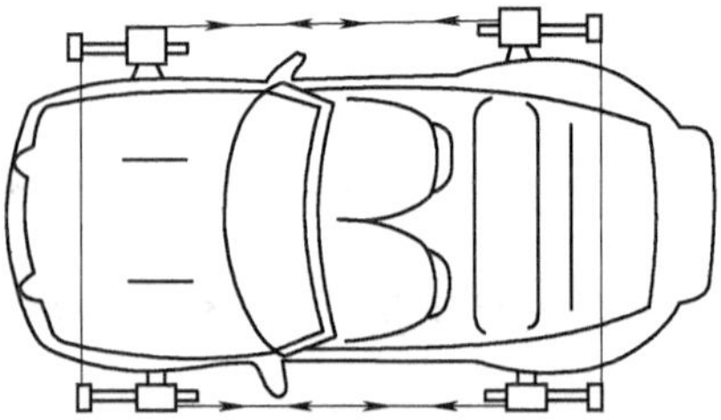

图 6-11　8 束光线形成的封闭四边形

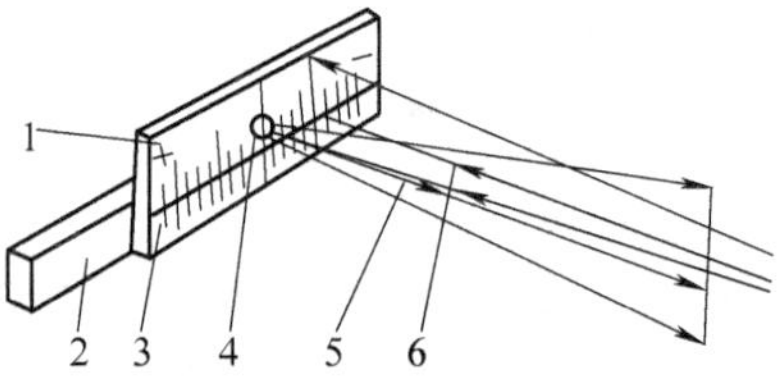

图 6-12　后轮前束值的测量原理

1—刻度板　2—投射器支臂　3—光敏晶体管
4—激光器　5—投射激光束　6—接收激光束

传感器上接收到的光束位置相对于原来的零点有一偏差值，该值表示右后轮的前束值；同理，右后轮传感器上接收到的光束位置相对于原来零点的偏差值，表示左后轮的前束值。

2）推力角的测量。后轴中心线与汽车纵向对称线的夹角称为推力角。推力角是一个故障状态参数。推力角过大将导致轮胎异常磨损，严重时会发生后轴侧滑和甩尾等危险情况。

推力角的测量原理如图 6-13 所示。当两条光束夹角不重合时，说明推力角不为零；当前后轴同侧车轮上的传感器发射和接收的光束重合时，表明推力角为零。因此，可用安装在汽车前轮上的传感器接收到的后轮传感器所发射的光束相对于零点位置的偏差值检测汽车推力角的大小。

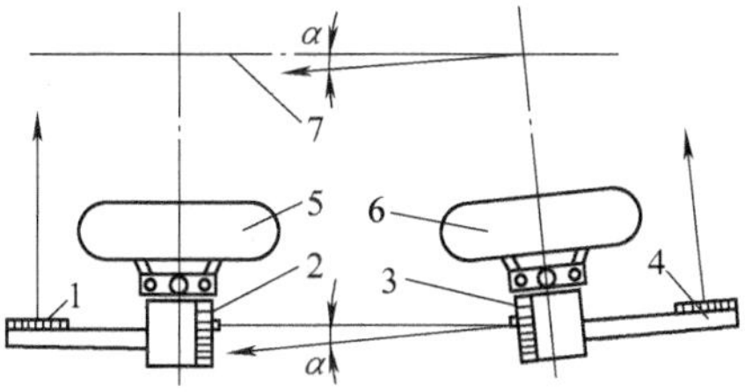

图 6-13 推力角的测量原理

1～4—光线接收器 5—转向轮 6—后轮 7—汽车纵轴线 α—推力角

四、电动助力转向系统

1. 系统的组成

近年来随着计算机在汽车上的广泛应用，出现了电动助力转向系统（Electronic Power Steering，简称 EPS）。

EPS 一般由转矩传感器、车速传感器、电控单元、电动机和电磁离合器等组成，如图 6-14 所示。

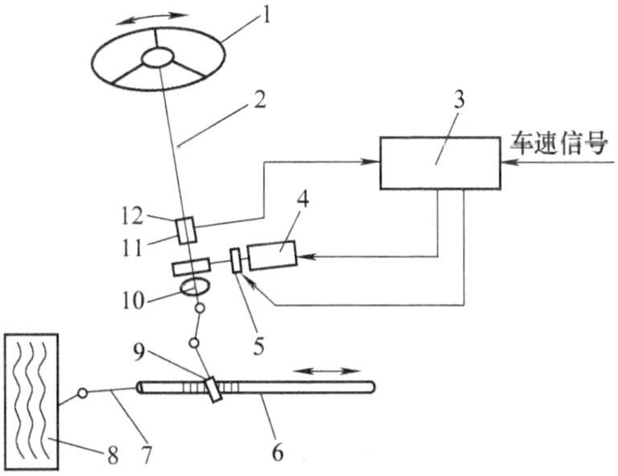

图 6-14 EPS 的组成

1—转向盘 2—转向轴 3—电控单元 4—电动机 5—电磁离合器 6—转向齿条 7—转向横拉杆 8—转向轮 9—输出轴 10—扭力杆 11—转矩传感器 12—转向齿轮

2. EPS的工作原理

EPS利用电动机作为动力源，根据车速和转向等参数，由电控单元完成动力控制。其工作原理为：当操纵转向盘时，装在转向盘轴上的转矩传感器不断地测出转向轴上的转矩信号，该信号与车速信号同时输送到电控单元；电控单元根据这些输入信号，确定转向助力的大小和方向，即选定电动机的电流和转向，调整转向助力的大小；电动机的转矩由电磁离合器通过减速机构降速增扭后，加在转向器的输出轴上，使转向器得到一个和汽车运行工况相适应的输出力矩。

五、防抱死制动系统

1. 防抱死制动系统的组成

防抱死制动系统（ABS）主要由安装在车轮上的车轮转速传感器、液压调节器和电控单元等组成，如图6-15所示。

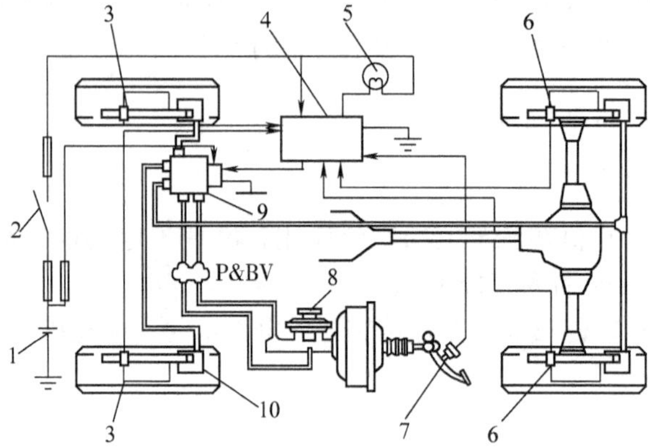

图6-15　防抱死制动系统的组成

1—蓄电池　2—点火开关　3—前轮转速传感器　4—电控单元　5—警告灯
6—后轮转速传感器　7—停车灯开关　8—制动主缸　9—执行机构　10—制动轮缸

（1）车轮转速传感器　车轮转速传感器用来检测车轮转速，每个车轮安装一个。它一般采用磁脉冲式或霍尔效应式车轮转速传感器。磁脉冲式车轮转速传感器由带凸齿的转子（见图6-16）和绕在铁心上的电磁线圈组成。当汽车运行时，转子随着车轮一起旋转，其凸齿在永久磁铁和电磁线圈旁边扫过，使电磁线圈中产生交变的电压信号。车轮转速传感器的转子一般安装在轮毂或后桥上。有些车辆上还装

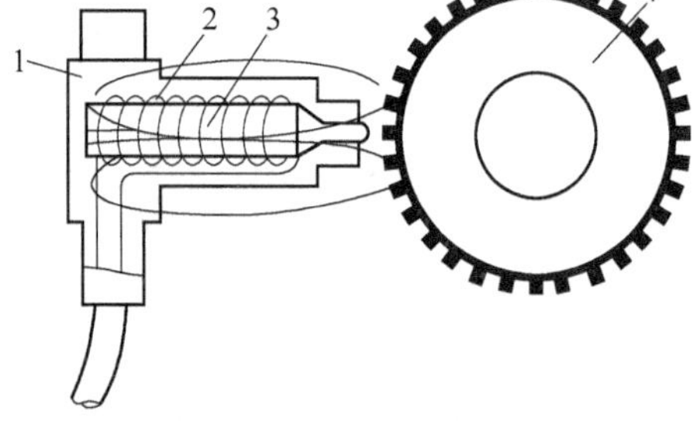

图6-16　车轮转速传感器

1—传感器壳　2—电磁线圈　3—铁心　4—转子

有负加速度传感器，用于检测汽车紧急制动时的汽车减速度。

（2）液压调节器 液压调节器是防抱死制动系统的执行机构。它安装在制动主缸与车轮制动器之间的管路上，用来在制动过程中当车轮有抱死趋势时，调节车轮制动器的制动力。液压调节器一般由三个或四个三位电磁阀、储油器、单向阀和回油泵等组成。图6-17所示为用于一汽奥迪轿车的三通道液压调节器。

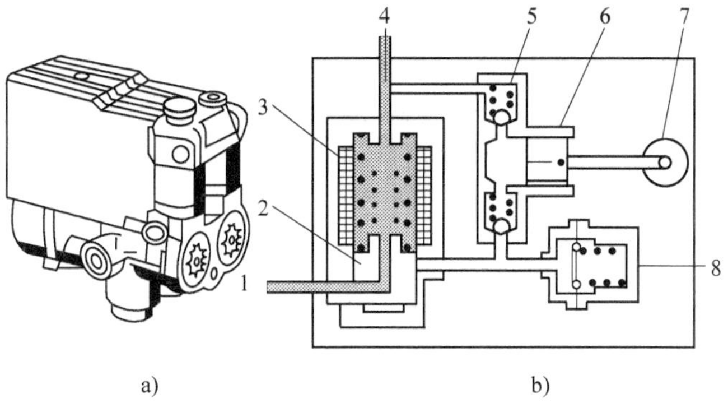

图6-17 三通道液压调节器

a）外形 b）结构

1—至车轮制动器 2—电磁阀 3—电磁线圈 4—来自制动总泵

5—单向阀 6—回油泵 7—回油泵电动机 8—储油器

（3）电控单元 电控单元在汽车制动过程中用于检测各车轮车速传感器输入的信号，并按特定的程序和计算方法，判断出哪一个车轮有抱死的趋势，将其转变为控制信号，通过调节液压调节器中电磁阀的电流强度，改变滑阀的位置和制动液流动方向，调节将要抱死的车轮制动器的制动力，以防止车轮抱死。

2. *防抱死制动系统的工作原理*

防抱死制动控制有三通道和四通道两种形式。在三通道防抱死制动系统中，两个前轮各由一个电磁阀单独控制，两个后轮由一个电磁阀同时控制。在四通道防抱死制动系统中，前后四个车轮分别由四个液压调节器单独控制。图6-18所示为防抱死制动系统示意图。

在汽车运行时，防抱死制动系统电控单元收到制动车轮传感器信号后，判断车轮是否抱死。若发现某一个车轮抱死，则立即发出指令，调节液压调节器电磁线圈的电流强度，以调节车轮制动器的制动力，防止该车轮抱死。

（1）制动力增长阶段 图6-19是制动时液压调节器工作示意图。

在正常制动时，防抱死制动系统不起作用。此时，电磁线圈不通电，在弹簧作用下三位电磁阀移向下方，打开进油通道A（见图6-20），关闭回油通道

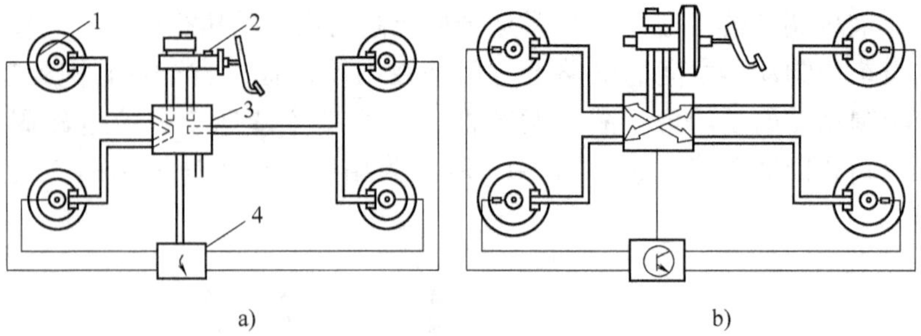

图 6-18　防抱死制动系统示意图

a）三通道防抱死制动系统　b）四通道防抱死制动系统

1—车轮转速传感器　2—制动主缸　3—液压调节器　4—电控单元

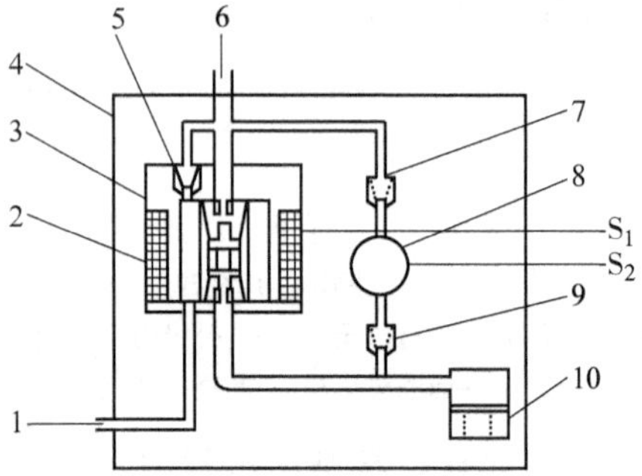

图 6-19　液压调节器工作示意图

1—至制动轮缸　2—电磁线圈　3—三位电磁阀　4—液压调节器　5、7、9—单向阀

6—来自制动主缸　8—回油泵　10—储油器　S_1/S_2—电控单元控制信号

B。当踩下制动踏板时，制动液从制动主缸经通道 A，进入通道 C 至制动轮缸，使制动轮缸压力增加，车轮转速降低。制动轮缸压力增长阶段如图 6-20 所示。

紧急制动时，踩下制动踏板，制动灯开关接通信号输入电控单元，防抱死制动系统开始检测车轮转速传感器的信号，并根据道路情况判断出哪一车轮有抱死的趋势。

（2）动力保持阶段　电控单元判断出某个车轮有抱死趋势时，立即向液压调节器发出控制信号，并以 2A 的电流接通电磁线圈，电磁线圈产生电磁力使三位电磁阀上移，且处于中间位置，将进油通道 A 关闭。由于进油通道关闭，回油通道尚未打开，所以制动轮缸中的压力保持不变，如图 6-21 所示。此时，制动系统中的压力保持某一个固定值。

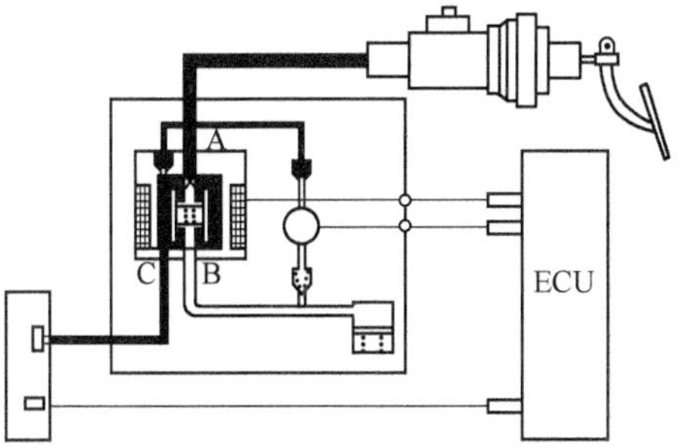

图 6-20　制动轮缸压力增长阶段

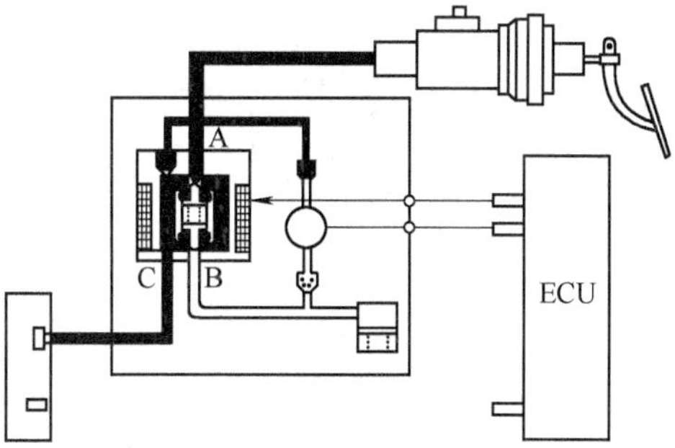

图 6-21　制动轮缸压力保持阶段

（3）制动压力降低阶段　电控单元发出控制信号使制动压力保持不变后，还不断地检测车轮转速信号，若判断出车轮仍有抱死的趋势，则立即将电磁线圈的控制电流由 2A 增大到 5A。电磁线圈产生的电磁力增大，使三位电磁阀进一步上移，打开 B 通道。电控单元同时将回油泵电动机电路接通，制动轮缸中的制动液经三位电磁阀的 C、B 通道进入储油器，并经单向阀返回制动主缸。制动轮缸的压力降低，车轮转速开始上升，防止了车轮抱死。制动轮缸压力降低阶段如图 6-22 所示。

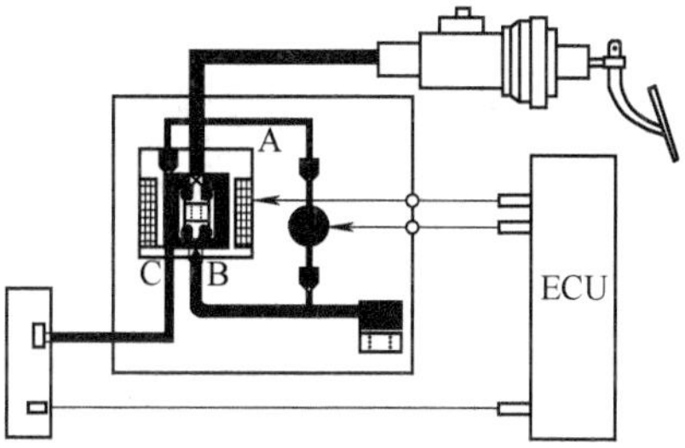

图 6-22　制动轮缸压力降低阶段

制动压力降低使车轮转速升高。当车轮转速过高时，电控单元切断电磁线圈的制动信号，使电磁线圈断电，三位电磁阀复位，重新切断回油通道 B，打开进油通道 A。制动液又经过 A 通道和 C 通道进入制动轮缸，车轮转速又开始降低。如此反复，电控单元通过保压、降压、增压的过程，调节制动轮缸压力，防止车轮抱死。制动轮缸压力调节的频率约为每秒 4 ~ 10 次。

3. MK20—1 型防抱死制动系统的结构特点与工作原理

上海桑塔纳 2000GSi 型轿车装用的是我国上海汽车制动系统有限公司与德国戴维公司合资生产的 MK20—1 型防抱死制动系统。该系统为三通道四传感器调节回路，前轮单独调节，后轮则以两轮中地面附着系数较低的一侧为依据，统一调节。

MK20—1 型防抱死制动系统主要由前轮转速传感器、后轮转速传感器和电控单元等组成，如图 6-23 所示。

当汽车制动时，车轮转速传感器不断地把各个车轮转速信号及时地输送给电控单元，电控单元根据设定的控制逻辑对输入的四个车轮转速传感器信号进

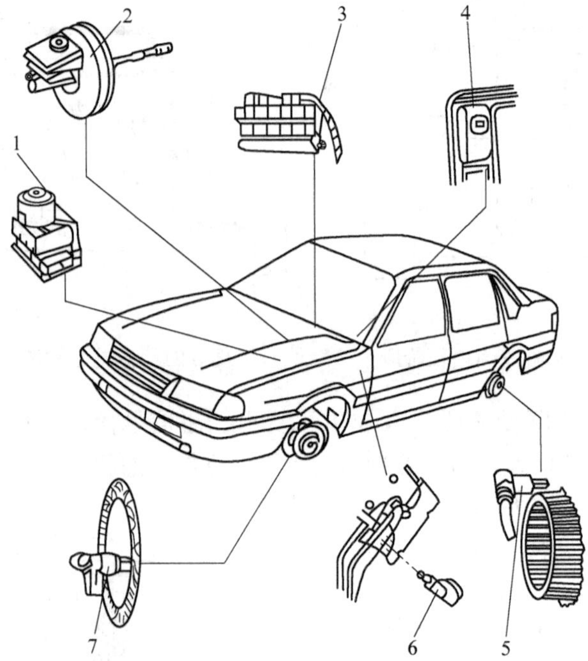

图6-23　MK20—1型防抱死制动系统的组成

1—电控单元　2—制动主缸与真空助力器　3—自诊断插口
4—警告灯　5—后轮转速传感器　6—制动灯开关　7—前轮转速传感器

行处理，计算出汽车的参考车速、各车轮的转度和减速度，确定各车轮滑移率。若某车轮的滑移率超过设定值，则电控单元就向液压调节器发出指令，使该车轮的制动轮缸张开力减小；若某车轮的滑移率还未达到设定值，则电控单元控制液压调节器，使该车轮的制动轮缸张开力增大；若某车轮的滑移率接近设定值，则电控单元控制液压调节器，使该车轮的制动轮缸张开力保持一定值，从而使各车轮的滑移率保持在最理想的范围之内，防止四个车轮完全出现抱死的状态。

在汽车制动过程中，若车轮没有出现抱死的趋势，则防抱死制动系统不参与制动压力的调节，此时的制动过程与常规制动过程相同。系统若出现故障，则电控单元就不再对液压调节器进行控制，并点亮仪表板上的警告灯，给驾驶人发出警告信号，防抱死制动系统不起作用。

4. 诊断参数

1）皇冠3.0轿车防抱死制动系统故障码见表6-5。

表 6-5　皇冠 3.0 轿车防抱死制动系统故障码

故障码	故 障 现 象	故障零部件
11	ABS 控制（电磁阀）继电器电路线路断路	线束内的断路器、控制继电器、线束和控制继电器插头
12	ABS 控制（电磁阀）继电器电路线路短路	
13	ABS 控制（液压泵电动机）继电器电路线路断路	线束内的断路器、控制继电器、线束和控制继电器插头
14	ABS 控制（液压泵电动机）继电器电路线路短路	
15	长时间供电到电动机	压力传感器和线束、断路器
16	压力开关回路断路	压力传感器、压力传感器线束
17	压力传感器被卡住	压力传感器、压力传感器线束、断路器
18	蓄压器中的气体压力下降	
19	蓄压器中的液体压力下降	
21	前右轮主电磁阀回路短路或断路	主电磁阀或辅助电磁阀断路器线束和主电磁阀或辅助电磁阀断电器插头
22	前右轮辅助电磁阀回路短路或断路	
23	前左轮主电磁阀回路短路或断路	
24	前左轮辅助电磁阀回路短路或断路	
25	后轮主电磁阀回路短路或断路	
26	后轮辅助电磁阀回路短路或断路	
27	侧滑柜电磁阀电路短路或断路	侧滑柜电磁阀执行机构线束和侧滑柜电磁阀插头

2）一汽宝来轿车防抱死制动系统故障码见表 6-6。

表 6-6　一汽宝来轿车防抱死制动系统故障码

V. A. G1551 打印输出	故 障 原 因	故 障 排 除
无故障	完成修理后，如果显示无故障，那么自诊断就结束了 如果显示无故障，但防抱死制动系统工作仍不正常，那么按下述步骤进行： 1）以 20km/h 以上的车速试车 2）再次查询故障存储器，若仍无故障存储，则不再自诊断，继续查询故障	
0003	防抱死制动系统电控单元 J104 损坏	更换电控单元 J104

（续）

V. A. G1551 打印输出	故障原因	故障排除
00283 左前轮车速传感器 G47： 电路有故障	G47 与 J104 之间的导线断路 G47 损坏	按电路图检查导线及插头 读取测量数据块 若故障又出现，则更换 G47
00283 左前轮车速传感器 G47： 不可靠信号	G47 与 J104 之间的导线断路、对地短路或外部干扰（如点火线未绝缘）	按电路图检查导线及插头 读取测量数据块 检测电器
00283 左前轮车速传感器 G47： 机械故障	G47 与转子间的空隙过大（信号不正常） 导线对正极或地短路 转速传感器 G47 损坏	检查 G47 与转子的安装情况 读取测量数据块 试车 按电路图检查导线及插头 检测电器 更换 G47
00285 右前轮车速传感器 G45： 电路有故障	G45 与 J104 之间的导线断路 G45 损坏	按电路图检查导线及插头 读取测量数据块 若故障又出现，则更换 G45
00285 右前轮车速传感器 G45： 不可靠信号	G45 与 J104 之间的导线断路、对地短路或外部干扰（如点火线未绝缘而造成的高电压）	按电路图检查导线及插头 读取测量数据块 检测电器
00285 右前轮车速传感器 G45： 机械故障	G45 与转子间的空隙过大（信号不正常） 导线对正极或地短路 转速传感器 G45 损坏	检查 G45 与转子的安装情况 读取测量数据块 试车 按电路图检查导线及插头 检测电器 更换 G45
00287 右后轮车速传感器 G44： 电路有故障	G44 与 J104 之间的导线断路 G44 损坏	按电路图检查导线及插头 读取测量数据块 若故障又出现，则更换 G44
00287 右后轮车速传感器 G44： 不可靠信号	G44 与 J104 之间的导线断路、对地短路或外部干扰（如点火线未绝缘而造成的高电压）	按电路图检查导线及插头 读取测量数据块 检测电器
00287 右后轮车速传感器 G44： 机械故障	G44 与转子间的空隙过大（信号不正常） 导线对正极或地短路 转速传感器 G44 损坏	检查 G44 与转子的安装情况 读取测量数据块 试车 按电路图检查导线及插头 检测电器 更换 G44

（续）

V. A. G1551 打印输出	故障原因	故障排除
00290 左后轮车速传感器 G46： 电路有故障	G46 与 J104 之间的导线断路 G46 损坏	按电路图检查导线及插头 读取测量数据块 更换 G46
00290 左后轮车速传感器 G46： 不可靠信号	G46 与 J104 之间的导线断路、对地短路或外部干扰（如点火线未绝缘而造成的高电压）	按电路图检查导线及插头 读取测量数据块 检测电器
00290 左后轮车速传感器 G46： 机械故障	G46 与转子间的空隙过大（信号不正常） 导线对正极或地短路 转速传感器 G46 损坏	检查 G46 与转子的安装情况 读取测量数据块 试车 按电路图检查导线及插头 检测电器 更换 G46
00526 制动灯开关 F： 不可靠信号	导线断路，对正极或地短路 制动灯开关调整有误 制动灯损坏	读取测量数据块 按电路图检查导线及插头 检测电器 调整制动灯开关
00538 参考电压： 电路有问题	供电导线对正极和地短路 供电电压低于 5V 摆动速度传感器 G202 故障 横向速度传感器 G200 故障 制动压力传感器 1-G201 故障	按电路图检查导线及插头 检测电器
00668 30 号接线柱： 不可靠信号	导线断路，对正极或地短路	按电路图检查导线及插头 检测电器
00778 转向角传感器 G85： 无信号/通信	G85 与 J104 之间的导线断路或接触不良 G85 的 30 号接线柱接触不良 G85 的 15 号接线柱接触不良 G85 损坏 无接地点	按电路图检查导线及插头 检测电器 更换 G85 进行零点平衡 进行基本设定
00778 转向角传感器 G85： 机械故障	转向盘已拆下，但未进行零点平衡 检查 G85 规定值 底盘定位不对 G85 安装位置不对 G85 损坏	进行零点平衡 进行基本设定 读取测量数据块 检查底盘定位尺寸 检查 G85 安装位置 更换 G85

（续）

V. A. G1551 打印输出	故障原因	故障排除
00778 转向角传感器 G85： 不可靠信号	G85 安装位置不对 底盘定位不对 因磨损造成转向器振动过大	检查 G85 安装位置 检查底盘定位尺寸 进行零点平衡 进行基本设定
00778 转向角传感器 G85： 基本设定/自适应未进行或错误	G85 未发送调整值或该值错误	进行零点平衡 进行基本设定
00778 转向角传感器 G85 损坏	转向角传感器 G85 损坏	进行零点平衡 进行基本设定 更换 G85
01044 电控单元编码错误	控制单元 J104 编码错误 J104 的多孔插头编码电桥断路或短路	检查 J104 编码 按电路图检查导线及插头
01130 ABS 不可靠信号	外部干扰（如点火线未绝缘而造成的高电压） 导线断路，对正极或地短路 J104 损坏	清除存储器故障码 以 20km/h 以上的车速试车 按电路图检查导线及插头 检测电器 更换 J104
01130 EPS 不可靠信号	外部干扰（如点火线未绝缘而造成的高电压） 导线断路，对正极或地短路 J104 损坏	清除存储器故障码 以 20km/h 以上的车速试车 按电路图检查导线及插头 检测电器 更换 J104
01276 ABS 液压泵 V64： 不可靠信号	搭铁或正极接线有接触电阻 液压泵 V64 损坏	按电路图检查导线及插头 检测电器 更换液压单元 N55
01276 ABS 液压泵 V64 损坏	电器短路	更换液压单元 N55
01276 ABS 液压泵 V64： 电路有故障	蓄电池正极熔断器损坏 导线断路，对正极和地短路 液压泵 V64 损坏	检查熔断器 按电路图检查导线及插头 检测电器 更换液压单元 N55

（续）

V. A. G1551 打印输出	故障原因	故障排除
01312 数据总线损坏	数据总线断路，对正极或地短路	读取测量数据块 按电路图检查数据总线的导线及插头 进行电器检测
01314 发动机电控单元： 无信号/无法通信	数据总线断路，对正极或地短路 发动机电控单元有故障存储	读取测量数据块 按电路图检查数据总线的导线及插头 进行电器检测 查询电控单元故障存储器
01315 变速器电控单元： 无信号/无法通信	数据总线断路，对正极或地短路	读取测量数据块 按电路图检查数据总线的导线及插头 进行电器检测
01317 组合仪表控制单元 J285	J285 编码错误	检查 J285 的编码
01432 横向加速度传感器 G200： 电路有故障	供电电压低于 5V 导线断路，对正极和地短路 横向加速度传感器 G200	按电路图检查导线及插头 进行电器检测 更换 G200 进行零点平衡 基本设定
01432 横向加速度传感器 G200： 不可靠信号	G200 安装位置不对 导线断路，对正极和地短路 G200 损坏 事先基本设定不正确	读取测量数据块 检查 G200 的安装位置 按电路图检查导线及插头 更换 G200 进行零点平衡 进行基本设定
01432 横向加速度传感器 G200： 基本设定/自适应未进行或错误	未进行零点平衡	进行零点平衡 进行基本设定
01435 制动压力传感器 G201： 基本设定/自适应未进行或错误	未进行零点平衡	进行零点平衡 进行基本设定

（续）

V. A. G1551 打印输出	故 障 原 因	故 障 排 除
01435 制动压力传感器 G201： 不可靠信号	导线断路，对正极和地短路 G201 损坏 制动灯开关调整错误 制动灯开关损坏	读取测量数据块 按电路图检查导线及插头 调整制动灯开关 更换 G201 进行零点平衡 进行基本设定
01435 制动压力传感器 G201： 电路有故障	供电电压低于 5V 导线断路，对正极和地短路 G201 损坏	按电路图检查导线及插头 进行电器检测 更换 G201 进行零点平衡 进行基本设定
01486	EPS 工作检查已起动	正确进行 EPS 工作检查，然后自动清除故障 进行基本设定
01542 摆动速度传感器 G202： 不可靠信号	G202 安装位置不对 导线断路，对正极和地短路 G202 损坏	读取测量数据块 检查 G202 安装位置 按电路图检查导线及插头 更换 G202
01542 摆动速度传感器 G202： 电路有故障	供电电压低于 5V 导线断路，对正极和地短路 G202 损坏	按电路图检查导线及插头 进行电器检测 更换 G202

*六、汽车综合检测站的功能、检测项目

1. 检测站的功能

用于各类汽车动力性、安全性、经济性、可靠性等性能以及噪声与污染排放状况的检测。

2. 检测站的分类

（1）A 级站　能够承担汽车技术状况检测、车辆技术等级评定检测、维修质量检测和接受有关部门委托对汽车及相关项目进行检测的汽车综合性能检测站。

（2）B 级站　能够承担汽车技术状况检测和维修质量检测的汽车综合性能检测站。

3. 检测项目及设备

1）A 级站、B 级站所承担的检测项目及检测设备见表 6-7。

表 6-7　A 级站、B 级站所承担的检测项目及检测设备

序号	检 测 项 目	检 测 设 备	备　注	
			A 级站	B 级站
1	动力性	—		
1.1	发动机功率	发动机综合性能检测仪	✓	✓
1.2	底盘输出功率	汽车底盘测功机	✓	*
1.3	加速时间			
2	经济性	—		
	等速百公里油耗	汽车底盘测功机（或五轮仪）、油耗仪	✓	✓
3	制动性能和滑行性能	—		
3.1	轴载质量	轴（轮）重仪	✓	✓
3.2	制动力	制动检测仪	✓	✓
3.3	制动力平衡			
3.4	车轮阻滞力			
3.5	驻车制动力			
3.6	制动系统协调时间			
3.7	制动踏板力	制动踏板力计	✓	✓
3.8	驻车制动装置操纵力	操纵力计	✓	✓
3.9	ABS 性能	ABS 检测仪	*	*
3.10	滑行距离或滑行时间	汽车底盘测功机	✓	*
4	转向操纵性	—		
4.1	侧滑量	侧滑检测仪	✓	✓
4.2	车轮定位	车轮定位检测仪	✓	✓
4.3	转向角	转向角检测仪	✓	✓
5	悬架特性	—		
5.1	振幅或频率	悬架性能检测仪	*	*
5.2	吸收率			
5.3	左、右轮吸收率差			
6	废气排放	—		
6.1	汽油车废气排放	汽车排放气体检测仪	✓	✓
6.2	柴油车废气排放	烟度计	✓	✓
7	前照灯	—		

（续）

序号	检测项目	检测设备	备注	
			A级站	B级站
7.1	前照灯发光强度	前照灯检测仪	✓	✓
7.2	前照灯光轴偏移量			
8	车速里程表示值	车速里程表检测仪（或汽车底盘测功机）	✓	✓
9	汽车噪声	—		
9.1	客车车内噪声	声级计	✓	✓
9.2	驾驶人身旁噪声			
9.3	车外噪声			
10	车身防雨密封性	喷淋装置	*	×
11	汽车侧倾角	汽车侧倾角检验仪	*	×
12	整体外观	轮胎气压表 钢卷尺 漆膜光泽测量仪 金属直尺 轮胎花纹深度尺	✓	✓
13	发动机诊断	汽车发动机检测仪 发动机示波器 曲轴箱窜气量检测仪 气缸压力表		
14	底盘诊断	车轮动平衡机 汽车底盘间隙检测仪 传动系统游动角检测仪 不解体探伤仪 测温仪 秒表		

注：1. ✓—必须执行项；*—选择执行项；×—不执行项。

2. 购置新设备时，应选购最先进且功能更齐全的。

2）设备的检测功能应满足检测项目的要求，其精度要求应符合有关规定。

3）若汽车综合性能检测站采用计算机系统，则应满足下列要求：

① 采用计算机系统后，应不影响原检测设备所具有的功能。

② 采用计算机系统后，系统的示值误差不应低于原检测设备的精度要求。

③ 当计算机及其附属设备、接口等出现故障时，原检测设备应能正常工作。

4）人员条件

① 各级站应配备站长、技术负责人、质量负责人和专职检测员。

② 技术负责人、质量负责人应具有相应专业中级以上（含中级）技术职称。

③ 全体检测人员必须经专门培训、考核，取得岗位合格证书。

5）厂房、场地条件

① 各级站应设置汽车检测间、停车场、试车路段等设施。

② 各级站汽车检测间的长度、宽度、高度应满足工作需要并符合建筑标准的要求。

③ 检测间通道地面的纵向、横向坡度应小于1%，在汽车制动检验台前后相应距离内，地面附着系数不应低于0.70。

④ 检测间应具有醒目的工位标志、指示信号、引车线等，各工位应有相应的检测面积，工艺流程应布置合理，工作时各工位应互不干扰。

⑤ 检测间内采光和照明应符合 GB50033—2001 和 GB50034—2004 的有关规定。

⑥ 检测间内空气质量应符合有关规定。

⑦ 各级站内应设置压缩气源。

⑧ 各级站的设计和使用应符合有关规定，必须有消防通道、消防设施等，并严格执行有关消防条例和法规。

⑨ 各级站的卫生设施应符合工业设计卫生标准的有关规定。

⑩ 各级站的供电设施应符合 GB50055—2011 的有关规定。

⑪ 检测间的防雷设施应符合 GB50057—2010 的有关规定。

⑫ 停车场的面积应与检测能力相适应。

⑬ 试车路段应满足 GB7258—2004/XG3—2008 中的有关要求。

⑭ 各级站的进出口应畅通，站内应设有引车道和必要的交通标志。

6）管理制度

① 各级站应按计量认证规定制订《质量管理手册》。

② 各级站应制订《工作人员守则》。

第二节　诊断汽车底盘疑难故障技能训练

训练1　用解码器诊断自动变速器故障

1. 训练准备

自动变速器及解码器。

2. 诊断程序

（1）确认变速器故障征兆　诊断故障之前，应填写用户故障分析表（见

表6-8），询问故障情况，并在此基础上模拟经常出现的故障现象，以确定变速器是否有故障及有哪些故障征兆。检测时，应根据故障征兆确认故障大体部位。

表6-8　用户故障分析表

用户姓名		登记号	
		登记年月日	
		车架号	
送修日期		里程表读数/km	
故障发生的情况	发生故障日期		
	多长时间发生一次故障	□连续 □间断（次/天）	
故障次数	□车辆不行驶（□任何挡位 □特定挡位）		
	□无上行换挡（□1挡－2挡 □2挡－3挡 □3挡－超速挡）		
	□无下行换挡（□超速挡－3挡 □3挡－2挡 □2挡－1挡）		
	□驻车锁定故障		
	□换挡点过高或者过低		
	□接合不柔和（□空挡－超速挡 □锁定 □任何挡位）		
	□滑移或打颤		
	□无自动跳合		
	□无模式选择		
	□其他		
其他项目	检查故障灯	□正常 □保持点亮	
故障码检查	第一次	□正常 □故障码（代码）	

（2）读取故障码　自动变速器几乎都有自诊断功能。一旦电控系统出现故障，ECU中即存储一个故障码。通过读取故障码，检修人员可以初步判断故障所在的部位。如果无故障码，那么可初步判断故障不在电控系统，应在液压控制系统、机械系统或者其他部位查找故障。故障码既可采用人工读取，也可采取解码器读取。不同车型的自动变速器故障码的读取方法及含义不完全相同。

日本雷克萨斯LS400型轿车装用的A341E型、A342E型自动变速器故障码的读取步骤如下（人工读取）：

1）将点火开关转至“ON”位置，但不起动发动机。

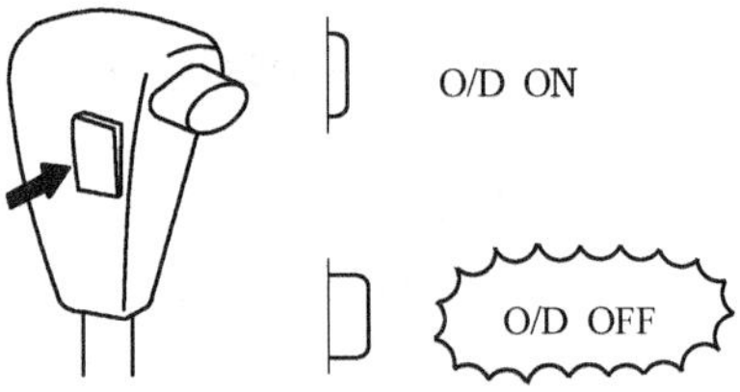

图6-24　超速挡开关

2）把超速挡开关（见图6-24）置于

"ON" 位置。只有超速挡开关置于 "ON" 位置，故障码才可显示。如果超速挡开关置于 "OFF" 位置，那么超速挡指示灯（O/D OFF 指示灯位于仪表板上）就会连续亮，但不闪烁。

3）用一根跨接线（SST：09843—18020）将 TDCL 接头端子 TE1（故障自诊断触发端）与 E1 连接，如图 6-25a 所示。

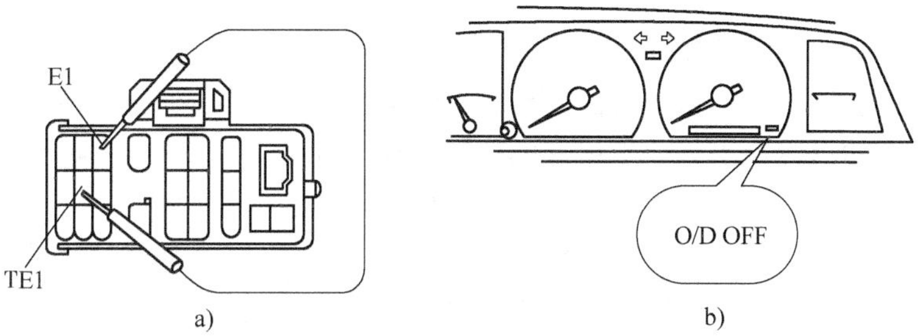

图 6-25　TDCL 插座和故障指示灯

a）用跨接线连接 TE1 和 E1　b）读取故障码

4）通过 O/D OFF 指示灯闪亮的规律读取故障码，如图 6-25b 所示。如果系统工作正常，那么 O/D OFF 灯每秒闪烁 2 次，ECU 内无故障码，如图 6-26 所示。如果自动变速器 ECU 存有故障码，那么O/D OFF 指示灯每秒闪烁 1 次。故障码为两位数，其十位数与个位数先后用 O/D OFF 指示灯闪烁次数表示，故障码闪烁间隔为 0.5s，如图 6-27 所示。十位数与个位数间隔 1.5s，先读出的为十位数，后读出的为个位数。ECU 中如果存有两个以上故障码，那么前一个故障码间隔 2.5s，首先显示数码较低的故障码。

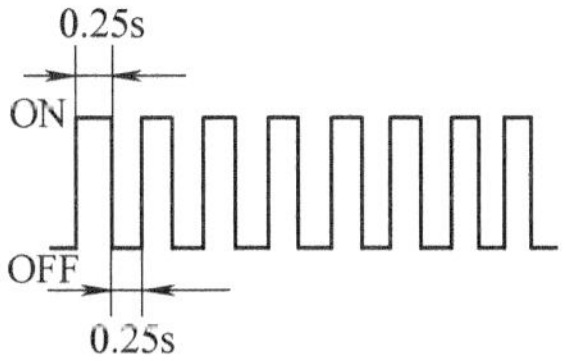

图 6-26　系统工作正常

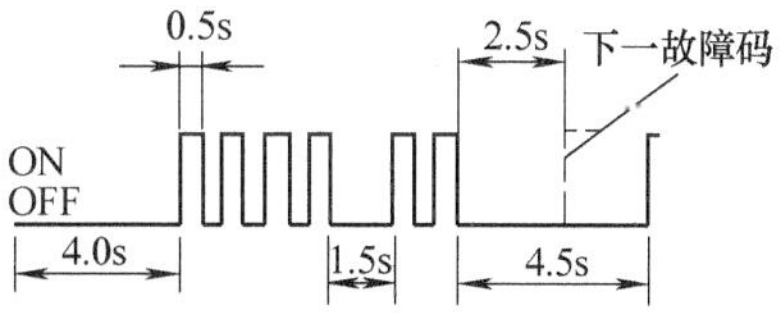

图 6-27　故障码为 "42"

5）读取故障码后，从 TDCL 插座上拔下跨接线，将点火开关置于 "OFF" 位置。

6）按故障码表查找故障部位或者故障零件，确定故障原因。

（3）清除故障码　将自动变速器故障排除后，O/D OFF 指示灯熄灭，但故障码仍存在 ECU 的存储器中。

清除故障码时，可将EFI（发动机燃油喷射系统）的熔丝拔下10s或者更长时间，之后再装回熔丝即可。

（4）查看故障诊断表　各种车型的自动变速器结构尽管不同，但是自动变速器的故障类型数量是有限的，尤其是常见的故障。这样，如果显示了正常的故障码，那么再通过查找故障诊断表，即可大大提高诊断效率。

3. 注意事项

在对自动变速器进行故障诊断时，应注意以下几点：

1）接通点火开关后，不能断开工作电压为12V的电器装置，否则，会因电器装置线圈的自感作用，产生很高的瞬时电压，损坏ECU和传感器。

2）在车上进行焊接作业时，应事先切断ECU的电源。

3）在检测故障时，除特殊情况外，不能用普通指针式欧姆表测试ECU和传感器，而应使用高阻抗数字式仪表进行测试。

4）应可靠地连接ECU线束插头，否则可能会造成ECU内部集成电路等电子元件的损坏。

5）一般不要用测试灯去测试与ECU相连接的电器装置，以防止损坏ECU或传感器。

4. 训练要求

按正常的操作规程对自动变速器故障进行诊断。

训练2　诊断防抱死制动系统故障

1. 训练准备

1）雷克萨斯LS400型轿车安装的防抱死制动系统或者其他车型的安装的防抱死制动系统。

2）相关车型的警告灯或解码器。

2. 诊断程序

装有防抱死制动系统的汽车，都有“ABS”字样警告灯，但有的警告灯能显示故障码，有的警告灯只亮。能显示故障码的，可通过自诊断输出故障码，进行故障诊断；不能显示故障码的，警告灯亮后，可根据诊断表诊断，排除出现的故障。

雷克萨斯LS400型轿车安装的防抱死制动系统故障诊断步骤如下：

（1）检查警告灯　如图6-28所示，在接通点火开关时，ABS警告灯应亮3s，否则，应找出组合仪表的故障。

（2）检查故障码

1）将点火开关转到“ON”位置，脱开维修连接器，如图6-29所示。

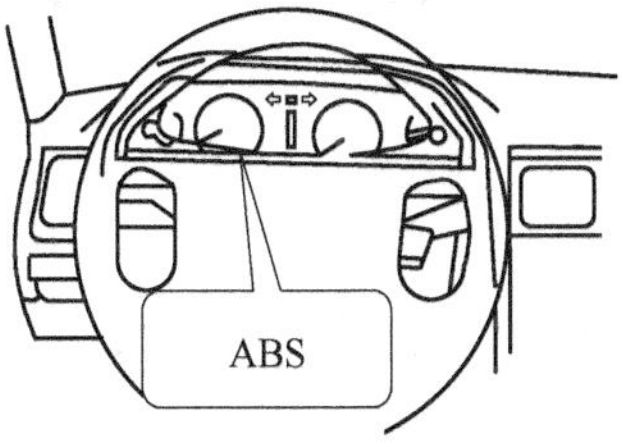

图 6-28　警告灯

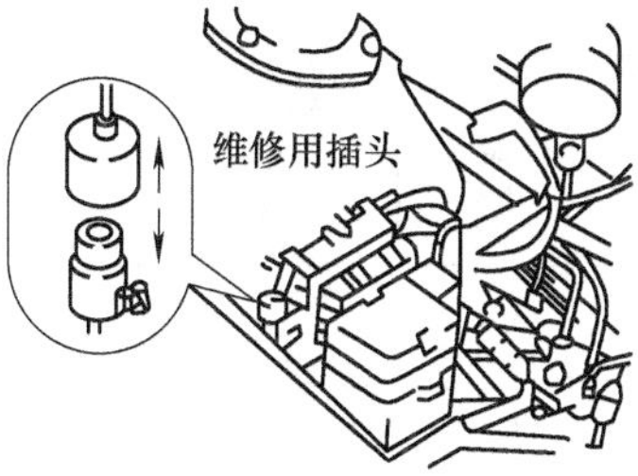

图 6-29　脱开维修连接器

2）用 SST 连接 TDCL（见图 6-30）或检查连接器的端子 T_C 和 E1。

3）读出组合仪表上 ABS 警告灯的故障码。若无故障码出现，则应检查电路故障。警告灯出现的正常码、故障码 11 和 12 闪烁方式的信号如图 6-31 所示。

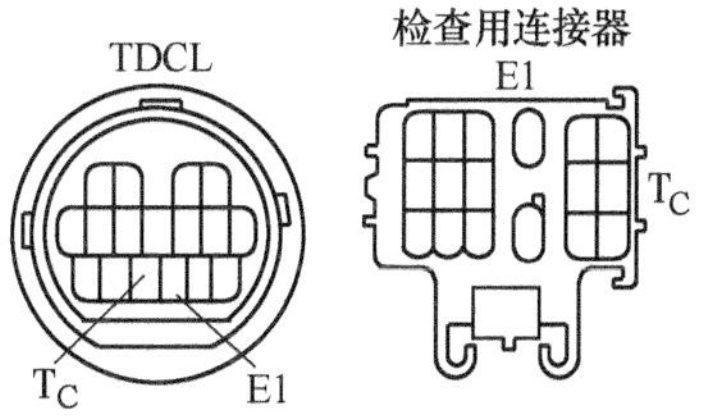

图 6-30　连接 TDCL

4）故障码说明见表 6-9。

5）故障码检查完毕，应脱开端子 T_C 和 E1，并关掉显示器。

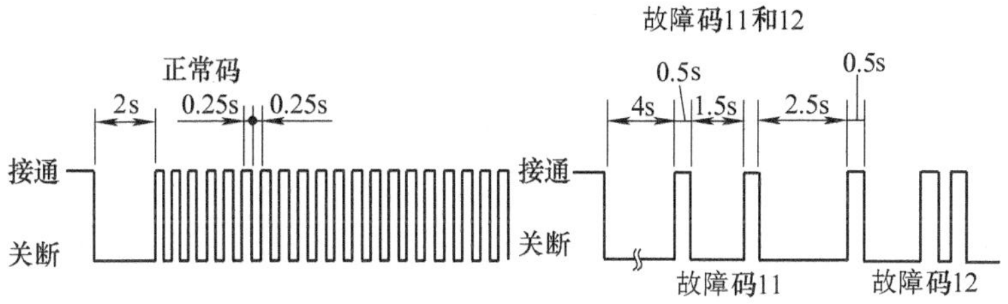

图 6-31　警告灯闪烁方式

表 6-9　故障码说明

诊断故障码	ABS 警告灯闪烁方式	
11	接通 关断 BE3931	ABS 电磁继电器电路开路
12	接通 关断 BE3931	ABS 电磁继电器电路短路
13	接通 关断 BE3931	液压马达继电器电路开路
14	接通 关断 BE3931	液压马达继电器电路短路

（续）

诊断故障码	ABS 警告灯闪烁方式	
21	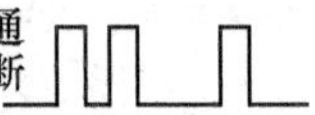	前右轮三位电磁阀电路开路或短路
22	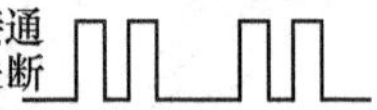	前左轮三位电磁阀电路开路或短路
23		后右轮三位电磁阀电路（*1）（或后轮电磁阀电路）开路或短路
24		后左轮三位电磁阀电路开路或短路
31		前右轮车速传感器信号出错
32	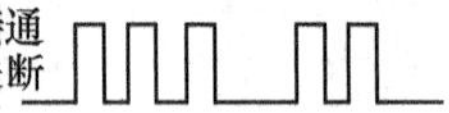	前左轮车速传感器信号出错
33	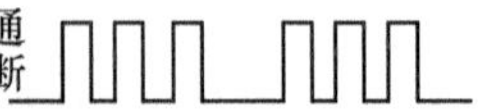	后右轮车速传感器信号出错
34	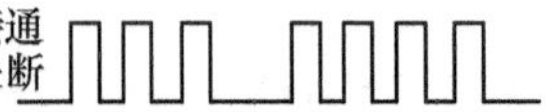	后左轮车速传感器信号出错
35		前左或后右车速传感器电路开路
36		前右或后左车速传感器电路开路
37		前车速传感器转子故障
41		蓄电池电压过低或异常高
43		（*2）TRC 控制系统失灵
51		液压马达闭锁
常通		ECU 失灵

注：1.（*1）仅指带 TRC 的汽车。

2.（*2）仅指不带 TRC 的汽车。

(3) 检查传感器

1) 把点火开关转到“OFF”位置，拉紧驻车制动器，用 SST 连接连接器端子 T_S 和 E1，T_C 和 E1，如图 6-32 所示。

2) 起动发动机，检查 ABS 警告灯是否闪烁（见图 6-33)。如果 ABS 警告灯不闪烁，那么应检查 ABS 警告灯电路。

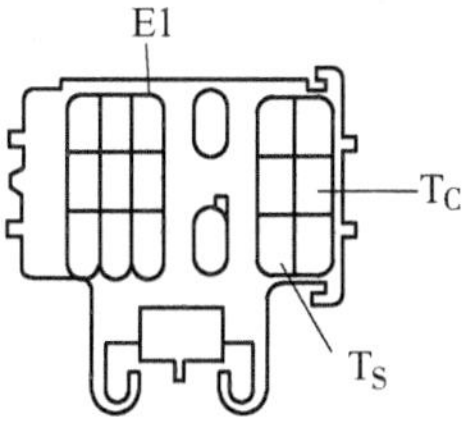

图 6-32　连接器端子

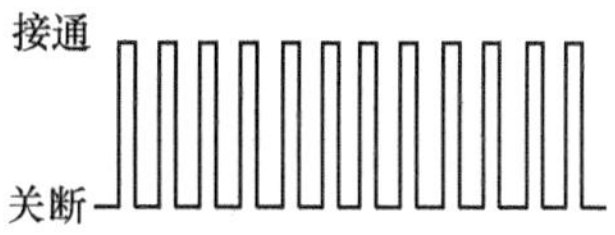

图 6-33　检查 ABS 警告灯

3) 松开驻车制动器，驾驶车辆一直向前行驶，检查车辆达到表 6-10 所列速度时 ABS 警告灯是否闪烁或持续亮；停车，读出 ABS 警告灯闪烁的次数。如果正常，那么 ABS 警告灯将反复亮 0.125s 和熄灭 0.125s，如图 6-34 所示。如果有 2 个或 2 个以上故障，那么故障码数字最小的一个将首先显示。

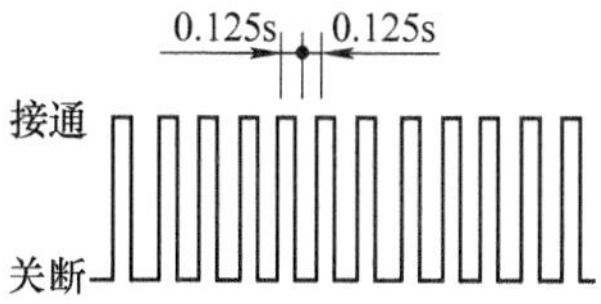

图 6-34　警告灯闪烁次数

4) 车轮转速传感器检查功能故障码见表 6-11。

表 6-10　不同车速 ABS 警告灯状态

车速/（km/h）	ABS 警告灯的状态	车速/（km/h）	ABS 警告灯的状态
0 ~ 3	闪烁（正常） 持续亮（不正常）	56 ~ 109	闪烁（正常） 持续亮（不正常）
4 ~ 6	熄灭 1s 后持续亮	110 ~ 130（参考）	熄灭 1s 后持续亮
7 ~ 44	闪烁（正常） 持续亮（不正常）	131 或更高（参考）	闪烁（正常） 持续亮（不正常）
45 ~ 55	熄灭 1s 后持续		
	闪烁		

表 6-11　车轮转速传感器检查功能故障码

故障码	故 障 现 象	故 障 部 件
71	前右车轮转速传感器输出电压低	前右车轮转速传感器安装方法
72	前左车轮转速传感器输出电压低	前左车轮转速传感器安装方法

(续)

故障码	故障现象	故障部件
73	后右车轮转速传感器输出电压低	后右车轮转速传感器安装方法
74	后左车轮转速传感器输出电压低	后左车轮转速传感器安装方法
75	前右车轮转速传感器输出电压不正常	前右车轮转速传感器转子
76	前左车轮转速传感器输出电压不正常	前左车轮转速传感器转子
77	后右车轮转速传感器输出电压不正常	后右车轮转速传感器转子
78	后左车轮转速传感器输出电压不正常	后左车轮转速传感器转子

5）检查完毕后，脱开检查连接器端子 T_S 和 E1，T_C 和 E1。

（4）故障码表索引　按表6-12中所示的电路，检查相应的零部件。

表6-12　故障码及应检查的电路

故　障　码	应检查的电路或者零件
11，12，13，14	1. ABS执形器电磁继电器电路 2. ABS执行器发电机继电器电路
21，22，23，24	执行器电磁线圈电路
31，32，33，34，35，36	车轮转速传感器电路
37	前车轮转速传感器转子未装或装错零件
41	电源电路
43	TRC控制系统
51	ABS电动机电路

3. 注意事项

1）检查某一传感器时，应先检查传感器线路各个接插器的接点是否接触良好，有无锈蚀、油污或搭铁等。

2）根据排除故障的需要，在进行拆装作业时，应首先卸出系统的油压，否则，会造成因油压过高而伤人。

3）对制动系统进行拆检作业时，应保护好传感器等电子元件，并注意各种车型传感器的安装位置，防止拆装时损坏传感器。

4. 训练要求

按正常的操作规程进行防抱死制动系统故障诊断。

复习思考题

1. 车辆识别代号编码的用途有哪些？
2. 试解释北京吉普汽车有限公司生产的汽车 LE4EJ68WAV5700321 型号的含义。
3. 自动变速器的故障诊断步骤有哪些？
4. 转向轮定位包括哪些内容？
5. 光束水准式车轮定位仪由哪些部分组成？
6. 如何检测前轮前束？
7. 如何测量车轮外倾角？
8. EPS 由哪些部分组成？
9. 防抱死制动系统由哪些部分组成？简述其工作过程。
10. 汽车综合性能检测站的功能有哪些？
11. A、B 级检测站各自的检测项目有哪些？
12. 自动变速器故障诊断步骤有哪些？
13. 以雷克萨斯 LS400 型汽车装用的防抱死制动系统为例，介绍其故障诊断步骤。

第七章

汽车修理的生产管理

培训学习目标 了解汽车维修企业开业的国家要求，知道汽车修理产品的成本构成；学会产品成本的核算和分析方法，并能找出降低产品成本的途径。

第一节 汽车维修企业的开业条件

一、汽车整车维修企业的开业条件

1. 人员条件

1）企业管理负责人、技术负责人及检验、业务、价格核算、维修（机修、电器、钣金、涂装）等关键岗位至少应配备1人，并应经过有关培训，取得行业主管部门颁发的从业资格证书，持证上岗。

2）企业管理负责人应熟悉汽车维修业务，具备企业经营、管理能力，并了解汽车维修及相关行业的法规及标准。

3）技术负责人应具有汽车维修或相关专业的大专以上文化程度，或具有汽车维修或相关专业的中级以上专业技术职称，应熟悉汽车维修业务，并掌握汽车维修及相关行业的法规及标准。

4）检验人员数量应与其经营规模相适应，其中至少应有一名总检验员和一名进厂检验员。

5）业务人员应熟悉各类汽车维修检测作业，从事汽车维修工作三年以上，具备丰富的汽车技术状况诊断经验，熟练掌握汽车维修服务收费标准及相关政策法规。

6）企业工种设置应覆盖维修业务中涉及的各专业。维修人员的专业知识和业务技能应达到行业主管部门规定的要求。

2. 组织管理条件

（1）经营管理

1）应具有与汽车维修有关的法规等文件资料。

2）应具有规范的工作流程，说明业务受理程序、服务承诺、用户抱怨受理制度等。

3）应具有健全的经营管理体系，设置技术负责、业务受理、质量检验、文件资料管理、材料管理、仪器设备管理、价格结算等岗位并落实责任人。

4）应实行计算机管理。

（2）质量管理

1）应具有汽车维修的国家标准和行业标准以及相关技术标准。

2）应具有所维修车型的维修技术资料及工艺文件，确保完整有效并及时更新。

3）应具有汽车维修质量承诺、进出厂登记、检验、竣工出厂合格证管理、技术档案管理、标准和计量管理、设备管理及维修、人员技术培训等制度。

4）应建立汽车维修档案和进出厂登记台账。汽车维修档案应包括维修合同，进厂、过程、竣工检验记录，出厂合格证副页，结算凭证，工时、材料清单等。

3. 安全生产条件

1）企业应具有与其维修作业内容相适应的安全管理制度和安全保护措施，建立并实施安全生产责任制。安全保护设施、消防设施等应符合有关规定。

2）企业应有各工种、各类机电设备的安全操作规程，并将安全操作规程明示在相应的工位或设备处。

3）使用和存储有毒、易燃、易爆物品，腐蚀剂，压力容器等均应有相应的安全防护措施和设施。

4）生产厂房和停车场应符合安全、环保和消防等各项要求。

4. 环境保护条件

1）企业应具有废油、废液、废气、废蓄电池、废轮胎及垃圾等有害物质集中收集、有效处理和保持环境整洁的环境保护管理制度。有害物质存储区域应界定清楚，必要时应有隔离、控制措施。

2）作业环境以及按生产工艺配置的处理“三废”（废油、废液、废气）、通风、吸尘、净化、消声等设施，均应符合有关规定。

3）涂装车间应设有专用的废水排放处理设施，采用干打磨工艺的，应有粉尘收集装置和除尘设备，应设有通风设备。

4）调试车间或调试工位应设置汽车尾气收集净化装置。

5. 设施条件

（1）接待室（含客户休息室）

1）企业应设有接待室，一类企业的面积不少于40m²，二类企业的面积不少于20m²。

2）接待室应整洁明亮，明示各类证、照、主修车型、作业项目、工时定额及单价等，并应有客户休息的设施。

（2）停车场

1）企业应有与承修车型、经营规模相适应的合法停车场地，一类企业的面积不少于200m²，二类企业的面积不少于150m²。

2）企业租赁的停车场地应具有合法的书面合同书。

3）停车场地面平整坚实，区域界定标志明显。

（3）生产厂房

1）生产厂房地面应平整坚实，面积应能满足表7-1～表7-3所列设备的工位布置、生产工艺和正常作业，一类企业的面积不少于800m²，二类企业的面积不少于200m²。

2）租赁的生产厂房应具有合法的书面合同书。

6. 设备条件

1）企业应配备与其承修车型相适应的量具、机工具及手工具。量具应定期进行检定。

2）企业应配备表7-1～表7-3所列的通用设备、专用设备及检测设备，其规格和数量应与其生产纲领和生产工艺相适应。

3）各种设备应符合相应的产品技术条件等国家标准和行业标准的要求。

4）各种设备应能满足加工、检测精度的要求和使用要求。表7-3所列检测设备应通过相关认定，并按规定经有资质的计量检定机构检定合格。

5）允许外协的设备，应具有合法的书面合同书，并能证明其技术状况符合上述3)、4）的要求。

表7-1　通用设备

序　号	设备名称
1	钻床
2	电焊及气体保护焊设备
3	气焊设备
4	压力机
5	空气压缩机

表 7-2 专用设备

序号	设备名称	大、中型客车	大型货车	小型车	其他要求
1	换油设备		✓		
2	轮胎轮辋拆装设备		✓		
3	轮胎螺母拆装机	✓	✓	—	
4	车轮动平衡机		✓		
5	四轮定位仪	—	—	✓	
6	转向轮定位仪	✓	✓	—	
7	制动鼓和制动盘维修设备	✓	✓	—	
8	汽车空调冷媒加注回收设备	✓	—	✓	
9	总成吊装设备		✓		
10	汽车举升机	—	—	✓	一类应不少于5台
11	地沟设施	✓	✓	—	一类应不少于2个
12	发动机检测诊断设备		✓		应具备示波器、转速表、发动机检测专用真空表的功能
13	数字式万用电表		✓		
14	故障诊断设备	—	—	✓	
15	气缸压力表		✓		
16	汽油喷油器清洗及流量测量仪	—	—	✓	
17	正时仪		✓		
18	燃油压力表	—	—	✓	
19	液压油压力表		✓		
20	连杆校正器		✓		允许外协
21	无损探伤设备		✓		修理大、中型客车必备，其他允许外协
22	车身清洗设备	—	—	✓	
23	打磨抛光设备	✓	—	✓	
24	除尘除垢设备	✓	—	✓	
25	型材切割机		✓		
26	车身整形设备		✓		
27	车身校正设备	—	—	✓	

(续)

<table>
<tr><th>序号</th><th>设 备 名 称</th><th>大、中型客车</th><th>大型货车</th><th>小型车</th><th>其他要求</th></tr>
<tr><td>28</td><td>车架校正设备</td><td>✓</td><td>✓</td><td>—</td><td>二类允许外协</td></tr>
<tr><td>29</td><td>悬架试验台</td><td>—</td><td>—</td><td>✓</td><td>二类允许外协</td></tr>
<tr><td>30</td><td>喷烤漆房及设备</td><td>✓</td><td>—</td><td>✓</td><td></td></tr>
<tr><td>31</td><td>喷油泵试验设备</td><td colspan="3">✓</td><td rowspan="11">允许外协</td></tr>
<tr><td>32</td><td>喷油器试验设备</td><td colspan="3">✓</td></tr>
<tr><td>33</td><td>调漆设备</td><td>✓</td><td>—</td><td>✓</td></tr>
<tr><td>34</td><td>自动变速器维修设备</td><td>—</td><td>—</td><td>✓</td></tr>
<tr><td>35</td><td>立式精镗床</td><td colspan="3">✓</td></tr>
<tr><td>36</td><td>立式珩磨机</td><td colspan="3">✓</td></tr>
<tr><td>37</td><td>曲轴磨床</td><td colspan="3">✓</td></tr>
<tr><td>38</td><td>曲轴校正设备</td><td colspan="3">✓</td></tr>
<tr><td>39</td><td>凸轮轴磨床</td><td colspan="3">✓</td></tr>
<tr><td>40</td><td>激光淬火设备</td><td colspan="3">✓</td></tr>
<tr><td>41</td><td>曲轴、飞轮与离合器总成动平衡机</td><td colspan="3">✓</td></tr>
</table>

注：✓表示要求具备；—表示不要求具备。

表7-3 主要检测设备

序号	设 备 名 称	其 他 要 求
1	声级计	
2	排气分析仪或烟度计	
3	汽车前照灯检测设备	二类允许外协
4	侧滑试验台	二类允许外协
5	制动检验台	修理大型货车及二类允许外协
6	车速表检验台	二类允许外协
7	底盘测功机	允许外协

二、汽车专项维修业户的开业条件

汽车专项维修业户是指从事汽车发动机、车身、电气系统、自动变速器、车身清洁维护、涂装、轮胎动平衡及修补、四轮定位检测调整、供油系统维护及油品更换、喷油泵和喷油器维修、曲轴修磨、气缸镗磨、散热器（水箱）维修、空调维修、汽车装潢（篷布、坐垫及内装饰）、门窗玻璃安装等专项维修作业的业户（三类）。

1. 通用条件

1）从事专项维修关键岗位的人员数量应能满足生产的需要，并取得行业主管部门颁发的从业资格证书，持证上岗。

2）应具有相关的法规、标准、规章等文件以及相关的维修技术资料和工艺文件等，并确保完整有效、及时更新。

3）应具有规范的业务工作流程，并明示业务受理程序、服务承诺、用户抱怨受理制度等。

4）生产厂房的面积、结构及设施应满足专项维修作业设备的工位布置、生产工艺和正常作业要求。停车场地界定标志明显，不得占用道路和公共场所进行作业和停车，地面应平整坚实。租赁的生产厂房、停车场地应具有合法的书面合同书，应符合安全生产、环保和消防等各项要求。

5）配备的设备应与其生产作业规模及生产工艺相适应，其技术状况应完好，符合相应的产品技术条件等国家标准或行业标准的要求，并能满足加工、检测精度的要求和使用要求。检测设备及量具应按规定经有资质的计量检定机构检定合格。

6）使用和存储有毒、易燃、易爆物品，粉尘、腐蚀剂、污染物、压力容器等均应有安全防护措施和设施。作业环境以及按生产工艺安装、配置的处理“三废”（废油、废液、废气）、通风、吸尘、净化、消声等设施，均应符合国家有关法规、标准的规定。

2. 专项维修经营范围、人员、设施、设备条件

（1）发动机修理

1）人员条件

① 企业管理负责人、技术负责人及检验人员等均应经过有关培训，并取得行业主管部门颁发的从业资格证书，持证上岗。

② 企业管理负责人应熟悉汽车维修业务，具备企业经营、管理能力，并了解发动机维修及相关行业的法规及标准。

③ 技术负责人应具有汽车维修或相关专业大专以上的文化程度，或具有汽车维修等相关专业的中级以上专业技术职称，应熟悉汽车维修业务，并掌握汽车维修相关行业的法规及标准。

④ 检验人员应不少于2名。

⑤ 发动机主修人员应不少于2名。

2）组织管理

① 应具有健全的经营管理体系，设置技术负责、业务受理、质量检验、文件资料管理、材料管理、仪器设备管理、价格结算等岗位并落实责任人。

② 应具有维修质量承诺、进出厂登记、检验记录及技术档案管理、标准和计量管理、设备管理及维护、人员技术培训等制度并严格实施。

3）设施条件

① 应设有接待室，其面积应不少于 $20m^2$。接待室应整洁明亮，明示各类证、照、作业项目及计费工时定额等，并应有客户休息的设施。

② 停车场面积应不少于 $30m^2$。

③ 生产厂房面积应不少于 $200m^2$。

4）主要设备

① 压力机。

② 空气压缩机。

③ 发动机解体清洗设备。

④ 发动机等总成吊装设备。

⑤ 发动机试验设备。

⑥ 废油收集器。

⑦ 数字式万用电表。

⑧ 气缸压力表。

⑨ 量缸表。

⑩ 正时仪。

⑪ 汽油喷油器清洗及流量测量仪。

⑫ 燃油压力表。

⑬ 喷油泵试验设备。

⑭ 喷油器试验设备。

⑮ 连杆校正器。

⑯ 排气分析仪。

⑰ 烟度计。

⑱ 无损探伤设备。

⑲ 立式精镗床。

⑳ 立式珩磨机。

㉑ 曲轴磨床。

㉒ 曲轴校正设备。

㉓ 凸轮轴磨床。

㉔激光淬火设备。

㉕ 曲轴、飞轮与离合器总成动平衡机。

（2）车身维修

1）人员条件

① 企业管理负责人、技术负责人及检验人员应符合发动机修理人员条件①~③的要求。

② 检验人员应不少于1名。

③ 车身主修及维修涂装人员均不少于2名。

2）组织管理条件。企业的组织管理条件应符合发动机修理组织管理要求。

3）设施条件

① 应设有接待室，其面积应不少于$20m^2$。接待室应整洁明亮，明示各类证、照、作业项目及计费工时定额等，并应有客户休息的设施。

② 停车场面积应不少于$30m^2$。

③ 生产厂房面积应不少于$120m^2$。

4）主要设备

① 电焊及气体保护焊设备。

② 气焊设备。

③ 压力机。

④ 空气压缩机。

⑤ 汽车外部清洗设备。

⑥ 打磨抛光设备。

⑦ 除尘除垢设备。

⑧ 型材切割机。

⑨ 车身整形设备。

⑩ 车身校正设备。

⑪ 车架校正设备。

⑫ 车身尺寸测量设备。

⑬ 喷烤漆房及设备。

⑭ 调漆设备（允许外协）。

（3）电气系统维修

1）人员条件

① 企业管理负责人、技术负责人及检验人员应符合发动机修理人员条件①～③的要求。

② 检验人员应不少于1名。

③ 电子电器主修人员应不少于2名。

2）组织管理条件。企业的组织管理条件应符合发动机修理组织管理的要求。

3）设施条件

① 应设有接待室，其面积应不少于$20m^2$。接待室应整洁明亮，明示各类证、照、作业项目及计费工时定额等，并应有客户休息的设施。

② 停车场面积应不少于$30m^2$。

③ 生产厂房面积应不少于$120m^2$。

4）主要设备

① 空气压缩机。

② 故障诊断设备。

③ 数字式万用电表。

④ 充电机。

⑤ 电解液比重计。

⑥ 高频放电叉。

⑦ 汽车前照灯检测设备（允许外协）。

⑧ 电路检测设备。

（4）自动变速器修理

1）人员条件

① 企业管理负责人、技术负责人及检验人员应符合发动机修理人员条件①~③的要求。

② 检验人员应不少于1名。

③ 自动变速器专业主修人员应不少于2名。

2）组织管理条件。企业的组织管理条件应符合发动机修理组织管理的要求。

3）设施条件

① 应设有接待室，其面积应不少于$20m^2$。接待室应整洁明亮，明示各类证、照、作业项目及计费工时定额等，并应有客户休息的设施。

② 停车场面积应不少于$30m^2$。

③ 生产厂房面积应不少于$200m^2$。

4）主要设备

① 自动变速器翻转设备。

② 自动变速器拆解设备。

③ 变速器维修设备。

④ 变矩器切割设备。

⑤ 变矩器焊接设备。

⑥ 变矩器检测（检漏）设备。

⑦ 零件高压清洗设备。

⑧ 电控变速器测试仪。

⑨ 油路总成测试机。

⑩ 液压油压力表。

⑪ 自动变速器总成测试机。

⑫自动变速器专用测量器具。

（5）车身清洁维护

1）人员条件。至少有2名经过专业培训的车身清洁人员。

2）设施条件。生产厂房面积不少于40m^2。停车场面积不少于30m^2。

3）主要设备

① 举升设备或地沟。

② 汽车外部清洗设备及污水处理设备。

③ 吸尘设备。

④ 除尘、除垢设备。

⑤ 打蜡设备。

⑥ 抛光设备。

4）节水条件。取得节水管理部门的批准，符合当地节水及环保要求。

（6）涂装

1）人员条件。至少有1名经过专业培训的汽车维修涂装人员。

2）设施条件。生产厂房面积不少于120m^2。停车场面积不少于40m^2。

3）主要设备

① 举升设备。

② 除锈设备。

③ 砂轮机。

④ 空气压缩机。

⑤ 喷烤漆房（从事轿车喷漆必备）或喷漆设备。

⑥ 调漆设备（允许外协）。

⑦ 吸尘、通风设备。

（7）轮胎动平衡及修补

1）人员条件。至少有1名经过专业培训的轮胎维修人员。

2）设施条件。生产厂房面积不少于30m^2。停车场面积不少于30m^2。

3）主要设备

① 空气压缩机。

② 漏气试验设备。

③ 轮胎气压表。

④ 千斤顶。

⑤ 轮胎螺母拆装机或专用拆装设备。

⑥ 轮胎轮辋拆装、除锈设备或专用工具。

⑦ 轮胎修补设备。

⑧ 车轮动平衡机。

（8）四轮定位检测调整

1）人员条件。至少有1名经过专业培训的汽车维修人员。
2）设施条件。生产厂房面积不少于40m²。停车场面积不少于30m²。
3）主要设备
① 举升设备。
② 四轮定位仪。
③ 空气压缩机。
④ 轮胎气压表。
（9）供油系统维护及油品更换
1）人员条件。至少有1名经过专业培训的汽车维修人员。
2）设施条件。生产厂房面积不少于40m²。停车场面积不少于30m²。
3）主要设备
① 不解体油路清洗设备。
② 换油设备。
③ 废油收集设备。
④ 举升设备或地沟。
⑤ 空气压缩机。
（10）喷油泵、喷油器维修
1）人员条件。至少有1名经过专业培训的汽车高压油泵维修人员。
2）设施条件。生产厂房面积不少于30m²。停车场面积不少于30m²。
3）主要设备
① 喷油泵、喷油器清洗和试验设备。
② 喷油泵、喷油器密封性试验设备（从事喷油泵、喷油器维修的业户）。
③ 弹簧试验仪。
④ 千分尺。
⑤ 塞尺。
（11）曲轴磨修
1）人员条件。至少有1名经过专业培训的曲轴修磨人员。
2）设施条件。生产厂房面积不少于60m²。停车场面积不少于30m²。
3）主要设备
① 曲轴磨床。
② 曲轴校正设备。
③ 曲轴动平衡设备。
④ 平板。
⑤ V形块。
⑥ 百分表及磁力表座。

⑦ 外径千分尺。
⑧ 无损探伤设备。
⑨ 吊装设备。

(12) 气缸镗磨

1) 人员条件。至少有 1 名经过专业培训的气缸镗磨人员。
2) 设施条件。生产厂房面积不少于 $60m^2$。停车场面积不少于 $30m^2$。
3) 主要设备

① 立式精镗床。
② 立式珩磨机。
③ 压力机。
④ 吊装起重设备。
⑤ 气缸体水压试验设备。
⑥ 量缸表。
⑦ 外径千分尺。
⑧ 塞尺。
⑨ 激光淬火设备（从事激光淬火必备）。
⑩ 平板。

(13) 散热器维修

1) 人员条件。至少有 1 名经过专业培训的专业维修人员。
2) 设施条件。生产厂房面积不少于 $30m^2$。停车场面积不少于 $30m^2$。
3) 主要设备

① 清洗及管道疏通设备。
② 气焊设备。
③ 钎焊设备。
④ 空气压缩机。
⑤ 喷漆设备。
⑥ 散热器密封试验设备。

(14) 空调维修

1) 人员条件。至少有 1 名经过专业培训的汽车空调维修人员。
2) 设施条件。生产厂房面积不少于 $40m^2$。停车场面积不少于 $30m^2$。
3) 主要设备

① 汽车空调冷媒加注回收设备。
② 气焊设备。
③ 空调电器检测设备。
④ 空调专用检测设备。

⑤ 数字式万用表。

(15) 汽车装潢(蓬布、座垫及内装饰)

1) 人员条件。至少有1名经过专业培训的维修人员。

2) 设施条件。生产厂房面积不少于$30m^2$。停车场面积不少于$30m^2$。

3) 主要设备

① 缝纫机。

② 锁边机。

③ 工作台或工作案。

④ 台钻或手电钻。

⑤ 电熨斗。

⑥ 裁剪工具。

⑦ 烘干设备。

(16) 汽车玻璃安装

1) 人员条件。至少有1名经过专业培训的维修人员。

2) 设施条件。生产厂房面积不少于$30m^2$。停车场面积不少于$30m^2$。

3) 主要设备

① 工作台。

② 玻璃切割工具。

③ 注胶工具。

④ 玻璃固定工具。

⑤ 直尺、弯尺。

⑥ 玻璃拆装工具。

⑦ 吸尘器。

说明：汽车整车维修企业是指有能力对所维修车型的整车各个总成及主要零部件进行各级维护、修理及更换，使汽车的技术状况和动力性能完全(或接近完全)恢复到原车的技术要求，并符合相应国家标准和行业标准规定的汽车维修企业，按规模大小分为一类汽车维修企业和二类汽车整车维修企业。

第二节　生产管理必备的专业知识

一、汽车修理成本核算知识

1. 成本的概念及构成

(1) 成本的概念　产品成本是指为生产(和销售)一定数量和质量的产品，

所消耗的劳动资料、劳动对象、劳动报酬的价值形式。通俗地讲，成本是指人们为做成一事或取得一物，所必须付出或已经付出的代价。

产品的生产和销售伴随着劳动的消耗。产品成本就是这种劳动消耗的货币表现。生产中发生的费用称为生产成本或工厂成本，销售中发生的费用称为销售成本。产品成本是指二者费用之和，也称为完全成本。财务会计中的成本概念与技术经济分析中成本的概念不同。财务会计中的成本是对生产经营中实际发生费用的记录，各种影响因素的作用是固定的，所得的成本数据是唯一的；技术经济分析中的成本有许多是模拟实施项目未来将要发生费用的预测和估算，各种影响因素是不确定的，不同的实施方案会有不同的成本数据。

按各种费用与产品产量的关系，又可将成本划分为固定成本与变动成本两部分。固定成本是指在一定生产规模内不随着产品产量变动而变动的费用；变动成本是指产品成本中随着产品变动而变动的费用。固定成本和变动成本的计算是进行项目盈亏平衡分析的重要内容。

（2）产品成本的构成 根据产品成本中所包含各种费用的经济用途和核算层次，可将产品成本划分为八个项目：

1）原材料，即构成产品实体的原料、主要材料、外购半成品、零部件、配件及辅助材料。

2）燃料和动力，即直接用于产品生产的外购和自制的燃料和动力。

3）工资，即直接参加生产的工人工资。

4）预提费用，即提取的职工福利基金等。

5）废品损失，即生产过程中产生废品所导致的损失。

6）车间经费，即基本生产车间和辅助生产车间为管理和组织生产所发生的费用，如车间管理人员的工资、办公费、车间消耗性材料支出、维修费、劳动保护费以及车间厂房和设备的折旧费等。

7）企业管理费，即企业为管理和组织工厂生产所发生的费用，如企业管理人员的工资、行政管理费、工会经费、运输费、试验设计费、折旧费及利息支出等。

8）销售费用，即产品销售过程中发生的费用，如推销费、广告费、售后财务费等。

按成本项目计算、考核成本，便于分析各生产经营环节的运行状态，提高企业管理水平。

2. 产品成本的核算

在进行产品成本核算时，常把产品成本分为材料费 M、基本工资 W、杂费 A，然后把其累加起来即为产品成本。

$$C = M + W + A$$

式中 C——产品成本；

M——材料费，包括材料、配件、及辅助材料；

W——基本工资，直接参加生产工人的劳动报酬（不含奖金）；

A——杂费，除前两项以外的其他成本构成费用。

在维修企业中，又常把成本简化为材料费和工时费之和，即

$$C = M + B$$

汽车维修工时费 B 由汽车维修的结算工时定额和结算工时单价确定，即

$$B = tq$$

式中 t——结算工时定额（h）；

q——结算工时单价（元/h）。

结算工时定额一般由交通主管部门和物价部门联合制定，它是企业向客户收费的重要依据。结算工时单价也是由上述两部门联合制定的，它是单位工时的收费标准。在向客户收费时，还应考虑企业的利润率和税率。

3. 定额法计算产品成本

（1）产品成本计算方法

1）简单法。该方法适用于大量大批单件产品或简单生产的企业进行成本核算。整个企业只要设置一张或几张成本计算单，按成本项目统计生产费用，就可计算出产品的成本。该方法适用于采掘、电力等部门，大企业的辅助生产车间（如供水、供电、供气车间），还适用于某些生产规模小而且管理上又不要求按照生产阶段计算成本的生产企业，如收音机厂、缝纫机厂、水泥厂、造纸厂等。

2）分步法。采用分步法时，产品成本计算对象应该是各种产品的成本及其所经过的各生产步骤的成本。产品成本计算单要按照生产步骤和产品品种进行设置。各步骤发生的费用及能直接计入某种成本核算对象的，应直接计入；不能计入成本核算对象的，应先按生产步骤统计，月末再按一定标准在各种产品之间分配。

分步法主要适用于大量大批连续式复杂生产的企业，例如纺织厂、线缆厂等。在采用分步法时，产品往往跨月陆续完工，月末经常有在生产产品，因此，还需要把成本计算单中的各项费用，采用适当的分配方法在完工产品和在产产品之间进行分配。分步法在结转各个步骤的成本时，常采用逐步结转分步法和平行结转分步法两种不同的方法。

3）订单法。适用于按照购买单位的订单进行单件小批量生产的企业，如造船、重型机械制造、电子工业、专用设备制造等企业，也适用于新产品试制或试验性生产、专用基金工程以及设备修理作业等。

订单法是由企业生产计划部门下达的“生产任务单”来组织的，即以每一订单或每一批产品为成本的计算对象。生产费用中能按订单或批别划分的直接费

用，要在费用原始凭证上注明产品的订单或批别号码，以便直接记入各产品的成本计算单中。对于不能按订单或批别划分的间接费用，则应在费用原始凭证上注明费用发生的地点，以便按费用发生地点进行归集，再按生产工时或其他标准分配各产品成本计算单。间接费用的分配，可采用当月分配法或累计分配法进行。

4）分类法。分类法就是将产品分为若干类，先算出各类产品的总成本，然后按照一定比例在各种产品之间进行分配，计算每种产品成本的一种方法。在实际工作中，常将分配比例折合为系数，以系数为标准分别计算同类产品中各产品的实际成本，所以分类法也称为系数法。

分类法适用于产品种类或规格繁多，但每类中各种产品的结构、生产所用的原材料和工艺过程基本相同而且是大量大批生产的企业，如针织厂和电子元件厂等企业。另外，在用相同原材料在同一加工过程中生产出两种以上产品的企业和自制通用件、标准件种类较多的企业，也可采用分类法计算产品成本。

5）定额法。定额法是以产品的定额成本为基础，当生产费用发生时，就要在原始凭证上及时计算实际生产费用脱离定额的各种差异，然后在定额成本的基础上，加减各种定额差异，计算出产品实际成本的一种方法。

定额法的最大优点是把成本的计划、管理、核算、分析有机地结合起来，能够在生产费用发生的当时，就反映出各项费用脱离定额的差异，有利于加强成本分析，防止生产费用超支，挖掘降低成本的潜力。

这种方法适用于大量大批的装配式复杂生产企业。凡是产品种类较少，生产稳定，定额管理制度健全，各项消耗定额比较齐全、准确，成本核算基础工作较好的企业，都可以根据本企业生产的特点，结合基本成本核算方法，采用定额法计算产品成本。

（2）定额法计算产品成本　定额法与其他成本计算方法不同，在定额法下，产品实际成本是由定额成本、定额差异、定额变动差异三个因素组成的，计算公式为

$$C_s = C_a \pm \Delta C \pm \delta_c$$

式中　C_s——产品实际成本；

C_a——产品定额成本；

ΔC——产品定额差异；

δ_c——产品定额变动差异。

1）定额成本。定额成本是根据现行消耗定额事先计算的产品成本，它是计算产品实际成本的基础。定额成本既反映企业现有条件下应达到的水平，又是衡量本月成本节约或超支的尺度。

定额成本的成本项目和计算方法，是通过编制成本计算表进行的。定额成本计算表的编制方法，与产品的结构零件的多少，是否实行车间成本核算，以及费

用在车间之间的结转方式有直接关系。当产品的零部件不多时，可以先编制零件定额成本计算表，然后再汇编零部件和产品定额成本计算表。如果产品的零部件数量较多，那么为了简化定额成本计算表的编制，可以不编制零部件的定额成本计算表，而直接编制每种产品的车间单位产品定额成本计算表，然后再编制企业单位产品定额成本计算表。在实行一级核算的企业里，也可以不编制车间单位产品定额成本计算表，而直接编制产品定额成本计算表。

在利用定额成本计算表对各成本项目进行计算时，“原材料”、“燃料和动力”项目应根据现行各项消耗定额及厂内计划价格计算，“工资”项目应按该产品的现实工时定额及每小时计划工资计算。如果工资能直接计入产品成本，那么每小时计划工资用该产品计划产量去除其计划工资额来确定。“车间经费”、“企业管理费”项目应根据车间经费、企业管理费计划数及其分配标准计算，如果以定额工时为标准，那么应按该产品现行工时定额及每小时计划车间经费、企业管理费确定。

2）定额差异。定额差异是指生产中各项生产费用的实际支出脱离现行定额或预算的差额。采用定额法时，应将实际生产费用与定额数相比较，把实际费用分为定额内费用（即定额成本）和脱离定额的费用（即定额差异）两部分来计算和反映。定额成本和定额差异的代数和等于实际成本。定额差异通常由材料、工资、燃料和动力、车间经费和企业管理费用定额差异组成。

① 材料定额差异是指材料的实际成本与材料的定额成本之差；或者材料的实际消耗量与定额消耗量之差，乘以材料的计划单价。至于材料价格差异，一般同生产车间的价格无关，可以不下车间，属于成本开支的可由财务部门一次分配计入产品成本，列入“原材料”项目。

② 工资定额差异。生产工人工资定额差异的计算，因工资形式不同而异。在计件工资形式下，生产工人工资脱离定额差异的计算与材料脱离定额差异的计算相类似。在计时工资形式下，生产工人工资如果能够直接记入产品成本，那么其工资差异可按实际生产工人工资减去实际产量乘以单位产品定额工资进行计算。

生产工人工资如果因不能直接记入产品成本而采用实际工时分配，那么工资定额差异等于实际产量的实际生产工时数乘以单位小时实际工资，减去实际产量的定额生产工时乘以单位小时计划工资。由以上可看出，生产工人工资定额差异的产生是由两个因素决定的，一是工时差异，二是小时平均工资差异。

③ 燃料和动力定额差异。燃料和动力应按照设备动力部门下达给各车间的全月消耗动力计划指标总额、各种产品耗用动力计划数，控制各车间的动力消耗和计算各种产品耗用的动力费用定额成本。将实际成本数与各种产品的动力费定额成本相比较，即可求得各种产品燃料和动力的定额差异。

燃料和动力定额差异等于产品实际燃料和动力金额减去产品定额燃料和动力金额。其中，产品实际燃料和动力金额等于该产品实际生产工时数乘以实际小时燃料和动力费用；产品燃料和动力金额等于该产品实际生产量的定额生产工时总数乘以计划小时燃料和动力费用。

④ 车间经费和企业管理费用定额差异。此两项费用都是间接费用（杂费），在日常核算中，主要通过费用预算，按照费用项目的性质，下达给有关部门和车间负责管理。

以车间经费为例，假定按生产工时分配，车间经费定额差异等于产品实际车间经费减去产品定额车间经费。产品实际车间经费等于该种产品实际生产工时乘以实际小时车间经费。该种产品定额车间经费等于该种产品实际生产量的定额生产工时乘以计划小时车间经费。“废品损失”成本项目，一般不列入产品的定额成本中。因此，它的实际发生额，通常应作为定额差异来处理。

3）定额变动差异。定额变动差异与定额差异不同。定额变动差异是指因技术进步、劳动生产率提高、生产条件的变化，企业对定额进行修改而产生的新旧定额之间的差异。它是定额本身变动的结果，与生产费用的节约或超支无关，而定额差异则是反映生产费用的节约或超支的程度。

定额变动差异一般应该按照定额成本的比例，在完工产品和非完工产品之间进行分配。如果差异额不大或者产品的生产周期小于一个月，那么可以由产品的成本负担。

4）产品实际成本。采用定额法时，产品实际成本的计算程序因产品成本核算对象、产品成本结转的方法、在产品成本估价等的不同而异。

在采用平行结转分步法计算各种产品成本时，各车间应按产品品种设置产品成本计算单。由于产品实际成本是由定额成本加减定额差异和定额变动差异求得的，因而产品成本计算单位应该按定额成本、定额差异、定额变动差异分设专栏进行反映。

4. 成本核算注意事项

成本是对生产耗费水平的衡量，是价值补偿的尺度。为了准确地计算成本，必须注意以下事项：

1）企业必须按实际的生产数量、实际消耗、实际价格核算成本。企业除销售费用外，必须根据计算期内完工产品的统计数量、实际消耗、实际价格来核算成本。企业不得以计划成本、结算成本、定额成本代替实际成本。在计算过程中，对产成品、自制半成品和劳务按计划成本或定额成本进行核算的，要按月及时调整为实际成本。企业内部对原材料按计划价格进行核算，与实际价格的差异，要按月进行调整分配。对材料价格的差异和分配，可以按品种或类别进行。

2）严格划清各种成本界限，不得乱计乱算成本。国家规定，工业企业一律以月为成本计算期，同一个计算期内核算的产量、收入和消耗、起讫日期必须一致。也就是说，产出与消耗必须是同一个月内的，不允许前后移动。为此，成本核算必须严格区分下列界限，不允许相互混淆，以免影响成本的准确性：

① 本期与下期成本。

② 在产品成本与成产品成本。

③ 可比产品成本与不可比产品成本。

3）产品成本的核算程序与方法，必须严格按规定执行。企业必须按规定提取和摊销“预提费用”和“待摊费用”，按规定计算和摊销价格差异；必须定期认真进行盘点，不得虚结“在产品成本”；要加强各项基础工作，以保证成本核算的准确性；

4）严格依法加强成本管理工作，进行必要的监督和制裁。

① 监督

a. 企业主管部门负责对本系统企业的成本管理情况进行监督检查，保证本体系认真执行国家的相关规定。

b. 审计机关和财务、税务机关按照各自的职责权限范围，负责对辖区内企业的成本管理情况进行监督和检查。

c. 企业有义务接受有监督检查权的机关的监督和检查，必须如实反映情况，提供资料，不得弄虚作假或刁难、阻挠。

② 制裁

A. 企业违反下述规定之一者，要给予处理：

a. 擅自提高开支标准，扩大开支范围的。

b. 随意摊提成本费用，挤占国家收入的。

c. 弄虚作假，成本严重不实的。

d. 经营管理不善，造成大量废品或其他严重损失浪费，以致成本升高，情节严重，构成犯罪的，由审计、财政机关移交司法机关依法追究其刑事责任。对揭发、检举人员，国家予以保护，并给予表扬或奖励。

B. 因为企业主管机关计划不周、指挥失误，给企业造成重大经济损失的，应区别不同情况，给直接责任人员以行政处分。

C. 企业或个人对审计机关或财政机关给予的行政处罚有异议时，可以在接到处罚通知之日起15日内，申请上一级审计或财政机关复议。

二、汽车修理定额管理知识

1. 定额的概念

所谓定额，从广义上讲，就是对某一事物的发展过程所规定的额度，也就是人们根据各种不同的需要，对某一事物所规定的数量标准。在汽车修理中，定额就是在一定的作业条件下，利用科学的方法制订出来的完成质量合格的单位作业量所消耗的人力、物力、机械设备或资金的数量标准。汽车修理工时定额，是指在一定的生产条件下，进行修理作业所消耗的劳动时间标准。它是汽车维修行业进行经济核算的重要依据，是企业内部搞好生产自治，充分调动职工工作积极性的主要因素，是管理部门考核企业经营水平的重要标志。

2. 工时定额的种类

（1）汽车大修工时定额　它是指对汽车整车完成大修作业时，所规定的工时限额。汽车大修工时定额分别按车辆类别、车辆型号，并参考标准车型进行制订，通常以解放 CA1091 型或东风 EQ1090 型汽车为 1，其他常见车型的换算系数见表 7-4。

表 7-4　常见车型的换算系数

车辆型号	北京 BJ2020	解放 CA1091 东风 EQ1090	黄河 JN1171/127	上海桑塔纳	奥迪 100	北京 BK670
换算系数	0.90	1.00	1.20	2.00	2.50	3.40

（2）总成大修工时定额　它是指对汽车某一总成完成大修作业时所需的工时限额。通常是把汽车总成折合成同型号汽车整车，然后再把汽车整车换算成标准车型。计算总成大修工时定额时，其不同总成的折合系数见表 7-5。

表 7-5　汽车主要总成的折合系数

汽车类别 / 汽车总成	载货汽车		轿车	大型客车	
	汽油机	柴油机		车架式	承载式
发动机附离合器	0.21	0.29	0.14	0.11	0.05
变速器	0.05	0.05	0.02	0.02	0.01
后桥（或驱动前桥）	0.08	0.10	0.06	0.04	0.02
前桥（或前悬架）	0.06	0.06	0.04	0.03	0.01
转向器	0.07	0.02	0.01	0.005	0.002
传动轴	0.02	0.04	0.05	0.003	0.001
车身	—	—	0.65	0.62	0.65

（3）汽车小修工时定额　它是指汽车进行各项小修作业时所需要的工时定额。汽车小修工时定额应分别按车辆类别、车辆型号、每项具体作业制订，见表 7-6。

（4）零件修理工时定额　它是指汽车进行检验分类时，需修件修理时所需要的工时限额。其工时定额和其生产纲领有关，常把 1000 辆生产纲领设为 1，不同生产纲领需乘以批量系数，其值可用插入法求得，见表 7-7。

(5) 汽车维护工时定额　它是指对汽车各级维护作业所规定的工时限额。其定额的确定与工艺技术的组织有很复杂的关系，主要取决于汽车的型号、维护作业的内容及工艺与设备。我国汽车运输企业内部对各种车辆进行维护和小修作业采用的延续时间定额见表7-6。小修作业的时间定额按车辆行驶1000km内，小修作业的平均停车场日进行计算。

表7-6　汽车维护和小修作业时间定额

汽车类别＼作业	日常维护/h	一级维护/h	二级维护/h	小修/日
载货汽车	0.2～0.5	0.7～1.5	2.0～6.0	2.0
公共汽车	0.5～0.7	1.0～1.5	2.0～6.0	2.0
轿车	0.3～0.5	0.8～1.5	2.0～6.0	1.6
挂车	0.1～0.4	0.4～1.0	—	1.0～2.0

表7-7　批量系数

生产纲领/辆	100	250	500	750	1000	2000	4000
批量系数	2.40	1.54	1.18	1.08	1.00	0.91	0.80

3. 制订汽车修理工时定额的原则

汽车修理工时定额的制订，是汽车维修行业管理和企业生产经营管理的基础工作。它不止在于规定一个劳动时间定额，更重要的是在工艺设计和操作方法上能够做到耗时少、工效高、质量好。制订工时定额时，一定要遵守以下几项原则：

(1) 现实性　要从我国的国情、地区发展情况、行业管理和企业生产管理水平、工人的技术水平，以及设备、材料、配件等条件出发，经过综合评估，把定额制订在行业平均先进水平上。这个水平企业可能暂时达不到，但通过努力，2～3年内可以达到。

(2) 合理性　要求不同类别、不同型号的汽车，不同工种之间的定额水平应保持平衡，避免相差悬殊，宽严不一。要有一定的比例换算关系，以便于企业管理，合理地评价其工作成果。

(3) 发展性　要考虑现代高科技在汽车工业中的应用，考虑维修行业新技术、新工艺、新设备的采用。工时定额不能永久不变，要及时进行修订，保证其先进性。

(4) 群众性　制订工时定额时，应该广泛征求管理者、技术人员和生产工人的意见和建议，充分考虑其可行性，走群众路线，实行专家、管理人员、生产工人三结合的政策。

4. 制订汽车修理工时定额的方法

根据本区域行业发展情况，企业的生产特点，企业的设备、设施、人员、资金等条件，可选择以下几种方法制订工时定额：

（1）经验估计法　经验估计法是由定额管理人员、老工人、技术人员，根据自己多年的生产实践，通过对修理作业、生产条件、工艺规程等多方面的分析，结合过去的经验和资料，用估工的方法来确定汽车修理各作业的工时定额。

该种方法简单易行，便于掌握，工作量小，有利于工时定额的制订和修改，适用于作业量小、工序较多或临时性作业中。但这种方法缺乏详细的分析和计算，技术依据不足，受估工人员本身素质的影响较大。因此，要选择那些经验丰富、技术水平高、事业心强的人做估工人员，以提高工时定额的准确性。

（2）统计分析法　根据过去同类修理作业实际工时的统计资料，进行认真的分析和整理，用数理统计方法，采用计算机计算手段，找出概率分布类型，从而确定工时定额。

这种方法比经验估计法准确，完全建立在统计资料的基础上。因此，为了保证定额具有较高的准确性，就一定要健全原始记录，加强统计工作，建立和健全业务核算，尽可能积累比较全面和真实的工时消耗统计资料，同时还要考虑过去与现在的施工生产技术组织条件有何变化。这样，工时定额确定后，才能够真正符合以后的生产实际情况。

（3）技术测定法　技术测定法是根据对生产技术条件和组织条件的分析研究，再通过技术测定和计算，确定合理的工艺程序、操作方法和工时消耗，然后在充分挖掘生产潜力的基础上，制订相应的技术措施和组织措施，从而制订出修理工时定额。

该种方法要分析修理各工序的结构、工人操作是否合理、劳动组织安排是否妥当、设备的性能是否充分发挥、工位的布置是否符合作业流程要求等，通过分析找出主要影响因素。

技术测定法又可分为分析研究法和分析计算法两种。前者采用工作日写实和测时的方法来确定时间定额各个组成部分的时间；后者是通过测时、写实和其他调查统计方法长期积累的资料，进行计算确定。

技术测定法的分析内容比较全面系统，有充分的技术数据，准确性比较高，因此是一种科学而细致的制订定额的方法。其缺点是费时、费力，需要系统的资料积累，投入精力比较多，不易做到及时。

（4）类推比较法　类推比较法是把现有标准车型的修理工时定额作为依据，经过对比分析，把不同车型的各项修理作业的工时定额，通过折算系数计算确定下来。我国常以解放 CA1091 型或东风 EQ1090 型载货汽车 1000 辆生产纲领时的工时定额为标准工时，在确定其他车型的工时定额时，只需乘以整车折合系数和批量系数即可。

该种方法简便易行，能保证定额的合理水平，但计算系数的确定需要大量的调研和统计工作，否则将直接影响工时定额的准确性。

(5) 幅度控制法　幅度控制法是由行业主管部门或维修企业参照国内外典型先进企业的同类车型、同类作业的修理工时定额，结合自己本区域本企业的发展情况，充分估计现有的潜力和提高生产率的可能性，把修理工时定额控制在一个幅度之内的制订工时定额的方法。一般维修企业通过加强管理、不断努力，可逐渐接近或低于先进企业的工时定额。

上述五种方法，在运用中各有优缺点，如果把几种方法结合起来，取长补短，那么可收到更好的效果。总之，在确定修理工时时，一定要考虑定额的先进性、客观的可能性、经济的合理性三条原则，使工时定额尽可能做到现实、合理，具有发展性和群众性。

第三节　汽车修理的生产管理技能训练

*训练1　汽车大修费用的计算

例7-1　某型号的汽车大修工时为700h，结算工时单价为8元/h，所消耗材料费为5000元，利润率υ为30%，税率β为5%，问修理厂应向客户收取多少汽车大修费用?

解　该型汽车的大修成本为

$$\begin{aligned}C &= M + B\\ &= 5000 + 700 \times 8\\ &= 10600(\text{元})\end{aligned}$$

在考虑利率、税率时，修理厂应向客户收取汽车大修费用为

$$\begin{aligned}Q &= C\frac{1+\upsilon}{1-\beta} = (M+B)\frac{1+\upsilon}{1-\beta}\\ &= 10600\text{元} \times \frac{1+0.30}{1-0.05}\\ &= 14505\text{元}\end{aligned}$$

因此，该车的汽车大修费用约为14505元。

*训练2　产品成本核算

例7-2　汽车配件产品200件，原材料项目的定额成本，上月旧定额为每件

40 元，共计 8000 元；自本月初起每件定额改为 32 元，本月投入生产 900 件，实际生产发生原材料费用 36000 元，产品实际在月内完工 1100 件，如何核算产品成本？

解　上月转来月初在产品定额成本为 8000 元，月初在产品定额成本降低额为

$$200 \times (40-32) 元 = 1600 元$$

本月投入产品定额成本为

$$900 \times 32 元 = 28800 元$$

定额成本合计数为

$$1100 \times 32 元 = 35200 元$$

定额超支差异为

$$36000 元 - 28800 元 = 7200 元$$

定额变动差异为　1600 元。

原材料实际成本为

$$36000 元 + 8000 元 = 44000 元$$

*训练 3　汽车修理工时定额计算

例 7-3　某汽车修理企业，年修车能力为解放 CA1091 整车 1500 辆，发动机总成 1000 台，变速器总成 500 台，生产纲领为 1000 辆时，其工时定额见表 7-8，求表中各作业的工时定额？

表 7-8　生产纲领为 1000 辆时的工时定额

1	发动机拆卸	8.0h	3	货厢拆卸	12.0h
2	变速器拆卸	2.0h	4	焊工（电、气焊）	25.0h

解　工时定额 t_i 等于批量系数 K_3 乘以 1000 辆生产纲领的工时定额 t_0，即

$$t_i = K_3 t_0$$

（1）求出四种作业的生产纲领 Z_i

$Z_{发}$ = 1500 台 + 1000 台 = 2500 台

$Z_{变}$ = 1500 台 + 500 台 = 2000 台

$Z_{厢}$ = 1500 件（只和整车有关）

$Z_{焊}$ = 1500 辆 + 1000 辆 × 0.21 + 500 辆 × 0.05 = 1735 辆

（2）用插入法求出批量系数 K_3

生产纲领 Z_i	1000	1500	1735	2000	2500	4000
批量系数 K_3	1.00	0.96	0.93	0.91	0.88	0.80

（3）计算各作业的时间定额

$t_{发} = 0.88\text{h} \times 8 = 7.04\text{h}$

$t_{变} = 0.91\text{h} \times 2 = 1.82\text{h}$

$t_{厢} = 0.96\text{h} \times 12 = 11.52\text{h}$

$t_{焊} = 0.93\text{h} \times 25 = 23.25\text{h}$

复习思考题

1. 汽车整车维修企业开业条件有哪些要求？
2. 汽车专项维修业户开业通用条件有哪些？
3. 什么叫成本？是由哪些费用构成的？
4. 汽车维修企业如何计算成本？
5. 如何用定额法计算产品成本？
6. 成本核算时应注意哪些事项？
7. 什么叫定额？汽车维修定额分哪些种？
8. 制订汽车修理工时定额的原则和方法有哪些？
9. 产品（汽车）修理工时和大修费用的计算方法有哪些？

第八章

撰写技术文件

培训学习目标 了解技术总结（科技报告）和科学论文的特点、结构、格式；学会编写考察报告、技术报告、实验报告、政策报告等，学会撰写科技论文。

第一节 撰写技术文件的基础知识

一、撰写科技报告

1. 注意事项

（1）掌握科技报告的特点 科技报告归纳起来有五个特点，在撰写时一定要掌握好。

1）客观性。报告一定要反映客观事实，不能主观臆造。报告是研究工作结果的记录，无论取得的结果与预料的结果是否一致，是肯定了还是否定了预料的目的，都可写成报告，都有参考价值。

2）自我性。报告是作者将科学研究、考察、调研、实验的结果等如实记录，通过整理编写而成的。因此，报告是作者自己的报告，要对自己负责。

3）单一性。大多报告以解决某一问题为目的，撰写时可以针对某一题目、某一目的、某项内容进行单项专一编写。

4）叙述性。报告以叙述为基本手段，叙述整个工作过程、方法及其细节。它不要求有明确的论点，也可以重复别人做的工作。

5）灵活性。报告撰写有一定格式要求，但又不完全局限同一格式，可视实际需要，按不同种类灵活确定其格式和编写的字数，格式长短不受限制。

(2) 合理安排写作结构　在编写时，应考虑好全部情况，包括发展程序、相互联系、来龙去脉及细枝末节等，然后根据报告的写作目的，采用不同的写作结构。其结构一般有以下几种：

1) 以空间位置的变换为序。这种结构宜于表现并列事物和场景，在科学研究性的考察报告中使用较多。

2) 以学科的内在联系为序。这种结构在考察报告、实验报告中经常使用。

3) 以时间的先后为序。这种结构依照表述对象的发展在时间上的自然顺序来安排文章的层次，在科学实验报告中经常用到。

需要指出的是，上述三种结构在实际写作中，往往把两三种方式综合起来使用。对于写作经验少的作者，在正式写作前，可以设计一个报告编写提纲，构思整篇写作结构。

2. 写作种类

科技报告的种类很多，编写的目的不同，写作方法和格式也不一样，经常用到的有以下几种：

(1) 考察报告　也称为调查报告、科学考察记录，是指为了某一目的，在某一地区进行了解、观察、研究、思考而写出来的报告。常见的有科技情况、科技会议、科学研究三类考察报告。前两者多用于出国考察，后者多用于国内技术人员汇报自己考察的研究成果。

1) 科技情况考察报告多用于某一先进地区、某一国家的某一先进科学领域的考察，一般分成前言、概述、考察细目三部分。

① 前言用于简要介绍考察团的名称、组成、考察时间，访问地区、国别、城市、机构以及参观的具体单位等。

② 概述也可和前言合在一起写，主要是交代考察的整体情况。概述要写得通俗、具体，把考察的内容和收获综合加以介绍，对国内外情况加以比较，说明考察的实际意义，供上级领导和主管人员参阅。

③ 考察细目是考察报告的主题，是同行和技术人员最关心的部分。它可以使用科学术语编写，逐节详细介绍考察所得的专业内容，语言尽量简明扼要，内容不论深浅，将考察所得全部写上。

2) 科技会议考察报告。该报告的内容一般分为概况和收获两部分。

① 概况用于写明会议名称、会议主办机构、会议地点、时间、参加人员(国别、人数)、会议主要解决的问题、开会的方式(大会发言、分组讨论、参观等)。

② 收获主要是指科学理论上、实验技术和生产技术上的收获，具体要写明学科研究动向、未来发展趋势、会议上发表的主要论文简介，并结合本企业情况，找出差距，对如何引入先进经验，提出合理建议。

3）学科研究考察报告。这是一些技术人员或科技工作者，通过考察调研后，为了科学研究的目的而写出的报告。它一般由题目、作者及单位、摘要、引言、考察方法、结果和讨论以及参考文献组成。它和学术论文的形式相似。

（2）技术报告　也称为科技报告、学术报告，多为撰写人围绕某一专题，从事研究、试制、应用、调查所编写的阶段报告、成果报告、总结报告。它的内容详尽具体，比较系统，专业化程度高，不仅包括各种研究方案的比较和选择、成功和失败的体会，而且附有大量的数据、图表和原始实验记录。由于它能迅速反映最新的科技成果，所以其使用价值很高。它可以按以下方法进行分类：

1）按发表时间分类，可分为初期报告、进展报告、中间报告、总结报告。

2）按技术内容分类，可分为报告书、技术总结、通报、备忘录、札记和准备在会议或刊物上发表的论文。

3）按文献作用分类，可分为研究成果报告、设备和材料说明报告、操作指示报告、生产报告、技术经济分析报告。

（3）实验报告　此处所说的实验不是一般的实验，而是指从事科学研究所设计的全新实验，或者是在前人实验的基础上，具有一定创造性的高精度实验。其基本格式和学术论文差不多，只是在内容上有所不同，格式如下：

1）题目：实验的中心内容。

2）作者及单位：要求和学术论文相同。

3）摘要：对整个实验的高度概括。

4）引言：包括实验目的、意义、预期结果等。

5）实验过程：包括实验原理、装置和实验方法。

6）实验结果：包括数据处理、误差分析。

7）讨论：可与实验结果合并写。

8）参考文献：要求与论文相同。

（4）科技协作合同书。科技协作合同书是由产生协作关系的法人之间（双方或多方）为完成某一科技任务，在相互承担一定经济技术责任的基础上，通过协商所订立的一种科技协议、契约。科技协作合同书中提出了为实现某一科研技术目标，双方应具有的权利、承担的责任和义务等有关问题。双（多）方在自愿的基础上，共同达成协议，并写成契约性的条文，以便在执行中有据可查。

科技协作合同书包括科研、试制、成果推广、技术转让、技术咨询等内容。这类合同的特点是采取智力成果转让形式，与经济合同的内容有所不同，一般格式如下：

1）标题。标题包括合同的性质（如科研合同、成果推广合同）和项目名称。

2）签订单位名称。承接单位简称为“甲方”，委托单位可简称为“乙方”。

3）正文。这是合同的主要内容，一般包括：签订技术合同的目的和依据；合同的内容及主要性能和技术要求；各方应承担的任务和责任；实施办法及完成期限、计划进度；经费概算及支付办法，即成果处理和开支的办法；其他（如成果转让、违约责任等）。此外，在填写合同内容时，还应根据科技合同的性质有所侧重。

4）结尾。结尾用于写明合同的份数与保存者，签订单位的名称和代表姓名；加盖公章，写明签订日期。

合同一经签订，就有法律的约束性、严肃性，任何一方不得违约。

（5）技术鉴定书

1）申请鉴定条件。达到以下要求者，方可申请技术鉴定：

① 已经达到计划任务书中的规定。

② 项目在技术上可靠，经济上合理。

③ 实践证明该项目有应用价值。

④ 符合国家环境保护的要求。

2）鉴定书的格式

① 封面。封面包括编号、项目名称、研制单位、协作单位、组织鉴定单位、签订日期及地点。

② 正文。正文应包括以下内容：

a. 简要说明及技术规格。

b. 鉴定意见。

c. 组织鉴定单位审查结论。

d. 主要技术资料及提供单位。

e. 上级主管审查意见，鉴定委员会成员的名单（包括工作单位、职务或职称)。

简要说明及技术规格应介绍技术项目提出的原因及概况、成果的特征和水平，然后写主要的技术规格。如果是新设备，那么应包括主机外形尺寸、适用范围、重量、使用环境和已达到的精度等内容；如果是新材料，那么应包括材料的组成、主要性能、用途和使用条件等。

鉴定意见是技术鉴定书的核心部分，应以鉴定委员会的名义撰写，以审查项目的技术资料、现场抽测、操作演示等鉴定内容为依据，客观写明该项成果所具有的水平、特点、测试结果，与国内外同类项目比较的情况、经济价值、推广应用价值、实际意义及尚未解决的问题和推广意义。这部分是鉴定书结论性、权威性的内容，要求用词准确，行文严谨，评价全面。

③ 附录。如果正文中某些内容需要进一步加以叙述或提供有参考价值的文件，那么可将其放在附录项。附录内容一般包括注意事项、参考数据、显示标准等，一

般用文字、图表、框图、计算机程序等表达。

二、撰写科技论文

1. 科技论文的特点

科技论文也称为科学论文，一般分为学位论文和学术论文两大类，又有立论和驳论之分。在此主要介绍从正面阐述的学术论文，其五个特点如下：

（1）学术性　这是科技论文的最起码条件。论文必须是“抽象地反映”并上升为理论，有学术价值，否则就不能称为学术论文。

（2）科学性　科学性要求个人不得主观臆造，必须从客观实际出发，从中引出符合实际的结论。在论据上要求作者花大气力，经过周密的调查、试验、研究，以最充分、最确实有力的论据为立论的依据，力求表达准确、明白、全面。

（3）创造性　创造性是衡量科技论文价值的根本标准，就是要求作者不但有继承，而且要做到有创新，有自己的见解，应发表新理论、新设想、新方法、新定理，而不是传授或传播知识。这是科学论文与科普读物的主要区别。

（4）平易性　是指论文要写得深入浅出，尽量做到不仅能使专家明白，而且要使具有一定专业知识的人也能看懂。

（5）朴素性　是指论文的文风要朴实无华。论文中避免使用俗语、土语、口语、行话等。论文中不需要使用一些华丽或带有感情的词句。对于凡是能够肯定的事实或结论，就不要用“可能”、“也许”、“假若”等类似的词句。在科技论文里应该限制用比喻，提倡用类比的推理方法。在评论别人的研究工作时，要以理服人，不可用推测、挖苦、讽刺等苛刻的词语。

2. 科技论文的构成

（1）论文题目　应反映论文中最重要的内容，以最恰当、最简明的词句组合，使读者看到题目即可知道论文论述的主旨。因此，对论文的命题要做到确切、恰当、鲜明、简短，即能概括全篇内容，又能引人注日。为了避免过长的题目，可以采用副标题加以补救。副标题的作用可以引申主题、补充说明。

（2）作者及工作单位　凡是参加本论文研究工作的人，都应该署名。这不仅是作者辛勤劳动的体现和应获得的荣誉，而且是对工作，对论文负责的表现。个人研究的成果、个人署名、集体的研究工作，按贡献的大小排名。

作者署名应列在标题下方，写明姓名、单位，单位所在省、市、自治区和邮政编码。不同单位的合作作者，也应写全上述内容。第一作者，还应在注明中简介自己的情况（如年龄、职称、职务等）。

（3）摘要与关键词　摘要也称为文摘，是论文重要的组成部分。其作用是让读者尽快地了解论文的主要内容和结果，以补充文题的不足。

撰写文摘时要求简短、精练、内容完整、不加评论，字数各杂志社规定不同，约为全文字数的5%，但也有人提出最少100字，最多不超过500字。关键词也称为叙词，是论文中出现最多、最能体现论文中心内容的词。一般要求写出3～5个，列在摘要之后。需要注意的是，词的组成尤其是新的复合词，要符合要求，必须是国家正式公布的，不能自己造词。

有的论文还要求注明“中图分类号”、“文献标识码”和“文章编号”，以便查询。为了扩大对外学术交流，在一时无力发行外文版期刊的情况下，国家核心期刊大都要求作者把题目、摘要等译成英文，使不懂中文的外国人，可知论文的主要内容。其单词数在200～500个，位置列在正文之前，也有些期刊把其附在论文正文之后。

（4）前言　也称为绪言、概述、引言、导言、序言，或者这些小标题都没有。它是论文的开头、引子，必须认真写好。前言中可以写进本研究的理由、目的、背景，前人的工作和现在的空白，理论依据和实验基础，预期的结果及其在相关领域里的地位、作用和意义；应重点突出某些方面，不能面面俱到，人所共知者，可省略不写。

（5）正文　正文是学术论文的主体，作者研究的成果主要在这部分表现出来。它反映了论文所建立的学术理论、采用的技术路线和研究方法所达到的水平。正文的水平决定了整个论文的水平。正文的内容，包括本课题研究的方法 、观察的事实、研究的对象及其选择的原因、材料的收集方法及收集的理由、研究的结果等。从叙述内容来看，正文的内容应包括理论分析、实验装置和测试方法、试验结果的分析比较三部分。具体内容可分设小标题分段编写；标题序号、正文中的图号、表号及文字说明应符合编写要求。整篇论文字数通常限制在5000～6000字。

（6）结论　结论是论文的总结，是经过推理、判断、归纳等过程所得到的总观点。写结论时应注意以下几点：

1）本文研究结果说明了什么问题，得出了什么规律，解决了哪些理论和实际问题。

2）本文和相关研究有哪些不同，有哪些修改、补充和新观点。

3）本文研究的不足之处，或遗留未解决的问题、今后的研究方向等。

（7）参考文献　论文中引用别人的文章、数据、图表、材料和论点等，应按文中出现的先后顺序标明数码，然后在论文最后依次列出参考文献的名字和出处。参考期刊论文要写明作者姓名、论文名称、期刊名、发表时间、第几期、页数等。图书类著录项目，应写明编著者、书名、出版社及其地址、出版时间等。其他规定可查阅《科学技术期刊编排规则》。

3. 写作注意事项

（1）用语要规范　撰写论文时要采用规范用语，不要采用俗语、行话等非规范用语见表8-1。

表8-1 规范用语与非规范用语

规范用语	非规范用语	规范用语	非规范用语
载质量	载重量	变速器	变速箱、匣箱
载货汽车	载重汽车、卡车	加速踏板	油门踏板、油门
轿车	小客车、小轿车	制动踏板	刹车踏板
轻型客车	面包车	驻车制动器	手制动器、手刹车
客车	大客车	前照灯	前大灯
发动机	引擎	蓄电池	电瓶
上、下止点	上、下死点	日常维护	例保、例行保养
油底壳	机油壳、机油盘	一级维护	一级保养、一保
转向盘	方向盘	弹性模量	弹性模数
二级维护	二级保养、二保	切应力	剪应力
驾驶人	司机	表面粗糙度	表面光洁度
噪声	噪音	圆度	椭圆度
螺栓或螺钉	螺丝	圆柱度	锥度
螺母	螺帽	模样	模型
螺钉旋具	改锥、起子	涂装	刷漆、喷漆
伸长率	延伸率		

（2）文稿编写要求　在编写文稿时，要注意以下几点要求：

1）文稿一律用蓝（或黑）墨水横写，字迹要工整，切勿潦草，保持稿面整洁。

2）一律用16开稿纸书写，每字占一格，标点符号也占一格，破折号占两格，阿拉伯数字、外文字母各占半格，半字线不占格。

3）文字要规范，一律以正式公布的简化汉字为准，不用繁体字、异体字和非正规简化字，避免错别字。

（3）标题层次的要求　论文标题层次不同于书稿，一般三个层次就够用了。第一层次用阿拉伯数字1、2等表示，顶格书写；第二层次用1.1、1.2等表示，顶格书写；第三层次用（1）、（2）等书写，正文开头空两格书写。

（4）文中图表的要求　文中图表较少时，应统一编号，如图1、图2等；表1、表2等。图号、图名均写在图的下方，图注写在图名的下面；表号写在表名的前面（或后面），中间至少空一格，二者均写在表格的上方。

（5）计量单位的要求　我国法定的计量单位包括以下几方面：

1）国际单位制的基本单位。

2）国际单位制的辅助单位。

3）国际单位制中具有专门名称的导出单位。

4）国家选出的非国际单位制单位。

5）由以上单位构成的组合形式的单位。

上述计量单位的名称和符号，均按中华人民共和国国务院1984年2月27日发布的《关于在我国统一实行法定计量单位的命令》执行。

第二节 例文点评

一、例文

汽车零件修理的技术经济分析

王羽，王超，王兵

（吉林大学交通学院，吉林 长春 130025）

摘要：该文对汽车大修时“需修零件”进行修理的意义进行了综述；并对零件的各种修复方法进行技术经济分析，从而得出“汽车维修企业应大力开展汽车零件的修理工作”的结论。

关键词：零件修理；需修零件；技术经济分析。

前言：汽车零件修理是指恢复汽车零件性能和寿命的作业。汽车在大修理时，总成解体后要对汽车零件进行检验分类；通常把汽车零件分成可用零件、需修零件、报废零件三类。需修零件和报废零件称为不可用零件，就是不能直接装车使用，而要通过修理、“翻新”、“再生”、“二次制造”的零件。零件的修理是整车大修和总成大修的技术经济基础，直接关系到汽车技术性能的恢复程度、汽车的使用寿命、汽车的行驶安全、汽车的运输成本和企业的经济效益，因此，对汽车零件修理的重要性要有深刻的认识。

1. 零件修理的意义

1.1 汽车零件修理是现代汽车设计的需要　现代汽车是采用各种零部件不等强度的方法进行设计的。这样做不但解决了设计、材料上的困难，而且减少了物化劳动，降低了生产成本。由于各零部件的寿命不同，损坏、失效的时间也不一样，为了确保运行车辆在寿命周期内具有完好的技术状况，就得对先到寿命的零件进行修理或更换。

1.2 汽车零件修理是汽车运输的需要　汽车在运输生产过程中，由于一些零部件的失效，导致了汽车的动力性、经济性、安全性下降，使运输生产不能正常进行，同时增加了运输成本，影响了企业的经济效益。只有对失效的零件及时进行修理，才能恢复汽车的使用性能，解决上述矛盾。

1.3 汽车零件修理可解决配件供应不足的问题　改革开放以来，国民经济得到高速发展，运力增长速度较大，尤其是国外进口汽车逐年增加，社会上出现了配件供应紧张、价格昂贵的现象。对汽车易损重要零部件进行修复，不但可解决汽车修理中的停工待料问题，而且可以缩短汽车修理周期，减少停车日，使车辆尽快投入到运输生产，创造生产价值，保证交通运输业的快速发展。

1.4 汽车零件修理可以节约大量资源　汽车零件修理不但是节省大量贵重金属、减少物化劳动的有效手段，而且可节约大量的能源。国外专家计算过，制造一辆中型载货汽车平均要消耗能量 24.89×10^6kcal（1kcal = 4186.8J），折合原油 2.7t，折合电能 1×10^4kW · h；大修一辆中型载货汽车所需的能源，折合为电能不超过 3×10^3kW · h，大修能源消耗仅为制造的 20% ~30%。汽车制造与修理耗费资源的比较见表 1。

表 1　汽车制造与修理耗费资源的比较

项　目	金属/kg	电能/（kW · h）	水/m^3	压缩空气/m^3
制造	8000	10000	700	300
修理	700	2000 ~3000	120	20
修理:制造	8.75%	20% ~30%	17.14%	6.67%

汽车修理较汽车制造节省了大量资源，主要是因为重复利用了零件。据统计，制造汽车时零件费用占总成本的 20% ~25%，而修复零件时不超过 10%。

此外，零件修理还可以降低空气污染、减少噪声、解决废物处理等公害难题，造福于人类，造福于国家。

2. 零件修理的技术经济分析

前面已经谈到零件检验分类时，不可用零件分为需修零件和报废零件。在现代高科技用于各领域的情况下，不存在绝对不能修复而报废的零件。那么，如何确定可修与报废的界限，也就是说，失效的零件是否有修复的价值，通常要对其做技术经济分析后才能确定。在实践中常用下面几种方法进行分析和决策：

2.1 成本比较法　这是在修理工作中常用的一种方法。确定零件是否需要修理，只要对零件制造和修理的成本进行比较，在零件修理的成本小于零件的制造成本时，零件修理才是合理的，即

$$C_P < C_H$$

式中　C_P——零件修理的成本；

　　C_H——零件制造的成本。

2.2 经验公式法　俄罗斯专家莫 · 阿 · 马希诺在实践中通过统计分析，总结

出一个经验公式，用以确定零件在修理时是否合理。在下面公式的左端值小于右端值时，允许对汽车零件进行修理。

$$M_P \leqslant 0.8M_H - KW_H$$

式中 M_P——零件修理的材料费占零件修理成本的百分比；

M_H——零件制造的材料费占零件制造成本的百分比；

W_H——零件制造的支付工资占零件制造成本的百分比；

K——与杂费开支百分比等相关的系数，计算时常取 $K=3.5$。

成本比较法和经验公式法的共同缺点是：对零件修理只从经济上提出要求，没有对其在技术上提出要求，即没有考虑零件的使用寿命和可靠性，这样在使用中很可能出现零件价格便宜、质量低劣的现象。

2.3 耐用系数法　这种方法要求对零件修理进行技术经济综合分析。零件修复后不但要满足成本的要求，同时要保证修理质量，即经济上要合理，质量上要可靠。

$$C_P \leqslant K_i C_H$$

式中 C_P——零件修理的成本；

C_H——零件制造的成本；

K_i——修复零件的耐用系数。

耐用系数的物理意义是修理零件的使用时间或里程与制造零件使用时间或里程的比值（$K_i = L_P/L_H$）。其值可按耐磨性、屈服强度、疲劳强度、结合强度等进行考查。在一定条件下，上述 K_i 只有一种起主导作用，对零件的寿命有主要影响。计算时通常取有主要影响的 K_i 值；当有多个 K_i 值时，取数值最小的 K_i 进行计算。表2为零件部分修复方法的耐用系数值。

表2　零件部分修复方法的耐用系数值

序号	零件修复方法	按耐磨性考查 K_1	按屈服强度考查 K_2	按疲劳强度考查 K_3	按结合强度考查 K_4
1	焊条电弧焊	0.70	0.95	0.60	1.00
2	CO_2 气体保护焊	0.72	0.95	0.90	1.00
3	电脉冲振动堆焊	1.00	0.90	0.52	0.98
4	氧乙炔气体喷涂	1.50	0.85	0.90	0.98
5	镀铬	1.07	0.95	0.97	0.82
6	镀铁	0.91	0.95	0.82	0.65
7	机械加工	0.95	0.80	0.90	1.00

2.4 系统工程法　用耐用系数法计算零件修理的合理性是符合技术经济要求的。但从系统工程的观点来分析，耐用系数法也存在着很大的缺陷，那就是该方法只考虑了与企业、经营者有关的直接费用，而忽略了与国家、用户有关的间接费用。例如，进行零件修复可节省大量的原材料、能源、减少污染，造福于国家

和人民，但若零件修理时间长，则会给用户运输造成经济损失等，这些间接费用在耐用系数法中没有反映出来。对该方法进行改进后，合理的计算公式为

$$C_P \leqslant KC_H + C_0$$

式中　C_P——零件修理的成本；

C_H——零件制造的成本；

C_0——与国家和用户有关的间接费用（材料、能源、污染、停车、时间等因素引起的费用）。

3. 结论

3.1 汽车零件修理，不是暂时的权宜之计，应把其提高到利国利民的战略高度来认识，是国民经济发展的长久大计，有关部门应给予政策上的保障。

3.2 在我国国民经济建设中，国家已经做出优先重点发展交通运输的决策，公路运输是其重要组成部分。汽车零件修理是汽车大修的基础，是保证公路运输、降低修车成本的重要手段。

3.3 汽车维修企业应大力开展汽车零件的修理工作；在零件的修理成本大于新制件的制造成本时（差值小于 C_0），也可以积极组织零件的修理工作。这为积极开展零件的修旧利废工作，奠定了理论上的基础。

3.4 汽车零件修理工作范围广泛，涉及基础学科、技术学科、工程管理和社会科学，对其应投入一定的人力、物力、财力进行深入的研究，使零件修理工作在技术经济上达到更高的水平。

二、点评

本文是作者根据自己的实战经验，并查阅了国内外的文献、资料编写而成的。文中强调了零件修理的重要性，阐明了零件修理的意义，并用不同的方法，对零件的修理进行了技术经济分析，为大力开展汽车零件的修旧利废工作找到了理论上的依据。

该文资料可靠，观点鲜明，具有实用价值，对于开展汽车零件的修理工作，有实际的指导意义。

复习思考题

1. 科技报告有何特点？常用的形式有哪几种？
2. 科技论文有何特点？由哪几部分构成？
3. 写作科技论文时应注意哪些事项？
4. 为什么要进行汽车零件的修理？
5. 零件修理的技术经济分析常用的方法有哪些？

试　题　库

知识要求试题

一、判断题（对的画√，错的画×）

1. 随着发动机转速的增加，有效转矩 T_{tq} 逐渐增大。（　）

2. 虽然汽油发动机转速增加时每小时耗油量 B 增加，但是在发动机中等负荷及相应转速下，供应的可燃混合气为经济可燃混合气，燃烧效率高，使得耗油率 b_e 在中间某一转速时最低。（　）

3. 汽油发动机部分速度特性曲线与外特性曲线基本相似，只是性能指标高于外特性指标。（　）

4. 汽油机的调整特性有燃料的调整和喷油提前角的调整。（　）

5. 柴油机的调整特性有点火提前角的调整和速度的调整。（　）

6. 汽车的动力性是汽车的主要性能之一。（　）

7. 汽车动力性指标包括：汽车的最高车速、汽车的加速时间和汽车的最大爬坡度。（　）

8. 汽车的燃料经济性是指在保证动力性的条件下，汽车以最小的燃油消耗率完成运输工作的能力。（　）

9. 汽车制动性能的评价指标有：制动距离、制动效能的恒定性和制动时汽车方向的稳定性。（　）

10. 汽车制动侧滑是指制动时汽车的某一轴或两轴发生纵向移动。（　）

11. 汽车的操纵稳定性包括操纵性和稳定性两部分。（　）

12. 汽车的稳态转向特性分为不足转向特性、中性转向特性和过多转向特性。（　）

13. 自动变速器换挡系统主要由离合器和制动器、液压操纵系统及电子控制系统组成。（　）

14. 电控巡航控制系统又称为恒速行驶系统或巡航控制系统。 ( )

15. 电控巡航控制系统主要由控制开关、传感器、电控单元和执行器等组成。 ( )

16. 发动机电子控制系统由各种传感器、执行器、发动机电控单元组成。 ( )

17. 汽车电路原理图是用电器图形符号，按连接顺序或功能布局绘制的。 ( )

18. 绘制电路原理图时，国家标准中规定的图形符号可选择使用。 ( )

19. 电路原理图中电源部分到各电器熔断器或开关的导线是电器设备的公共地线，在电路原理图中一般画在电路图的上部。 ( )

20. 汽车电路是单线制，各电器相互并联，继电器和开关一般并联在电路中。 ( )

21. 大部分用电设备都经过熔断器，受熔断器的保护。 ( )

22. 汽车电器线路图是检修中重要的技术图样之一，它对提高检修速度有举足轻重的影响。 ( )

23. 汽车电器原理图是汽车电器线路图、线束图的基础。 ( )

24. 汽车电路图是利用图形符号和文字符号来表示汽车电路构成、连接关系和工作原理，且还需考虑其实际安装位置的一种简图。 ( )

25. 发动机转速表用于指示发动机的运转速度。 ( )

26. 汽油发动机转速信号来自点火系统的火花塞。 ( )

27. 车速里程表用来指示汽车行驶速度和累计行驶里程。 ( )

28. 燃油表可以随时测量并显示燃油箱内的燃油量。 ( )

29. 质量是指产品质量。 ( )

30. 质量分析的排列图法，纵坐标表示质量因素。 ( )

31. 质量分析的直方图法，横坐标为分组数据。 ( )

32. 控制图的主要用途是判定工序是否处于稳定状态。 ( )

33. 所谓质量保证体系，就是全面质量管理体系。 ( )

34. 发动机燃料和润滑油消耗量显著增加者应大修。 ( )

35. 企业设计建筑地区地图比例不应小于1:1000。 ( )

36. 企业设计建筑场地地形图比例为1:2000。 ( )

37. 企业设计建筑场地地形图上应标明等高线。 ( )

38. 汽车零件的失效是指零件完全丧失原有功能。 ( )

39. 零件在外力的作用下，其尺寸和形状发生改变的现象称为变形。( )

40. 发动机修理厂生产厂房的面积不应少于200m^2。 ( )

41. 发动机修理厂停车场的面积不应少于30m^2。 ( )

42. 发动机修理厂接待室的面积不应少于 $20m^2$。 (　　)
43. 设备的安装费一般按设备价格的5% ~10%计。 (　　)
44. 设备的运输杂费按设备价格的5% ~10%计。 (　　)
45. 疲劳磨损初始裂纹首先在零件表面生成。 (　　)
46. 微动磨损是一种复合形式的磨损。 (　　)
47. 计算机控制点火系统主要由传感器、执行机构、电控单元、点火线圈、分电器和火花塞等组成。 (　　)
48. 发动机工作期间，点火系统电控单元不断检测爆燃传感器输入的信号，如果发生爆燃，那么电控单元分步将点火提前角增大。 (　　)
49. 在电控燃油喷射系统中，燃油供给系统的作用是向气缸内供给燃烧时所需一定量的燃油。 (　　)
50. 在电控燃油喷射系统中，空气供给系统的作用是为发动机可燃混合气的形成提供必要的空气，并测量和控制空气量。 (　　)
51. 自动变速器主要由泵轮、变速机构和控制装置等组成。 (　　)
52. 在液力变矩器中，涡轮与液力变矩器壳连成一体并与发动机曲轴相连，为主动件。 (　　)
53. 液力变矩器的变矩比只能在一个较小的范围内变化，不能满足汽车变速的要求。 (　　)
54. 波形分为周期性波形和非周期性波形。 (　　)
55. 在柴油机电控技术中，位置控制系统只是对喷油泵柱塞（柱塞套）或齿条的位置进行电子控制。 (　　)
56. 柴油机的电控喷油器是共轨式燃油系统中的普通部件。 (　　)
57. 在汽车内部采用基于总线的网络结构，可以达到信息共享、减少布线、降低成本以及提高总体可靠性的目的。 (　　)
58. 发动机综合性能检测仪除了可检测发动机功率外，还可检测柴油机点火系统的点火波形、柴油机高压油管内的压力波形、起动系统及各种异响等。 (　　)
59. 发动机综合性能检测仪是以计算机为核心的测量和数据处理系统。 (　　)
60. 发动机出现故障时，会产生一种附加的、不正常的响声和振动，这种不正常的响声称为“异响”。 (　　)
61. 曲轴主轴承异响发生在气缸体下部的曲轴箱处，为“铛铛”声。 (　　)
62. 活塞敲缸异响产生在气缸体的中上部，声音清晰且有明显的“嗒嗒”声。 (　　)

63. 气门异响发生在气缸盖附近，发动机怠速运转时发出有节奏的“嗒嗒”（气门脚处）或“啪啪”声的敲击声。 （ ）

64. 正时齿轮异响发生在气缸体的前端，怠速和中速时发出一种有节奏的“嘎啦、嘎啦”的响声。 （ ）

65. 示波器是检测、诊断柴油机点火技术状况的仪器之一。 （ ）

66. 示波器由示波管、传感器和电子电路组成。 （ ）

67. 一般装有电控单元的汽车，都有故障自诊断系统。 （ ）

68. 借助发动机综合性能检测仪，通过观测点火波形，可诊断柴油机点火系统故障。 （ ）

69. 电控燃油喷射系统的故障诊断除用解码器外，还可用电压表。 （ ）

70. 现在各汽车公司生产的汽车都使用了车辆识别代号编码。 （ ）

71. 车辆识别代号编码的每位代码代表着汽车多方面的信息参数。 （ ）

72. 车辆识别代号编码经过排列组合，可以使车型生产在30年之内不发生重号现象。 （ ）

73. 车辆识别代号编码一般以字码的形式，装贴在汽车的不同部位。（ ）

74. 主销装在前轴上后，在纵向平面内，其上端略向后倾斜，这种现象称为主销后倾。 （ ）

75. 主销安装到前轴上后，在横向平面内，其上端略向内倾斜，这种现象称为主销内倾。 （ ）

76. 前轮安装在车轮上，其旋转平面上方相对于横向平面略向外倾斜，这种现象称为前轮外倾。 （ ）

77. 前轮前束通过改变直拉杆长度来调整。 （ ）

78. 转向轮定位的检测常采用动态检测法，即在汽车运动状况下，用测量仪器对转向轮定位的几个参数进行测量。 （ ）

79. 电子控制动力转向系统一般由转速传感器、车速传感器、电控单元、电动机和电磁离合器等组成。 （ ）

80. 在防抱死制动系统中，车轮转速传感器用来检测车轮转速，每个车轮安装两个。 （ ）

81. 自动变速器几乎都有自诊断功能。 （ ）

82. 自动变速器故障码，可采用人工读取，也可采用解码器读取。 （ ）

二、选择题（将正确答案的序号填入括号内）

1. 在实际工作中，发动机的工作状况变化是（ ）。

A. 很大的 B. 很小的 C. 不变的

2. 汽油机外特性代表发动机（ ）。

A. 部分性能　　B. 一般性能　　C. 最高性能

3. 汽油机部分速度特性曲线与外特性曲线基本相似，只是性能指标（　　）外特性指标。

A. 高于　　B. 低于　　C. 略高于

4. 在柴油机常用的柱塞式喷油泵中，在油量调节拉杆位置（　　）时，每个循环供油量 Δb 由喷油泵的速度特性决定。

A. 不变　　B. 一定　　C. 移动

5. 汽车的最高车速是指在良好的（　　）上汽车所能达到的最高车速。

A. 水平路面　　B. 一般路面　　C. 混凝土路面

6. 汽车的最大爬坡度是指汽车挂（　　）时的最大爬坡度。

A. 倒挡　　B. 二挡　　C. 一挡

7. 发动机飞轮输出的转矩经汽车（　　）传到驱动车轮上。

A. 行驶系统　　B. 传动系统　　C. 制动系统

8. 汽车等速行驶百公里燃油消耗量是指汽车在额定载荷下，以（　　）在水平良好路面上等速行驶100km的燃油消耗量。

A. 次高挡　　B. 中挡　　C. 最高挡

9. 侧滑是指汽车的某一轴或（　　）发生横向移动。

A. 两轴　　B. 前轴　　C. 后轴

10. 在有些车型上，自动变速器与发动机的汽油喷射系统共用一个（　　）。

A. 电控单元　　B. 控制元件　　C. 电源

11. 目前各个国家生产的四挡变速器，第四挡一般为（　　）。

A. 直接挡　　B. 超速挡　　C. 最高挡

12. 变速器超速挡的速比（　　）。

A. 很小　　B. 略小　　C. 较小

13. 电控燃油喷射的控制主要包括喷油量、喷射正时、燃油停供及（　　）的控制。

A. 燃油泵　　B. 节气门　　C. 加速踏板

14. 汽车电路原理图是用电器图形符号，按（　　）或功能布局绘制，用于详细表示汽车电路的全部组成和连接关系，不考虑实际位置的简图。

A. 工作顺序　　B. 连接顺序　　C. 相互位置

15. 空气流量传感器将吸入发动机的（　　）转换成电信号并传给电控单元。

A. 空气流量　　B. 汽油流量　　C. 可燃混合气流量

16. 在空气流量计空气道上设有（　　）。

A. 空气调节螺钉　　B. 怠速调节螺钉　　C. 可燃混合气调节螺钉

17. 在有些电控燃油喷射系统中，电控单元还需测出第一缸活塞到达上止点的信号，以此信号作为控制（　　）顺序。

A. 空气喷射　　B. 可燃混合气喷射　C. 燃油喷射

18. 发动机工作时，若供给的是稀可燃混合气，废气中便有较多的（　　）。

A. 空气　　B. 氮气　　C. 氧气

19. 在一般情况下，若诊断排除一个可能涉及电控系统的发动机故障，首先应判定故障是否与（　　）有关。

A. 传感器　　B. 电控单元　　C. 电控系统

20. 汽车运行时，随着液力变矩器涡轮转速和泵轮的相应变化，其输出的转矩能（　　）地自动改变。

A. 无限　　B. 有限　　C. 无级

21. 在柴油机电控技术中，燃油压力调节器安装在高压油泵（　　），根据电控单元的控制信号调节燃油轨中的燃油压力。

A. 前面　　B. 左面　　C. 后面

22. 发动机综合检测仪除了可检测发动机（　　）外，还可检测汽油机点火系统的点火波形、柴油机高压油管内的压力波形、起动系统及各种异响等。

A. 功率　　B. 转矩　　C. 转速

23. 发动机出现故障时，会产生一种附加的、不正常的响声和振动，这种不正常的响声称为（　　）。

A. 噪声　　B. 异响　　C. 杂音

24. 连杆轴承异响发生在气缸的（　　），具有轻而短促的“铛铛”声。

A. 上部　　B. 下部　　C. 中部

25. 气缸漏气异响的特点是，发动机工作时，从机油加注口处发出（　　）的漏气声。

A. “嘎啦、嘎啦”　B. “嗒嗒”　　C. “嘣嘣”

26. 正时齿轮异响发生部位在气缸体的（　　）。

A. 前端　　B. 后端　　C. 上端

27. 汽油机点火系统初级标准波形是从（　　）得到的。

A. 断电器触点上　B. 点火线圈上　C. 蓄电池上

28. 在故障自诊断系统中，故障码一般用（　　）数字代表不同的故障。

A. 二位或三位　B. 一位或二位　C. 三位或四位

29. 电控燃油喷射系统的故障除用解码器外诊断，还可用(　　)诊断。

A. 故障灯　　B. 指示灯　　C. 转向灯

30. 车辆识别代号编码由（　　）组成，共17位，又称为17位识别代号编码。

A. 一组字母和阿拉伯数字

B. 一组阿拉伯数字和字母

C. 一组字母和汉字

31. 随着车型年代的不同和汽车发往国家的不同，车辆识别代码规定会(　　)不同。

A. 完全　　B. 有所　　C. 稍微

32. 转向轮定位包括：(　　)。

A. 主销后倾、主销外倾、前轮外倾及前轮前束

B. 主销前倾、主销内倾、前轮外倾及前轮前束

C. 主销后倾、主销内倾、前轮外倾及前轮前束

33. 前轮外倾的作用在于提高前轮工作的安全性和（　　）。

A. 操纵轻便性　　B. 操纵方便性　　C. 操纵舒适性

34. 前轮前束可通过改变（　　）的长度来调整。

A. 转向直拉杆　　B. 转向横拉杆　　C. 转向摇臂

35. 主销后倾角（　　）直接测量。

A. 能　　B. 可以　　C. 不能

36. 车轮外倾（　　）测量。

A. 可直接　　B. 不可直接　　C. 可间接

37. 四轮定位检测项目除了前轮定位的相应项目外，还包括检测后轮的(　　)和后轮的前束值。

A. 内倾角　　B. 外倾角　　C. 后倾角

38. 在防抱死制动系统中，车轮转速传感器用来检测（　　）。

A. 车轮转数　　B. 发动机转速　　C. 传动轴转速

39. B级汽车综合检测站能承担汽车技术状况的检测和（　　）。

A. 车辆技术等级评定的检测

B. 维修质量的检测

C. 接受有关部门委托的检测

40. （　　）是产品质量的定量特性。

A. 强度　　B. 形状　　C. 外观

41. （　　）是产品质量的定性特性。

A. 强度　　B. 油耗　　C. 形状

42. 排列图中的主要因素累计百分比为（　　）。

A. 0~80%　　B. 80%~90%　　C. 90%~100%

43. 发动机气缸磨损圆度误差超过（　　）mm时应送厂大修。

A. 0.02~0.04　　B. 0.05~0.063　　C. 0.10~0.125

44. 发动机气缸磨损圆柱度误差超过（　　）mm 时应送厂大修。
A. 0.05～0.10　　B. 0.10～0.15　　C. 0.175～0.25
45. 发动机最大功率较标准降低（　　）时应大修。
A. 10%　　B. 15%　　C. 25%
46. EQ1090 型汽车前轮定位前束值为（　　）。
A. 1～5mm　　B. 6～10mm　　C. 10～12mm
47. CA1091 型汽车前轮定位前束值为（　　）。
A. 1～2mm　　B. 2～4mm　　C. 5～8mm
48. EQ1090 型汽车主销内倾值为（　　）。
A. 4°　　B. 6°　　C. 8°
49. CA1091 型汽车主销内倾值为（　　）。
A. 4°　　B. 8°　　C. 10°
50. 汽车二级维护质量保证里程为（　　）。
A. 1000km　　B. 1500km　　C. 2000km
51. 企业设计建筑地区地图比例不应小于（　　）。
A. 1:1000　　B. 1:1500　　C. 1:2000
52. 一类汽车维修企业接待室面积不应少于（　　）。
A. $20m^2$　　B. $40m^2$　　C. $60m^2$
53. 二类汽车维修企业接待室面积不应少于（　　）。
A. $20m^2$　　B. $30m^2$　　C. $40m^2$
54. 一类汽车维修企业停车场面积不应少于（　　）。
A. $100m^2$　　B. $150m^2$　　C. $200m^2$
55. 二类汽车维修企业停车场面积不应少于（　　）。
A. $100m^2$　　B. $150m^2$　　C. $200m^2$
56. 一类汽车维修企业生产厂房面积不应少于（　　）。
A. $400m^2$　　B. $600m^2$　　C. $800m^2$
57. 二类汽车维修企业生产厂房面积不应少于（　　）。
A. $100m^2$　　B. $200m^2$　　C. $400m^2$
58. 维修设备的安装费一般按设备价格的（　　）计。
A. 3%～4%　　B. 5%～6%　　C. 7%～8%
59. 设备运输杂费按设备价格的（　　）计。
A. 3%～4%　　B. 4.5%～6%　　C. 7%～8%

三、填空题（在试题中的括号内填入正确的答案）

1. 发动机性能指标随着发动机的调整和（　　）的变化而变化的关系，称为发动机的特性。

2. 发动机性能指标随着转速变化的关系称为发动机（　　）特性。

3. 发动机负荷特性是指发动机转速不变，其（　　）随着负荷变化而变化的关系。

4. 发动机的性能指标随着（　　）的变化而变化的关系叫调整特性。

5. 汽车的行驶方程式表明了汽车行驶时驱动力与（　　）之间的相互关系。

6. 汽车的燃料经济性是指在保证动力性的条件下，汽车以最少的（　　）完成单位运输工作的能力。

7. 制动时汽车的方向稳定性是指制动时汽车不发生跑偏、侧滑以及失去（　　）的性能。

8. 汽车稳态转向特性分三种，即不足转向特性、中性转向特性和（　　）。

9. 自动变速器的换挡系统主要由离合器、制动器、液压操纵系统及（　　）组成。

10. 电控巡航系统又称（　　）或巡航控制系统。

11. 为了详细表示实际设备、电路的全部基本组成和连接关系，便于详细理解作用原理，需要绘制（　　）。

12. 要看懂电路图，必须了解图形符号的含义、(　　）和使用方法。

13. 电控燃油喷射系统中的喷油器按数目分类，可分为（　　）和单点汽油喷射。

14. 电控燃油喷射系统中的燃油供给系统的作用是向（　　）供给燃烧时所需一定量的燃油。

15. 电控燃油喷射系统中电控单元的主要作用是控制和(　　）。

16. 电控燃油喷射系统中的执行器接收（　　）发出的各种指令，进行必要的动作。

17. 自动变速器中行星齿轮排的数目因变速器的（　　）不同而不同。

18. 自动变速器主要由（　　）、变速机构和控制装置等组成。

19. 在液力变矩器中，（　　）与液力变矩器壳连成一体并与发动机曲轴相连，为主动件。

20. 在液力变矩器中，涡轮与（　　）相连，为从动件。

21. 高压共轨式电控柴油喷射系统中有一个（　　），用电动输油泵向公共油轨中泵油，用限压阀对油轨中的压力进行调节。

22. 燃油压力调节器安装在高压油泵（　　），根据电控单元的控制信号调节燃油轨中的燃油压力。

23. 在汽车内部采用基于总线的（　　），可以达到信息共享、减少布线、降低成本以及提高总体可靠性的目的。

24. 发动机综合性能检测仪通过各种不同的（　　），从发动机的相应部位采集到多种信号。

25. 曲轴主轴承异响发生在气缸体下部的（　　），为“噹噹”声。

26. 活塞敲缸异响产生在气缸体的（　　），为声音清晰且有明显的“铛铛”声。

27. 气门异响发生在（　　）附近。

28. 示波器是检测、（　　）汽油发动机点火系统技术状况的仪器之一。

29. 示波器由（　　）、传感器和电子电路组成。

30. 汽油机点火系统波形表示断电器触点从开始打开，经闭合到再次打开时的（　　）随时间的变化过程。

31. 一般装有（　　）的汽车，都具有故障自诊断系统。

32. 在故障自诊断系统中，可以用专用仪器来清除故障码，也可将（　　）开/关50次，故障码即被清除。

33. 不同车型，故障码的显示方法不同，并且故障码的（　　）也不同。

34. 车辆识别代号编码是识别一辆汽车不可缺少的（　　）。

35. 车辆识别代号编码就像我们的身份证号码一样，不会产生（　　），故又称为“汽车身份证”。

36. 在纵向平面内，主销轴线与垂线之间的夹角叫（　　）。

37. 在横向平面内，主销轴线与垂线之间的夹角叫（　　）。

38. 前轮旋转平面与纵向垂直平面之间的夹角称为（　　）。

39. 汽车两个前轮安装后，在通过车轮轴线而与地面平行的平面内，两车轮前端略向内束，这种现象称为（　　）。

40. 主销内倾角是通过测量转向轮绕（　　）转动过程中转动平面的角位移而间接测量的。

41. 现代汽车动力转向系统基本上都有（　　）功能。

42. 装有防抱死制动系统的汽车都有（　　）字样的警告灯。

43. 质量是指产品满足用户需要的（　　）。

44. 质量不仅指产品质量，还包括（　　）和（　　）。

45. 产品质量特性分为（　　）与（　　）。

46. 全面质量管理采用（　　）循环的工作方式。

47. 直方图是质量分布的一种（　　）。

48. 质量保证体系的建立，目的在于（　　）。

49. 汽车修理质量是依据（　　）或（　　）进行检测的。

50. 汽车零件图是指汽车零件制造的（　　）。

51. 发动机最大功率较标准降低（　　）时应大修。

52. 汽车二级维护质量保证里程为（　　）km。
53. GB/T16739.1～2—2004 把汽车维修企业分为（　　）部分(　　)类。
54. 三类汽车维修业户是指专门从事汽车专项修理生产的(　　)和(　　)。
55. 流水作业法分为（　　）和（　　）两种。
56. 综合作业法是指全部修理作业由（　　）完成的组织形式。
57. 专业分工法是指汽车修理作业的各个单元由（　　）完成的组织形式。
58. 流线图中工时最长的线路称为（　　）。
59. 关键路线中的各工序称为（　　）。
60. 把各工序顺序、时间逻辑排列起来的箭头图称为（　　）。
61. 工序的时差为（　　）与（　　）之差。
62. 零件修理是指为恢复汽车零件性能和寿命的（　　）修理。
63. 生产纲领是指企业每年完成生产任务的（　　）。
64. 修理时间定额是指在一定的生产条件下，修理所消耗的（　　）标准。
65. 发动机的经济性通常用（　　）表示。

四、简答题

1. 发动机特性有哪些？
2. 什么是发动机速度特性？
3. 什么是柴油机速度特性？
4. 什么是发动机负荷特性？
5. 汽车动力性指标包括哪些？
6. 什么是汽车的动力性？
7. 什么是汽车的驱动力-行驶阻力平衡图？
8. 什么是汽车功率平衡图？
9. 什么是汽车的燃料经济性？
10. 汽车制动性的评价指标有哪些？
11. 什么是理想的制动器制动力分配曲线？
12. 什么是汽车制动侧滑？
13. 什么是汽车制动跑偏？
14. 什么是汽车的操纵性？
15. 什么是汽车的稳定性？
16. 汽车稳态转向特性分哪几种？
17. 自动变速器中制动器的作用是什么？
18. 丰田汽车自动变速器具有哪几个挡位？其中各个字母代表的含义分别是什么？

19. 电控巡航系统由哪几部分组成?
20. 简述发动机电子控制系统的组成。
21. 什么是电路原理图?
22. 什么是汽车电路图?
23. 电控燃油喷射系统的基本组成如何?
24. 汽油机电控燃油喷射系统中的喷油器有哪些作用?
25. 电控燃油喷射系统中的电子控制系统由哪几部分组成?
26. 在电控燃油喷射系统的故障诊断基本要求中的目测检查内容有哪些?
27. 简述自动变速器的组成。
28. 简述自动变速器中单排行星齿轮机构的组成。
29. 在柴油机电控技术中，燃油压力调节器的作用是什么?
30. 曲轴主轴承异响产生的原因有哪些?
31. 活塞销异响产生的主要原因有哪些?
32. 活塞敲缸异响产生的主要原因有哪些?
33. 连杆轴承异响产生的主要原因有哪些?
34. 气缸漏气异响产生的主要原因有哪些?
35. 正时齿轮异响产生的主要原因有哪些?
36. 汽油机点火敲击异响产生的主要原因有哪些?
37. 影响发动机异响的因素有哪些?
38. 故障自诊断系统的功能有哪些?
39. 由车辆识别代号编码可以识别出哪些信息?
40. 自动变速器基本检查内容有哪些?
41. 什么叫转向轮定位?
42. 主销后倾角的作用是什么?
43. 前轮前束的作用是什么?
44. 简述光束水准车轮定位仪的组成。
45. 防抱死制动系统由哪几部分组成?
46. 汽车综合检测站的功能是什么?
47. A 级汽车综合检测站的检测项目有哪些?
48. 在进行自动变速器故障诊断时，如何清除故障码?
49. 什么是产品质量?
50. 什么是工作质量?
51. 什么是服务质量?
52. 影响产品质量的因素有哪些?
53. 试说明质量管理的含义。

54. 全面质量管理的特点是什么?
55. 我国传统的质量管理经验是什么?
56. 质量分析是如何进行分类的?
57. 什么是质量目标?
58. 质量信息系统包括哪些方面?
59. 试说明发动机总成的大修标志。
60. 汽车送修时填写的“三单一证”的内容是什么?
61. 汽车修理有哪些作业方法?
62. 什么叫工序的最早开工期和最迟开工期?
63. 汽车大修的送修标志是什么?
64. 汽车送修时的进厂检查包括哪些方面?
65. 汽车修理企业设计的一般程序是什么?

五、综合分析题

1. 电路图识图的一般方法有哪些?
2. 电器线路图的作用是什么?
3. 电控燃油喷射系统故障诊断的基本程序是什么?
4. 在自动变速器中,电控单元的作用是什么?
5. 自动变速器的检验步骤有哪些?
6. 在计算机控制点火系统的诊断中,如何检查点火放大器?
7. 在计算机控制点火系统的诊断中,注意事项有哪些?
8. 在奥迪 A6 的电控燃油喷射系统中,如何检查其怠速?
9. 在奥迪 A6 的电控燃油喷射系统中,如何检查其喷油器有无渗漏?
10. 在自动变速器液压操纵系统的检修中,应主要检修哪些零部件?油泵是如何检修的?
11. 在发动机综合性能检测中,如何用气缸压力表检测气缸压力?
12. 在自动变速器性能试验时,应注意哪些事项?
13. 发动机综合性能检测仪的功能和构造是怎样的?
14. 示波器的功能和组成如何?
15. 在诊断电控汽油发动机故障时,应注意哪些事项?
16. 用示波器诊断点火系统故障时,有哪些注意事项?
17. 用解码器诊断电控燃油喷射系统时,应注意哪些事项?
18. 车辆识别代号编码的用途有哪些?
19. 自动变速器故障诊断步骤有哪些?
20. 如何检测前轮前束?

21. 如何测量车轮外倾角？
22. 简述制动防抱死系统的工作原理。
23. 汽车综合检测站的分类如何？各自的功能有哪些？
24. 在对自动变速器进行故障诊断时，应注意哪几点？
25. 以雷克萨斯 LS400 型轿车安装的 ABS 为例，介绍其故障诊断步骤。

六、计算题

1. 解放 CA1091 型汽车，大修后项次合格率 $\beta_1 = 95\%$，检验一般项 $\beta_2 = 80\%$，关键项 $\beta_3 = 100\%$。问该车大修质量为哪个等级？

2. 某中碳钢轴上镶一同材料的钢套，已知 $d_1 = 0$，$d = 50\text{mm}$，$d_2 = 100\text{mm}$，$E_1 = E_2 = 2.1 \times 10^5\text{MPa}$，材料的屈服强度为 360MPa，$\mu_1 = \mu_2 = 0.3$，$\alpha = 11 \times 10^{-6}/℃$，室温 20℃，求镶套时外套加热温度。

3. 已知某地区有解放 CA1091 型汽车 5000 辆，每辆车平均年行驶里程为 $8 \times 10^4\text{km}$，大修周期为 $25 \times 10^4\text{km}$，汽车报废里程为 $50 \times 10^4\text{km}$，求该地区该型车的年大修生产纲领。

4. 已知某汽车修理厂生产纲领为 EQ1090 整车 1500 辆，发动机 1000 台，求表 1 中各项建筑面积。

表 1 某汽车修理厂设备面积

项目 f_a Z_a	2000	3000	4000
区域面积	18.00	15.80	14.00
发动机间面积	0.28	0.24	0.21
车架修理间面积	0.05	0.04	0.03

5. 汽车某总成修理作业的流线图如图 1 所示。请找出关键路线和修理周期（单位 h）。

6. 某型汽车大修工时为 700h，结算工时单价为 8 元/h，所消耗材料费为 5000 元，利润率 γ 为 30%，税率 β 为 5%，问修理厂应向客户收取汽车大修费用为多少？

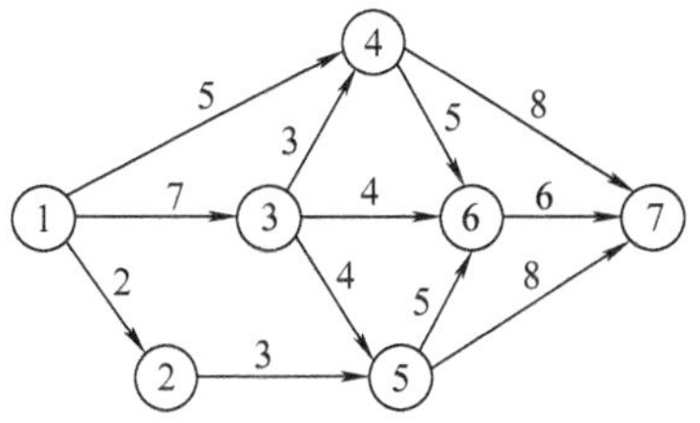

图 1

7. 某汽车修理企业，年生产能力为 CA1091 整车 1500 辆，发动机总成 1000 台，变速器总成 500 台，生产纲领为 1000 辆时，其工时定额见表 2，求表中各作业的工时定额。

表2　修理工时定额表

1	发动机拆卸	8.0h	3	货厢拆卸	12.0h
2	变速器拆卸	2.0h	4	焊工（电、气焊）	25.0h

8. 修复曲轴，振动堆焊需200元，喷涂修复需250元（$k_{焊}=1$，$k_{涂}=1.5$），问哪种修复方法合理?

9. 自制一台镗削制动鼓机，已知切削时的有效功率为0.44kW，设备的总效率为0.8，考虑损耗的系数$k=1.75$，求该设备所需电动机的功率。

技能要求试题

一、诊断与排除防抱死制动系统失效故障

1. 内容及操作要求

在规定的时间内，按操作要求用解码器或警告灯等诊断仪器对汽车的防抱死制动系统失效故障进行诊断与排除。

2. 准备要求

（1）材料准备　雷克萨斯 L400 型轿车或其他安装 ABS 的车型。

（2）工具准备　解码器或 ABS 警告灯、扳手、万用表。

3. 考核内容

（1）考核要求

1）本题要求会使用解码器或 ABS 警告灯对 ABS 进行故障诊断并排除故障。

2）正确使用解码器。

3）会读取故障码。

（2）时间定额

1）基本时间：25min。

2）时间允差：每超过 1min，从总分中扣除 5 分，不足 1min 的按 1min 计，超过 10min 的不计成绩。

（3）安全文明生产

1）正确执行安全操作规程。

2）应按企业有关文明生产的规定，做到工作场地清洁、工具摆放整齐。

4. 配分、评分标准

防抱死制动系统故障诊断评分表见表 3。

表 3　防抱死制动系统故障诊断评分表

项　目	考核要点	配分	评分标准及扣分
1. 准备工作	必需的工具应准备齐全	10	每缺一件扣 2 分
2. 操作过程	进行故障的外观检查 连接解码器 读取故障码 确定故障位置 排除故障	10 10 10 20 10	（1）不能正确判断故障现象，扣 5 分 （2）解码器导线连接错误，每步扣 5 分 （3）故障码读取不正确，扣 10 分 （4）未按规定清除故障码，扣 10 分

（续）

项　　目	考 核 要 点	配分	评分标准及扣分
2. 操作过程	确定已排除故障 正确脱开解码器连接导线	10 10	(5) 没确认故障是否排除，扣10分 (6) 没正确脱开解码器连接导线，扣10分
3. 文明生产	设备操作规范，无损坏现象 操作现场整洁，安全用电、无事故	5 5	(1) 损坏仪器，成绩不合格 (2) 设备操作不规范，扣5分 (3) 操作现场不整洁，扣5分

二、诊断与排除电控汽油喷射系统耗油量过高故障

1. 内容及操作要求

按要求在规定的时间内有步骤地进行电控汽油喷射系统耗油量过高故障的诊断与排除。

2. 准备要求

（1）材料准备　桑塔纳2000GLi型轿车。

（2）工具、量具准备　解码器V. A. G1551、故障灯、万用表、气缸压力表、汽油压力表、螺钉旋具及火花塞套筒。

3. 考核内容

（1）考核要求

1）正确使用解码器、故障灯或相关工具对电控汽油喷射系统耗油量过高故障进行诊断与排除。

2）操作过程正确。

（2）时间定额

1）基本时间：40min。

2）时间允差：每超过2min，从总分中扣除5分，不足2min的按2min计，超过6min的不计成绩。

（3）安全文明生产

1）正确执行安全技术操作规程。

2）按企业有关文明生产的规定，做到工作场地整洁，工具、工件摆放整齐。

三、诊断与排除汽油机点火正时过晚故障

1. 内容及操作要求

在规定的时间内按操作要求用发动机综合测试仪对汽油机点火正时过晚故障进行诊断与排除。

2. 准备要求

1）桑塔纳轿车一台。

2）国产 QFC—5 或 WFJ—1 型发动机综合测试仪或 AI2000A 型点火测试仪一台，缸压传感器和常用工具等。

3. 考核内容

（1）考核要求

1）正确使用发动机测试仪对点火正时进行检测。

2）正确地通过点火电压波形判断点火正时。

（2）时间定额

1）基本时间：30min。

2）时间允差：每超过 2min，从总分中扣除 5 分，不足 2min 的按 2min 计，超过 6min 的不计成绩。

（3）安全文明生产

1）仪器操作规范，无损坏且摆放整齐。

2）考核场地地面清洁。

四、诊断与排除自动变速器中车速传感器故障

1. 内容及操作要求

在规定的时间内对自动变速器中车速传感器故障进行诊断与排除。

2. 准备要求

1）丰田轿车 A341E（或 A340E）型自动变速器一台。

2）常用的量具、工具。

3. 考核内容

（1）考核要求

1）通过 O/D - OFF 指示灯的闪烁读取故障码后，根据维修手册确定故障码代表的故障、故障部位和检查方法，然后对电路进行检查。

2）在操作过程中，严格按维修手册中介绍的方法、步骤进行操作。

（2）时间定额

1）基本时间：30min。

2）时间允差：每超过 2min，从总分中扣除 5 分，不足 2min 的按 2min 计，超过 6min 的不计成绩。

（3）安全文明生产

1）正确执行安全技术操作规程。

2）按文明生产规定，做到工作场地整洁。

五、汽车零件画图

1. 考核图样

支架外形如图2所示。

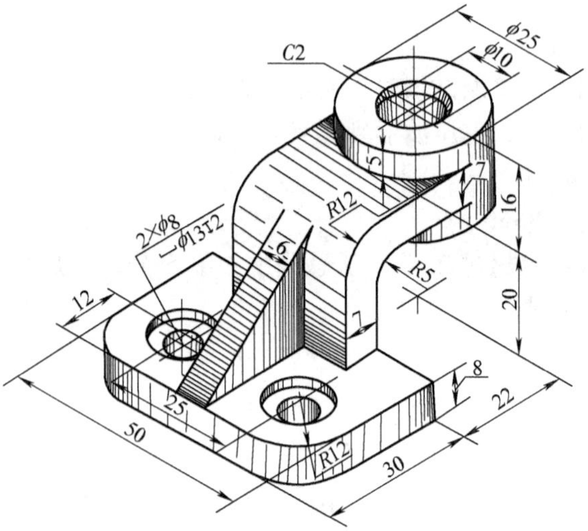

图2　支架外形

2. 准备要求

1）看懂并熟悉考核图样。

2）准备好图纸、图板和画图工具（也可用坐标纸画草图）。

3）选好考核教室、监考人员等。

3. 考核内容

（1）考核要求

1）按制图标准画出三视图（主视图、俯视图、左视图），比例由自己选定。

2）标出零件的尺寸和尺寸公差。

3）标出几何公差、粗糙度及其他技术要求。

（2）考核时间　30min。

（3）考场纪律

1）做到考场整洁，桌椅、图板摆放整齐。

2）监考人员认真负责。

3）考生可携带允许的参考书，但不可交头接耳、互相研究、偷看别人试卷。

六、汽车零件识图

1. 考核图样

离合器轴图样如图 3 所示。

2. 准备要求

1）仔细阅读考核图样。

2）准备好有关参考书籍及国家标准。

3）选好主考人员，备好题签。

3. 考核内容

（1）考核要求

1）说出该轴的大体形状。

2）解释各处尺寸公差、几何公差、粗糙度、剖面等的表示方法和加工工艺。

3）解释技术要求中各项的含意。

（2）考核时间　45min。

（3）考核纪律

1）若时间紧张，则可采取抽题签的形式考核。

2）当考生回答问题不准确时，主考人员可采取提示的方法诱导。

3）配分、评分标准。考核前应制订评分标准表，进行综合打分。

七、诊断与排除发动机大修后拉缸故障

1. 内容及操作要求

发动机大修后拉缸是活塞、活塞环与气缸之间的典型粘着磨损。寻找故障原因时，应逐项排除或确定。

2. 准备要求

1）熟悉发动机拉缸的主要原因：配合间隙小、润滑不良、部件折断、连杆弯曲、气缸体变形等。

2）准备好检测量具和仪表，如量缸表、外径千分尺、连杆检测仪、气缸体检测仪等。

3）准备好检测平台和有拉缸故障的发动机。

3. 考核内容

（1）考核要求

1）会测量气缸与活塞的间隙，气缸与活塞的圆度、圆柱度，连杆的弯曲度、扭曲度。

2）会测量气缸体的变形、气缸套中心线与原套中心线不同心或不垂直与曲

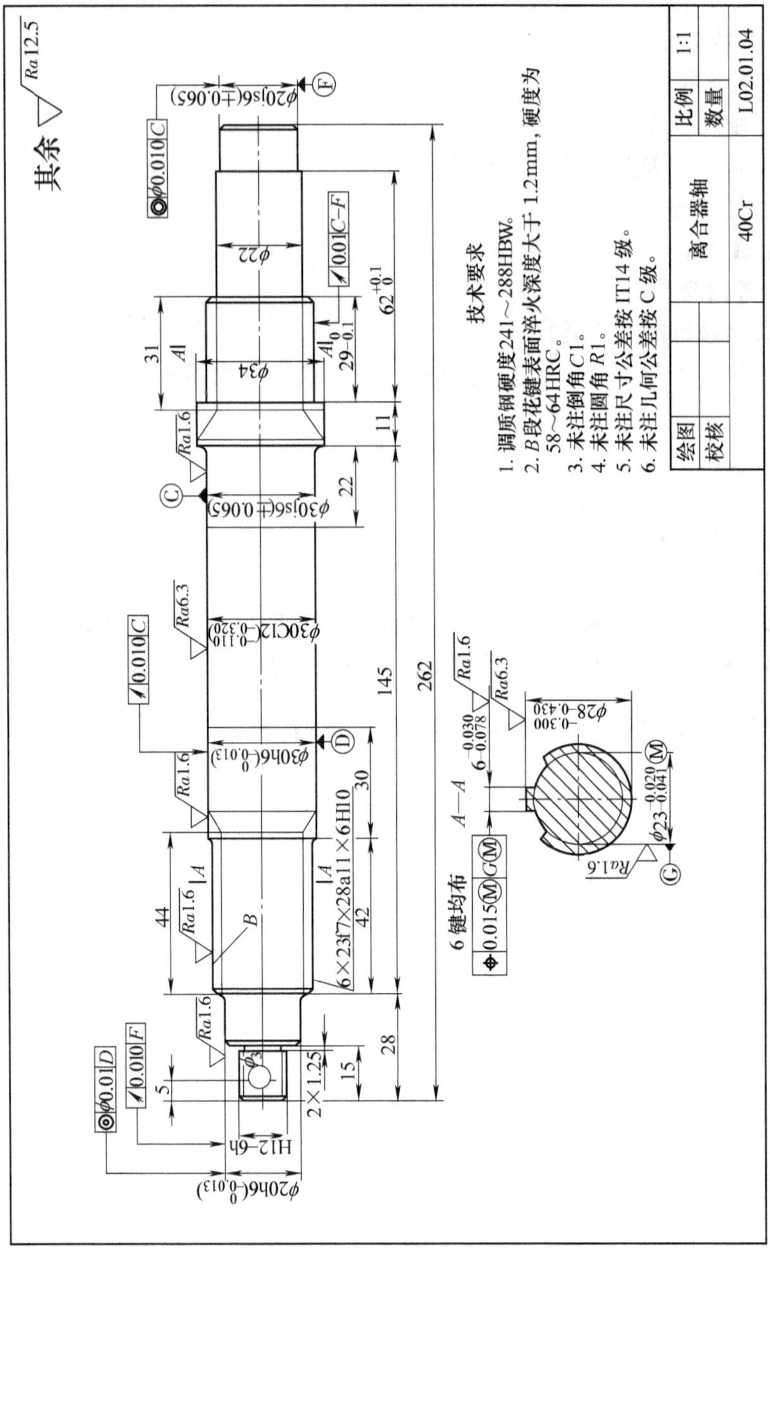
其余 Ra12.5
技术要求
1. 调质钢硬度241～288HBW。
2. B段花键表面淬火深度大于1.2mm，硬度为58～64HRC。
3. 未注倒角C1。
4. 未注圆角R1。
5. 未注尺寸公差按IT14级。
6. 未注几何公差按C级。
绘图
校核
离合器轴
40Cr
比例 1:1
数量
L02.01.04
6键均布
A—A
6×23f7×28a11×6H10
φ20js6(±0.065)
φ30js6(±0.065)
φ30C12
φ30h6
φ20h6
φ22
φ34
φ28
φ23
262
145
62
44
42
31
30
29
28
22
15
11
5
2×1.25
H12-6h

图3 离合器轴图样

轴中心线。

3）最后确定发动机拉缸的原因。

（2）考核时间 1.5h。

（3）安全文明生产要求

1）正确执行安全技术操作规程。

2）做到考核场地整洁，零件、量具、仪表摆放整齐、有序。

3）操作时正确使用工具、量具、仪表；结束时应清理场地，摆放好工具、量具、仪表。

八、选电动机功率

1. 内容及操作要求

某修理厂要自制一台镗制动鼓机，选用刀具材料为硬质合金，工件材料为铸铁，最大进给量 $f=0.5\text{mm/r}$，最大背吃刀量 $a_p=0.4\text{mm}$，$v=6.5\text{m/min}$，设备总效率 $\eta=0.8$，求所需电动机功率？

2. 准备要求

1）熟悉镗制动鼓机的结构。

2）知道主切削力 P_z、切削功率 N_1、所需电动机功率 N 的计算公式。

3）可携带相关的参考书和计算器。

3. 考核内容

（1）考核要求

1）主切削力 P_z 的计算

$$P_z = C_p a_p f^{0.75} = 175 \times 0.4 \times 0.5^{0.75}(\text{N}) = 41.6\text{N}$$

2）切削功率 N_1 的计算

$$N_1 = \frac{P_z v}{625} = \frac{41.6 \times 6.5}{625}(\text{kW}) = 0.43\text{kW}$$

3）电动机功率 N 的计算

$$N = \frac{N_1}{\eta}k = \frac{0.43\text{kW}}{0.8} \times 1.75 = 0.94\text{kW}$$

（2）考核时间 30min。

（3）考核纪律

1）可以携带相关的参考书籍和计算器。

2）考生不可交头接耳、互相研究、偷看其他人答卷。

3）考场整洁，桌椅摆放整齐，监考人员要认真负责。

模拟试卷样例

一、判断题（对的画√，错的画×；每题1分，共15分）

1. 随着发动机转速的增加，有效转矩 T_{tq}逐渐增大。（　）
2. 汽油机的调整特性有燃料的调整和喷油提前角的调整。（　）
3. 汽车制动性能的评价指标有：制动距离、制动效能的恒定性和制动时汽车方向的稳定性。（　）
4. 汽车制动侧滑是指制动时汽车的某一轴或两轴发生纵向移动。（　）
5. 汽车的稳态转向特性分为不足转向特性、中性转向特性和过多转向特性。（　）
6. 质量是指产品质量。（　）
7. 所谓质量保证体系，就是全面质量管理体系。（　）
8. 企业设计建筑地区地图比例不应小于1∶1000。（　）
9. 汽车零件的失效是指零件完全丧失原有功能。（　）
10. 设备的安装费一般按设备价格的5%～10%计。（　）
11. 发动机综合性能检测仪是以电脑为核心的测量和数据处理系统。（　）
12. 发动机出现故障时，会产生一种附加的、不正常的响声和振动，这种不正常的响声称为“异响”。（　）
13. 计算机控制系统主要由传感器、电控单元和执行机构组成。（　）
14. 电控燃油喷射系统的故障诊断除用解码器外，还可以用电压表。（　）
15. 转向轮定位的检测常采用动态检测法，即在汽车运动状态下，用测量仪器对转向轮定位的几个参数进行测量。（　）

二、选择题（将正确答案的序号填入括号内；每题1分，共40分）

1. 在实际工作中，发动机的工作状况变化是（　）。

A. 很大的　　B. 很小的　　C. 不变的

2. 汽油机外特性代表发动机（　）。

A. 部分性能　　B. 一般性能　　C. 最高性能

3. 汽车的最高车速是指在良好的（　）上汽车所能达到的最高车速。

A. 水平路面　　B. 一般路面　　C. 混凝土路面

4. 发动机飞轮输出的转矩经汽车（　）传到驱动车轮上。

A. 行驶系统　　B. 传动系统　　C. 制动系统

5. 侧滑是指汽车的某一轴或（　　）发生横向移动。

A. 两轴　　B. 前轴　　C. 后轴

6. 在有些车型上，自动变速器与发动机的汽油喷射系统共用一个（　　）。

A. 电控单元　　B. 控制元件　　C. 电源

7. 目前各个国家生产的四挡变速器，第四挡一般为（　　）。

A. 直接挡　　B. 超速挡　　C. 最高挡

8. 变速器超速挡的速比（　　）。

A. 很小　　B. 略小　　C. 较小

9. 目前，电控汽油喷射发动机多采用（　　）。

A. 单点喷射　　B. 多点喷射　　C. 混合喷射

10. 产品质量是指产品的（　　）。

A. 重量　　B. 质量　　C. 组成成分

11. 汽车零件的失效是指零件部分或完全丧失原有（　　）。

A. 能力　　B. 作用　　C. 功能

12. 自动变速器中的变矩器主要由泵轮、涡轮和（　　）组成。

A. 导轮　　B. 车轮　　C. 飞轮

13. 自动变速器主要由变矩器、变速机构和（　　）组成。

A. 控制系统　　B. 控制装置　　C. 控制机构

14. 示波器主要由示波管、传感器和（　　）组成。

A. 电子电路　　B. 电控单元　　C. 电器

15. 一般装有电控单元的汽车，都具有故障（　　）。

A. 诊断系统　　B. 自诊断系统　　C. 查出系统

16. 车辆识别代号编码的每位代码代表着汽车某一方面的信息（　　）。

A. 量　　B. 内容　　C. 参数

17. 主销后倾是指主销装在前轴上后，在汽车纵向平面内向后倾斜的（　　）。

A. 表现　　B. 原因　　C. 现象

18. 用电压表也可以诊断电控燃油喷射系统的（　　）。

A. 故障　　B. 工作状况　　C. 工作过程

19. 发动机工作时，若供给的是稀可燃混合气，则废气中便有较多的（　　）。

A. 空气　　B. 氮气　　C. 氧气

20. 燃油表用来表示燃油箱内的（　　）。

A. 燃油量　　B. 燃油成分　　C. 燃油组成

21. 汽车电器原理图是汽车电器线路图、线束图的（　　）。

A. 基础　　B. 综合　　C. 简图

22. 自动变速器换挡系统主要由离合器和制动器、液压操作系统和（　　）组成。

A. 电控单元　　B. 电子控制系统　　C. 电子元件

23. 只有当空燃比接近理想空燃比 14.7:1 时，三元催化转换器才能使（　　）有害物质都获得较高的净化率。

A. 两种　　B. 三种　　C. 四种

24. 发动机出现故障时，会产生一种附加的、不正常的响声和振动，这种不正常的响声称为（　　）。

A. 噪声　　B. 异响　　C. 杂音

25. 气缸漏气异响的特点是，发动机工作时，从机油加注口处发出（　　）的漏气声。

A. “嘎啦、嘎啦”　　B. “嗒嗒”　　C. “嘣嘣”

26. 汽油机点火系统初级标准波形是从（　　）得到的。

A. 断电器触点上　　B. 点火线圈上　　C. 蓄电池上

27. 车速里程表用来指示汽车行驶速度和（　　）

A. 行驶里程　　B. 瞬时车速　　C. 累计行驶里程

28. 在故障自诊断系统中，故障码一般用（　　）数字代表不同的故障。

A. 二位或三位　　B. 一位或二位　　C. 三位或四位

29. 电控燃油喷射系统的故障除用解码器诊断外，还可用（　　）诊断。

A. 故障灯　　B. 指示灯　　C. 转向灯

30. 车辆识别代号编码由（　　）组成，共 17 位，又称为 17 位识别代号编码。

A. 一组字母和阿拉伯数字

B. 一组阿拉伯数字和字母

C. 一组字母和汉字

31. 前轮前束可通过改变（　　）的长度来调整。

A. 转向直拉杆　　B. 转向横拉杆　　C. 转向摇臂

32. 车轮外倾（　　）测量。

A. 可直接　　B. 不可直接　　C. 可间接

33. B 级汽车综合检测站能承担汽车技术状况的检测和（　　）。

A. 车辆技术等级评定的检测

B. 维修质量的检测

C. 接受有关部门委托的检测

34. (　　) 是产品质量的定量特性。

A. 强度　　B. 形状　　C. 外观

35. 发动机气缸磨损圆度误差超过 (　　) mm 时应进厂大修。

A. 0.02～0.04　　B. 0.05～0.063　　C. 0.10～0.125

36. 发动机最大功率较标准降低 (　　) 时应大修。

A. 10%　　B. 15%　　C. 25%

37. 汽车二级维护质量保证里程为 (　　)。

A. 1000km　　B. 1500km　　C. 2000km

38. 维修设备的安装费一般按设备价格的 (　　) 计。

A. 3%～4%　　B. 5%～6%　　C. 7%～8%

39. 二类汽车维修企业生产厂房面积不应少于 (　　)。

A. $100m^2$　　B. $200m^2$　　C. $400m^2$

40. 一类汽车维修企业接待室面积不应少于 (　　)。

A. $20m^2$　　B. $40m^2$　　C. $60m^2$

三、填空题（在括号内填上正确答案；每题 1 分，共计 10 分）

1. 汽车行驶方程式表明了汽车行驶时驱动力与 (　　) 之间的相互关系。
2. 在液力变矩器中，涡轮与 (　　) 相连，为从动件。
3. 要看懂电路图，必须了解图形符号的含义、(　　) 和使用方法。
4. 示波器是检测 (　　) 汽油发动机点火系统技术状况的仪器之一。
5. 空气流量传感器是精确测量 (　　) 的传感器。
6. 电控燃油喷射系统中的执行器接收 (　　) 发出的各种指令，进行必要的动作。
7. 质量保证体系的建立，目的在于 (　　)。
8. 综合作业法是指全部修理作业由 (　　) 完成的组织形式。
9. 生产纲领是指企业每年完成生产任务的 (　　)。
10. 修理时间定额是指在一定的生产条件下，修理所消耗的 (　　) 标准。

四、计算题（15 分）

某型汽车大修工时为 700h，结算工时单价为 8 元/h，消耗材料费为 5000 元，利润率 γ 为 30%，税率 β 为 5%，问修理厂应向客户收取汽车大修费用为多少?

五、简答题（每题 5 分，共计 10 分）

1. 试说明画零件工作图的步骤。

2. 影响产品质量的因素有哪些?

六、综合分析题(每题5分,共计10分)

1. 自动变速器故障诊断步骤有哪些?
2. 曲轴箱通风系统的检验步骤有哪些?

答 案 部 分

试题库答案

一、判断题

1. √	2. √	3. ×	4. ×	5. ×	6. √	7. √	8. ×	9. ×
10. ×	11. √	12. √	13. √	14. √	15. ×	16. √	17. ×	18. ×
19. ×	20. √	21. √	22. √	23. √	24. ×	25. √	26. ×	27. √
28. √	29. ×	30. ×	31. √	32. √	33. √	34. √	35. ×	36. ×
37. √	38. ×	39. ×	40. √	41. √	42. √	43. ×	44. ×	45. ×
46. √	47. √	48. ×	49. √	50. √	51. ×	52. ×	53. √	54. √
55. √	56. ×	57. √	58. ×	59. √	60. √	61. ×	62. ×	63. √
64. √	65. ×	66. √	67. √	68. ×	69. ×	70. ×	71. ×	72. √
73. ×	74. √	75. √	76. ×	77. ×	78. ×	79. √	80. ×	81. √
82. √								

二、选择题

1. A	2. C	3. B	4. B	5. A	6. C	7. B	8. C	9. A
10. A	11. C	12. C	13. A	14. A	15. A	16. B	17. C	18. C
19. B	20. C	21. C	22. A	23. B	24. C	25. C	26. A	27. A
28. A	29. A	30. A	31. B	32. C	33. A	34. B	35. C	36. A
37. B	38. C	39. B	40. A	41. C	42. A	43. B	44. C	45. C
46. A	47. B	48. B	49. B	50. B	51. C	52. B	53. A	54. C
55. B	56. C	57. B	58. A	59. B				

三、填空题

1. 运行工况　2. 速度　3. 经济性　4. 调整情况　5. 外界阻力　6. 燃油消

耗　7. 转向能力　8. 过多转向特性　9. 电子控制系统　10. 恒速行驶系统　11. 电路原理图　12. 标注原则　13. 多点汽油喷射　14. 气缸内　15. 检测　16. 电控单元　17. 挡数　18. 液力变矩器　19. 泵轮　20. 从动轴（行星齿轮变速器的输入轴）　21. 公共高压油轨　22. 后面　23. 网络结构　24. 传感器　25. 曲轴箱处　26. 中上部　27. 气缸盖　28. 诊断　29. 示波管　30. 电压　31. 电控单元（ECU）　32. 点火开关　33. 调用、清除方法　34. 工具　35. 重号错认　36. 主销后倾角　37. 主销内倾角　38. 前轮外倾角　39. 前轮前束　40. 主销　41. 自诊断　42. “ABS”　43. 程度　44. 工作质量　服务质量　45. 定量特性　定性特性　46. PDCA　47. 表现形式　48. 保证质量　49. 技术标准　规定　50. 图样　51. 25%　52. 1500　53. 两　三　54. 企业　个体户　55. 连续流水　间歇流水　56. 一个班组　57. 不同的人　58. 关键路线　59. 关键工序　60. 流线图　61. 最迟开工期　最早开工期　62. 加工性　63. 数量　64. 劳动时间　65. 燃油消耗量

四、简答题

1. 答：发动机特性主要有：发动机速度特性、发动机调整特性、发动机负荷特性和发动机万有特性。

2. 答：发动机性能指标随着转速变化而变化的关系称为发动机速度特性。

3. 答：柴油机速度特性是指喷油泵油量调节机构位置不动，柴油机性能指标随着发动机转速变化而变化的关系。

4. 答：发动机负荷特性是指发动机转速不变，其经济性随着负荷变化而变化的关系。

5. 答：汽车动力性指标包括：汽车的最高车速、汽车的加速时间和汽车的最大爬坡度。

6. 答：汽车的动力性是指汽车在良好路面上直线行驶时由汽车纵向外力决定的，所能达到的平均行驶速度。

7. 答：在汽车驱动力图上再画上汽车行驶时经常遇到的滚动阻力和空气阻力曲线，此图即为驱动力-行驶阻力平衡图。

8. 答：以纵坐标表示功率，横坐标表示车速，将发动机功率 P_e 和汽车行驶阻力功率（P_f+P_w）$/\eta_t$ 对车速的关系曲线绘制在坐标图上，便得到汽车功率平衡图。

9. 答：汽车的燃料经济性是指在保证动力性的条件下，汽车以最小的燃油消耗率完成单位运输工作的能力。

10. 答：汽车制动性的评价指标有：制动效能、制动效能的恒定性和制动时汽车的方向稳定性。

11. 答：在附着系数为 φ 的路面上，均能保证前、后车轮同时抱死的前、后轮制动器制动力分配曲线，称为理想的制动器制动力分配曲线。

12. 答：制动侧滑是指制动时汽车的某一轴或两轴发生横向移动。

13. 答：制动时原期望按直线方向减速停车的汽车自动向左或向右偏驶，称为制动跑偏。

14. 答：操纵性是指汽车能够确切地响应驾驶人转向指令的能力。

15. 答：稳定性是指汽车受到外界干扰时保持稳定行驶的能力。

16. 答：汽车稳态转向特性分三种，即不足转向特性、中性转向特性和过多转向特性。

17. 答：自动变速器中的制动器起制动和约束作用。

18. 答：丰田汽车自动变速器具有 P、R、N、D、Z 和 L 六个挡位。

P—停车位，变速器机械锁止。

R—倒车位。

N—空位，发动机怠速。

D—前进位。

Z—锁定位。

L—低位。

19. 答：电控巡航系统主要由操作开关、传感器、电控单元和执行器等组成。

20. 答：发动机电子控制系统由传感器、执行器和发动机电控单元组成。

21. 答：汽车电路原理图是用电器图形符号，按工作顺序或功能布局绘制的，详细表示汽车电路的全部组成和连接关系，不考虑实际位置的简图。

22. 答：汽车电路图是利用图形符号和文字符号，表示汽车电路构成、连接关系和工作原理，而不考虑其实际安装位置的一种简图。

23. 答：电控燃油喷射系统由燃油供给系统、空气供给系统、电子控制系统及各种传感器等组成。

24. 答：在汽油机电控燃油喷射系统中，喷油器根据电控单元的喷油指令，把适量的燃油喷射到进气门前。在进气行程时，燃油与空气形成的可燃混合气被吸入气缸内。

25. 答：在汽油机电控燃油喷射系统中，电子控制系统主要由电控单元、各种传感器及执行器三部分组成。

26. 答：目测检查内容主要包括：检查空气滤清器滤芯、检查 ECU 线束的连接是否良好、检查传感器和执行器的连接器是否良好、连接导线是否松动或断开及是否有短路现象、连接器是否插接到位等。

27. 答：自动变速器主要由液力变矩器、变速机构和控制装置等组成。

28. 答：自动变速器中的单排行星齿轮机构由太阳轮、齿圈、行星齿轮、行星齿轮架等基本组件组成。

29. 答：在柴油机电控技术中，燃油压力调节器的作用是，根据电控单元的控制信号调节燃油轨中的燃油压力。

30. 答：曲轴主轴承异响的原因有：主轴承松动，轴承间隙过大；曲轴偏磨或弯曲；主轴承过长或过短而折断或转动；润滑油过稀或不足，导致轴承烧毁。

31. 答：活塞销产生异响的原因有：活塞销与连杆小头衬套磨损或活塞销与活塞销座处松旷，衬套与连杆小头孔配合有间隙等。

32. 答：活塞敲缸异响的原因有：气缸或活塞严重磨损，致使它们的配合间隙过大；活塞或气缸壁间润滑条件不良；活塞圆柱度误差过大等。

33. 答：连杆轴承异响产生的原因有：连杆轴承松动，致使连杆轴承间隙过大；连杆轴承合金烧毁或脱落；连杆轴承偏磨；连杆弯曲等。

34. 答：气缸漏气异响产生的原因有：活塞环与气缸壁磨损严重；活塞环开口间隙太小或各环开口重合；活塞环弹力太弱；活塞环卡死在活塞环槽内；气缸壁拉伤，出现沟槽等。

35. 答：正时齿轮产生异响的主要原因有：气门间隙过大或过小，使齿轮传动时周向啮合间隙不一致；曲轴主轴轴承孔与齿轮轴轴承孔中心距发生变化；正时齿轮未成对更换；凸轮轴或曲轴轴向间隙过大等。

36. 答：汽油机点火敲击异响产生的原因有：使用了辛烷值低的汽油；燃烧室积炭；可燃混合气过稀；点火提前角过大；由于使用或维护等原因致使压缩比过大等。

37. 答：影响发动机产生异响的主要因素有：发动机转速、发动机温度、发动机负荷及发动机的润滑条件等。

38. 答：故障自诊断系统的功能有：发现故障、故障分类、故障报警、故障存储和故障处理。

39. 答：车辆识别代号编码可以提供的信息有：该车的生产国家、制造公司或生产厂家、车的类型、品牌名称、车型系列、车身形式、发动机型号、车型年款、安全防护装置型号、检验数字、装配工厂名称和出厂顺序号码等。

40. 答：自动变速器基本检查内容有：检查自动变速器的油位是否合适，油质是否合格，自动变速器是否漏油，变速器联动机构及发动机工作状况是否正常等。

41. 答：转向轮、转向节和前轴三者之间以及与车架之间具有一定的相对安装位置，称为转向轮定位。

42. 答：主销后倾角的作用是：保持汽车直线行驶稳定性，并且力图使转弯后的前轮自动回正。

43. 答：前轮前束的作用是：消除汽车行驶过程中因前轮外倾而使两前轮前端向外张开的不利影响。

44. 答：光束水准车轮定位仪由一套水准仪、两套聚光器、两套支架、两套转盘、两套杆尺、两套标杆和一个制动踏板抵压器组成。

45. 答：防抱死制动系统主要由安装在车轮上的车轮转速传感器、液压调节器和电控单元等组成。

46. 答：汽车综合性能检测站的功能是：从事各类汽车动力性、安全性、经济性、可靠性等性能及噪声与污染排放状况的检测。

47. 答：A级综合性能检测站能够承担汽车技术状况检测、车辆技术等级评定检测、维修质量检测，接受有关部门委托对汽车及相关项目进行检测。

48. 答：在对自动变速器进行故障诊断时，如果要清除故障码，那么可将发动机燃油喷射系统的熔丝拔下10s或者更长时间，之后再装回熔丝，即可清除故障码。

49. 答：产品质量是反映产品实体满足明确和隐含需要能力的特性总和。

50. 答：工作质量是指企业为保证产品质量和提高产品的使用价值，所采取的技术组织管理工作的水平和完善程度。

51. 答：服务质量是指企业满足用户或顾客精神需求方面的特性。

52. 答：人、设备、材料、加工、检测、环境六大因素。

53. 答：质量管理是指确定质量方针、目标和职责，并在质量体系中通过诸如质量策划、质量控制、质量保证和质量改进，使其实施的全部管理职能的所有活动。

54. 答：其突出特点是：全员参加的、全过程的、全面适用一切有效方法的、全面控制质量因素的、力求全面经济效益的质量管理。

55. 答：专检、自检、互检相结合；管理人员、技术人员、工人相结合；首检、抽检、终检相结合的三结合经验。

56. 答：质量分析可按时间分类、按人员分类、按设备分类、按材料分类、按操作分类。

57. 答：所谓质量目标，是指企业在一段时期内，根据客户的要求，所制订的质量标准，根据所制订的标准稳步推动质量的提高。

58. 答：质量信息系统包括信息网络、信息获取手段、信息收集方法、信息分类、信息传输、信息存储、信息处理等。

59. 答：发动机总成的大修标志为：气缸磨损，圆柱度误差达到0.175～0.25mm或圆度误差达到0.05～0.063mm；发动机功率或气缸压力较标准降低25%以上；燃料和润滑油消耗量显著增加。

60. 答：“三单一证”的具体内容为：大修进厂检验单、大修工艺过程检验单、大修竣工检验单、大修合格证。

61. 答：汽车修理的作业方法有就车修理法、总成互换修理法、和由上述二者相结合的混装修理法。

62. 答：工序的最早开工期是指某一工序必须等它紧前工序完工以后，才能开工的时刻。工序的最迟开工期是指为不影响紧后工序按期开工，工序最晚的开工时刻。

63. 答：汽车大修的送修标志为：客车以车厢为主，结合发动机总成；货车以发动机为主，结合车架总成或其他两个总成，符合大修条件，即可进行车辆大修。

64. 答：送修时的进厂检查包括：调查汽车的使用情况、汽车的外部检查、汽车的行驶检查三个方面。

65. 答：汽车修理企业设计的一般程序是：选择厂址、下达设计任务书、初步设计、技术设计、施工设计。

五、综合分析题

1. 电路图识图的一般方法有：

1）先看全图，把一个个单独的系统框出来，各电器系统的电源和电源总开关是公共的，任何一个系统都应该是一个完整的电路，都应遵循回路原则。

2）分析各系统的工作过程、相互间的联系。在分析某个电器系统之前，要清楚该电器系统所包含各部件的功能、作用和技术参数等。在分析过程中应特别注意开关、继电器触点的工作状态。大多数电器系统都是通过开关、继电器不同的工作状态来改变回路，实现不同功能的。

3）通过对典型电路的分析，达到触类旁通。在许多车型的汽车电器原理图中，很多部分都是类似或相近的，通过一个具体例子，举一反三，对照比较，触类旁通，可以掌握汽车的一些共同规律。

2. 电器线路图的作用为：汽车电器线路图是检修中重要的技术图样之一，对提高检修速度有着举足轻重的影响。检修中，通过故障现象和对电器原理图的分析，在电器原理图上建立逻辑的检查步骤，再通过电器线路图的指示，在电器线路图上具体实施。

3. 电控燃油喷射系统故障诊断的基本程序是：在诊断故障时，应首先掌握电控燃油喷射系统的结构、原理和电气线路，同时还应掌握其基本的检查方法和步骤。

在一般情况下，若诊断排除一个可能涉及电控系统的发动机故障，则首先应判定故障是否与电控单元有关。如果发现发动机有故障，但故障灯未亮（未显示故障码），那么多数情况下表明，该故障与电控系统无关。此时，应按发动机没装电控系统的诊断基本程序进行故障诊断。

4. 在自动变速器中，电控单元的作用是：根据其存储的程序，对各种传感器及控制开关输入的各种信号进行运算、分析和判断，发出相应的控制指令，使执行器产生相应的动作，实现自动换挡；另外，电控单元还对整个电子控制系统实行监测，一旦出现故障，即发出警告，便于维修该系统。

5. 自动变速器的检验步骤如下：

1）进行变速器的基本检验，即检验自动变速器油位是否合适，油质是否合格，自动变速器是否漏油，变速器联动机构及发动机工作是否正常等。排除以上引起自动变速器故障的因素后，再进行下一步检验。

2）通过手动换挡试验来检验故障是由电子控制系统引起的还是由机械系统和液压系统引起的。

6. 点火放大器的检查步骤为：测量点火放大器的电阻值，断开点火开关，拔下点火放大器两端的插头，用万用表测量三销孔插座，任意两脚之间的电阻值应为∞，四销孔插座1、3、4脚和2脚之间的电阻值应为1.35～1.45kΩ。

7. 在对计算机控制点火系统进行诊断时，应注意以下几点：

1）发动机起动或运转时，不允许拔下高压线，也不允许试火。

2）对点火系统进行检查时，应全部拔下喷油器导线插头，以避免无火喷油。

3）决不允许使用外用充电机起动发动机。

4）若需要检查气缸压力，则应拔下点火放大器的四销孔插头，并同时拔下喷油器线束。

5）在计算机上拆、装导线时，一定要使点火开关断开，否则，易损坏计算机。

6）检查霍尔传感器之前，应切断点火开关，在霍尔传感器与计算机的连线之间接上欧姆表。

8. 在奥迪A6的电控燃油喷射系统中，怠速的检查步骤为：起动发动机，使其在怠速运转。标准怠速为680～820r/min。检查怠速时应注意以下几个问题：

1）需要调整怠速时，应使用解码器V.A.G1551进行调整。

2）检查怠速时，冷却系统的风扇不应转动。

3）若怠速过高，则可能是由进气系统漏气造成的或怠速控制阀有故障引起的；若怠速不稳，则一般是由怠速控制阀工作不正常造成的，或与喷油器过脏有关。

9. 喷油器有无渗漏的检查步骤为：将点火开关关闭，拔下喷油器全部插头，在油路上接上油压表，并起动起动机，建立起系统油压。之后，给各喷油器逐个脉冲式供电，同时听察喷油器是否有“嗒嗒”声。若系统油压下降，则表示正常；否则，表明喷油器堵塞。如果喷油器不喷油，且油压下降，那么说明喷油器漏油。

10. 在自动变速器的液压操纵系统检修中，主要检修油泵、直接挡离合器、离合器和制动器及有关阀体。油泵的检修步骤如下：

1）泵体和齿圈间隙的检查。把齿圈推向泵体的一侧，用塞尺测量其间隙，正常值为0.07～0.15mm。若该间隙超过0.30mm，则应更换齿轮、齿圈或泵体。

2）齿轮、齿圈齿顶隙的检查。用塞尺测量齿轮、齿圈和月牙板之间的间隙，该间隙正常值为0.11～0.14mm。若该间隙超过0.30mm，则应更换齿轮、齿圈或泵体。

3）齿轮端面间隙的检查。该间隙正常值为0.02～0.05mm。若该间隙超过0.10mm，则应更换齿轮、齿圈或泵体。

11. 用气缸压力表检测气缸压力的步骤如下：

1）检测条件　发动机应在正常工作温度条件下运转；用起动机带动已拆卸全部火花塞的发动机运转，其转速为200～250r/min。

2）检测方法　吹净脏物，拆下空气滤清器、火花塞或喷油器，按气缸次序放置；拔下高压线，将气缸压力表接头与火花塞孔连接；将节气门和阻风门全部打开，用起动机转动曲轴3～5s，指针指向最大压力后，停止转动；记下读数，按下单向阀压力表指针回零。每缸测量2～3次，取平均值。

3）检测标准　根据汽车发动机大修竣工技术条件的要求，发动机气缸压力应符合原设计规定。各气缸压力差，汽油机不应超过各气缸平均压力的8%，柴油机不应超过10%。《汽车运输业车辆技术管理规定》中要求气缸压力低于原设计的25%时，应送厂大修。

12. 在自动变速器性能试验时，注意事项有以下几条：

1）自动变速器出现故障时，首先应利用各种检测工具和手段，按照合理的程序和步骤，查出故障原因，以便有针对性地进行维修。

2）在进行自动变速器性能试验之前，应检查发动机的怠速，检查自动变速器齿轮油的品质和油位，检查变速杆的位置和节气门拉索的连接情况。

3）在进行道路试验之前，应先让汽车以中低速行驶5～10min，让发动机和变速器达到正常工作温度。

4）进行油压试验时，应将汽车停放在水平路面，并使发动机和自动变速器达到正常工作温度。

13. 发动机综合性能检测仪除了可检测发动机功率外，还可检测汽油机点火系统的波形、柴油机高压油管内压力的波形、起动系统及各种异响等。

其主要由主机和显示器、键盘、检测信号接收和处理系统、打印机及电源等几部分组成。

14. 示波器是检测、诊断汽油发动机点火系统技术状况的仪器。其主要由示波管、传感器和电子电路组成。

15. 诊断电控汽油发动机故障时，应注意以下事项：

1）安装蓄电池时，极性不得接反；维修电控系统时要带上接铁金属带，将其一端缠在手上，另一端夹在车身上。

2）修理前，应先切断点火开关，拆下蓄电池负极接线柱上的桩夹。应注意，对于带安全气囊的汽车，应在拆下搭铁线 2 ~ 3min 之后，再进行诊断。

3）电控燃油喷射系统的电控单元即使坏了也不能修，不应对它进行分解，应保持系统各线路插脚、插座、插头的清洁及可靠的接触。

4）一般情况下，应先确定发动机进气系统及电气系统无故障后，再对燃油系统进行故障诊断。

16. 注意事项有：

1）每次测量的各缸重叠角值越接近越好，而且重叠角的最大值越小越好。

2）点火电压一般为 6 ~ 8kV。该参数有一定的随机性，测量结果只要大体上符合正常值即可。

3）怠速或加速时，如果某一气缸高压过高，那么应更换该缸火花塞。

4）电子点火系统也可以用示波器检测其波形。

17. 注意事项有：

1）如果被监测的传感器或者组件出现故障，那么该故障及关于故障种类的说明将存储在故障存储器中。

2）读取故障码并排除故障后，应及时清除故障码，否则再次使用自诊断系统进行故障诊断时，此次的故障会一并读出，影响自诊断系统的正常工作。

3）发动机故障如果是由临时电缆短路或者接触不良造成的，那么该故障也被存储，并将作为偶然故障“SP”显示。发动机如果经过 40 次起动后，故障未重复出现，那么存储的故障内容会被自动清除。

4）如果一个故障涉及氧传感器的功能，那么在发动机至少运行 4min 后才可读取故障存储器的内容。

5）如果电控单元供电电压被切断（电控单元插头被拔下或蓄电池接线柱上的接线被拔下），那么故障存储器原来存储的内容即被清除。

18. 车辆识别代号编码的用途有以下几个：

1）各国机动车辆管理部门办理牌照时可以将其输入计算机存储，以备需要时调用，如处理交通事故、保险索赔、查获被盗车辆、报案等。

2）有的国家规定没有车辆识别代号编码的汽车不准进口。若车辆没有车辆识别代号编码，则有的国家的客户就不会购买。因此，没有车辆识别代号编码的汽车是卖不出去的。

3）各种测试仪表和维修设备中都存储有车辆识别代号编码的数据，以作为修理的依据。

4）车辆识别代号编码在汽车配件经营管理上也起着重要作用，在查找零件目录中的汽车零件号之前，首先要确认车辆识别代号编码的车型年代，否则会产生误购、错装等现象。

5）利用车辆识别代号编码还可以鉴别出拼装车、走私车，因为拼装的进口车一般是不按车辆识别代号编码规定进行组装的。

19. 自动变速器故障诊断步骤如下：

1）进行自动变速器的基本检查，即检查自动变速器的油位是否合适，油质是否合格，自动变速器是否漏油，变速器联动机构及发动机工作状况是否正常等。排除以上引起自动变速器故障的因素后，再进行下一步的诊断。

2）通过手动换挡试验来判断故障是由电子控制系统引起的还是由液压系统引起的。

3）再通过机械试验来区分故障是由机械系统造成的还是由液压系统造成的。

4）最后，采用不同的诊断方法来确定不同系统的具体故障部位。

20. 前轮前束的检测按下列步骤进行：

1）将汽车转向轮置于转盘上，取下转盘锁止销，拉紧驻车制动器。

2）在转向轮上安装支架，把聚光器固定在车架上。

3）确定直线行驶位置。将聚光器光束水平投向后轮轴线与后轴垂直且相对于汽车纵轴线对称放置的三脚架标尺。调节焦距，在标尺上显现出带缺口扇形的图像，如果两侧缺口所指数值相等，那么说明汽车处于直线行驶状态，否则，应转动转向盘进行调整。

4）顶起转向桥，使两个转向轮离开转向盘而能自由地转动。

5）将两套标杆平行于转向轴放置于两侧，每一标杆距转向轮中心的距离为转向轮上规定的前束测量点处半径的7倍。

6）将一侧聚光器光束投向前标杆，并移动标杆使之指向一个整数。移动转向轮使光束投向后标杆，亦使之指向同一个整数。然后，使另一侧聚光器光束分别投向前、后标杆，并记录所指数字。后标杆数字与前标杆数字之差即为该车前束值。

21. 车轮外倾角的测量原理和方法如下：

当转向轮处于直线行驶位置时，通过支架垂直于转向轮旋转平面的水准仪上的测外倾角气泡管也与该旋转平面垂直。此时，气泡管与水平面的夹角与外倾角相等，气泡管中的水泡偏移向车轮一侧。把气泡管跳回水平位置，气泡位移量和角度调节量即反映了外倾角的大小。具体测量过程如下：

首先将水准仪上的测“α”、“γ”插销插入支架座孔，并使水准仪在垂直于该插销的方向上近似水平，然后拧紧锁紧螺钉，把水准仪固定于支架上。此时，水准仪气泡将偏离中间位置。调节“α”调节盘，直到水平仪气泡处于中间位置，其“α”调节盘上红线所示角度即为该转向轮的外倾角。

22. 制动防抱死系统的工作原理简述如下：

汽车运行时，制动防抱死系统电控单元收到制动传感器信号后，判断车轮是否抱死。若发现某一个车轮抱死，则立即发出指令，调节液压调节器电磁线圈的电流强度，以调节车轮制动器的制动力，防止该车轮抱死。

23. 汽车综合检测站目前可分为两类：A 级站和 B 级站。

A 级站能够承担汽车技术状况检测、车辆技术等级评定检测、维修质量检测，接受有关部门的委托对汽车及相关项目进行检测。

B 级站能够承担汽车技术状况检测和维修质量检测。

24. 对自动变速器进行故障诊断时，应注意以下几点：

1）接通点火开关后，不能断开工作电压为 12V 的电器装置，否则会因电器装置线圈的自感作用，产生很高的瞬时电压，损坏计算机元件。

2）在车上进行焊接作业时，应事先切断计算机系统的电源。

3）在检测故障中除特殊情况外，不能用普通指针式欧姆表测试计算机和传感器，而应使用高阻抗式仪表进行测试。

4）应可靠地连接计算机线束插头，否则会造成计算机内部集成电路等电子元件的损坏。

5）一般不要用测试灯去测试与计算机相连接的电器装置，以防止损坏计算机和传感器。

25. ABS 故障诊断步骤如下（以雷克萨斯 LS400 装用的 ABS 为例）：

1）检查指示灯，在接通点火开关时，ABS 警告灯应亮 3s，否则，应找出组合仪表的故障。

2）检查故障码

① 将点火开关置于“ON”位置，脱开维修连接器。

② 用 SST 连接 TDCL 或检查连接器的端子 T_c 和 E_1。

③ 读出组合仪器上 ABS 警告灯的故障码。若无故障码出现，应检查电路故障。

④ 故障码检查完毕，应脱开检查连接器端子 T_c 和 E_1，并关掉显示器。

3）检查传感器

① 把点火开关置于“OFF”位置，拉紧驻车制动器，用 SST 连接检查连接器端子 T_s 和 E_1，T_c 和 E_1。

② 起动发动机，检查 ABS 警告灯是否闪烁。如果 ABS 警告灯不闪烁，那么

应检查 ABS 警告灯电路。

③ 松开驻车制动器，驾驶车辆一直向前行驶，检查车辆达到一定速度时，ABS 警告灯是否闪烁或持续亮。停车，读出 ABS 警告灯闪烁的次数。如果正常，那么 ABS 警告灯将反复亮 0.125s 和熄灭 0.125s。如果两个或两个以上故障同时显示，那么故障码数字最小的一个将首先显示。

④ 检查完毕后，脱开检查连接器端子 T_s 和 E_1，T_c 和 E_1。

六、计算题

1. 解：项次合格率的计算公式为

$$\beta_0 = \sum_{i=1}^{3} k_i \beta_i$$

将上式展开为

$$\begin{aligned}\beta_0 &= k_1\beta_1 + k_2\beta_2 + k_3\beta_3 = 0.2\beta_1 + 0.6\beta_2 + 0.2\beta_3 \\ &= 0.2 \times 95\% + 0.6 \times 80\% + 0.2 \times 100\% \\ &= 87\%\end{aligned}$$

根据 GB/T15746—2011 规定的等级标准：

项目＼等级	优等	一等	合格	不合格
关键项次合格率 β_3	100%	100%	100%	<100%
综合项次合格率 β_0	$\beta_0 \geqslant 95\%$	$85\% \leqslant \beta_0 < 95\%$	$70\% \leqslant \beta_0 < 85\%$	$\beta_0 < 70\%$

该型车的大修质量为一等。

2. 解：采用轴不加温套加温的镶套方法，那么外套的加热温度为

$$t = \delta_{max} + \Delta/\alpha d + t_0$$

因为 $$p_{max} = [\sigma]\frac{d_2^2 - d^2}{d_2^2 + d^2} = 360 \times \frac{100^2 - 50^2}{100^2 + 50^2}(\text{MPa}) = 216\text{MPa}$$

$$c_1 = \frac{d^2 + d_1^2}{d^2 - d_1^2} - \mu_1 = 1 - 0.3 = 0.7$$

$$c_2 = \frac{d_2^2 + d^2}{d_2^2 - d^2} + \mu_2 = \frac{100^2 + 50^2}{100^2 - 50^2} + 0.3 = 1.97$$

所以 $$\delta_{max} = \left(\frac{c_1}{E_1} + \frac{c_2}{E_2}\right) d p_{max}$$

$$= \frac{0.7 + 1.97}{2.1 \times 10^5\text{MPa}} \times 50\text{mm} \times 216\text{MPa} = 0.137\text{mm}$$

$$\Delta = (0.001 \sim 0.002)d = 0.05 \sim 0.10\text{mm}$$

取 $\Delta = 0.063\text{mm}$

$$t = \frac{\delta_{\max} + \Delta}{\alpha d} + t_0$$

$$= \frac{0.137\text{mm} + 0.063\text{mm}}{11 \times 10^{-6}/℃ \times 50\text{mm}} + 20℃ = 384℃$$

答：镶套时外套的加热温度为 384℃。

3. 解：某型车的年大修生产纲领为：

$$Z = \frac{\sum L_n}{L} - \frac{\sum L_n}{L_a}$$

$$= \frac{5000 \times 8 \times 10^4}{25 \times 10^4} - \frac{5000 \times 8 \times 10^4}{50 \times 10^4}$$

$$= 1600 - 800 = 800(\text{辆})$$

答：该地区该型车年大修生产纲领为 800（辆）。

4. 解：按扩大指标计算面积：$F = f_a Z_a$

（1）求出三项指标相当标准车型的生产纲领

$$Z_{区} = 1500\text{ 辆} + 0.21 \times 1000\text{ 辆} = 1710\text{ 辆}$$

$$Z_{发} = 1500\text{ 台} + 1000\text{ 台} = 2500\text{ 台}$$

$$Z_{架} = 1500\text{ 个}$$

（2）换算成 1.5t 车生产纲领 Z_a

$$Z_{a区} = 1.48 \times 1710 = 2531\text{ 辆}$$

$$Z_{a发} = 1.48 \times 2500 = 3700\text{ 台}$$

$$Z_{a架} = 1.48 \times 1500 = 2220\text{ 个}$$

（3）用插入法求出 f_a

$$f_{a区} = 16.83, f_{a发} = 0.219, f_{a架} = 0.048$$

项目 f_a \ Z_a	2000	2220	2531	3000	3700	4000
区域面积	18.00		16.83	15.80		14.00
发动机间面积	0.28			0.24	0.219	0.21
车架修理间面积	0.05	0.048		0.04		0.03

（4）求出各项建筑面积 F

$$F_{区} = 16.83 \times 2531\text{m}^2 = 42597\text{m}^2$$

$$F_{发} = 0.219 \times 3700\text{m}^2 = 810\text{m}^2$$

$$F_{架} = 0.048 \times 2220\text{m}^2 = 107\text{m}^2$$

答：略

5. 解：用矩阵法解该题，做出矩阵表，求出 T_E（i）和 T_L（i），找出时差 S_t（i）=0 的事件，连接起来，便为关键路线。S_t（1）=0，S_t（3）=0，S_t（5）=0，S_t（6）=0，S_t（7）=0。所以关键路线为①$\overset{7}{\Rightarrow}$③$\overset{4}{\Rightarrow}$⑤$\overset{5}{\Rightarrow}$⑥$\overset{6}{\Rightarrow}$⑦，修理周期为关键路线之长：22h。

最早完工期 $T_{E(i)}$	箭尾 \ 箭头	①	②	③	④	⑤	⑥	⑦
0	①	0	2	7	5			
2	②					3		
7	③				3	4	4	
10	④						5	8
11	⑤						5	8
16	⑥							6
22	⑦							
最迟完工期 $T_{L(i)}$		0	8	7	11	11	16	22

6. 解：汽车大修费用的计算公式为：

$$Q = c\frac{1+\gamma}{1-\beta} = (M+B)\frac{1+\gamma}{1-\beta}$$

$$= (5000\text{元} + 700\text{h} \times 8\text{元/h})\frac{1+0.30}{1-0.05}$$

$$= 10600\text{元} \times 1.368$$

$$= 14500\text{元}$$

答：汽车大修费用为 14500 元。

7. 解：工时定额 t_i 等于批量系数 k_3 乘以 1000 辆生产纲领的工时定额 t_0，即

$$t_i = k_3 t_0$$

（1）求出四种作业的生产纲领

$$Z_{发} = 1500\text{台} + 1000\text{台} = 2500\text{台}$$

$$Z_{变} = 1500\text{台} + 500\text{台} = 2000\text{台}$$

$$Z_{厢} = 1500\text{件} \quad (\text{只和整车有关})$$

$$Z_{焊} = 1500\text{辆} + 0.21 \times 1000\text{辆} + 0.05 \times 500\text{辆} = 1735\text{辆}$$

（2）用插入法求出批量系数 k_3

生产纲领 z_i	1000	1500	1735	2000	2500	4000
批量系数 k_3	1.00	0.96	0.93	0.91	0.88	0.80

$k_{3发}=0.88$，$k_{3变}=0.91$，$k_{3厢}=0.96$，$k_{3焊}=0.93$。

（3）计算各作业时间定额 t_i

$$t_{发} = 0.88 \times 8h = 7.04h$$

$$t_{变} = 0.91 \times 2h = 1.82h$$

$$t_{厢} = 0.96 \times 12h = 11.52h$$

$$t_{焊} = 0.93 \times 25h = 23.25h$$

8. 解：用耐用系数法计算比较

$$C_P \leqslant k_i C_H, 即\ C_P/k_i \leqslant C_H$$

设 C_H 不变，只要比较 C_P/k_i 的大小即可。按耐磨系数 k_1 进行比较：

$$C_{焊}/k_{焊} = 200元/1.00 = 200元$$

$$C_{涂}/k_{涂} = 250元/1.50 = 167元$$

因为 $167 < 200$，所以喷涂修复方法合理。

9. 解：电动机的功率 N 可按切削时的有效功率 N_1 求得，即

$$N = \frac{N_1}{\eta}k$$

已知：$N_1 = 0.44\text{kW}$，$\eta = 0.8$，$k = 1.75$。

所以 $N = 0.44\text{kW}/0.8 \times 1.75 \approx 1\text{kW}$

答：镗销制动鼓机所需的电动机功率为 1kW。

模拟试卷答案

一、判断题

1. ✓　2. ×　3. ×　4. ×　5. ✓　6. ×　7. ✓　8. ×　9. ×
10. ×　11. ✓　12. ✓　13. ✓　14. ×　15. ×

二、选择题

1. A　2. C　3. A　4. B　5. A　6. A　7. B　8. C　9. B
10. B　11. C　12. A　13. B　14. A　15. B　16. C　17. C　18. B
19. C　20. A　21. A　22. B　23. B　24. B　25. C　26. A　27. C
28. A　29. A　30. A　31. B　32. A　33. B　34. A　35. B　36. C
37. B　38. A　39. B　40. B

三、填空题

1. 外界阻力　2. 从动轴（行星齿轮机构的输入轴）　3. 标注原则　4. 诊断　5. 空气流量　6. 电控单元　7. 保证质量　8. 一个班组　9. 数量　10. 劳动时间

四、计算题

解：汽车在修费用的计算公式为

$$Q = c \cdot \frac{1+\gamma}{1-\beta} = (M+B)\frac{1+\gamma}{1-\beta}$$

$$= (5000\text{元} + 700\text{h} \times 8\text{元/h})\frac{1+0.30}{1-0.05}$$

$$= 10600\text{元} \times 1.368$$

$$= 14500\text{元}$$

答：汽车大修费用为 14500 元。

五、简答题

1. 答：画零件工作图的步骤可分为选择比例、选择幅面、画底图、校核、描深、审核六个步骤。

2. 答：影响产品质量的因素有人、设备、材料、加工过程、检测、环境。

六、综合分析题

1. 自动变速器故障诊断步骤如下：

1）进行自动变速器的基本检查，即检查自动变速器的油位是否合适、油质是否合格，自动变速器是否漏油，变速器联动机构及发动机工作状况是否正常等。排除以上自动变速器故障后，再进行下一步诊断。

2）通过手动换挡试验来判断故障是由电子控制系统引起的还是由液压系统引起的。

3）再通过机械试验来区分故障是由机械系统造成的还是由液压系统造成的。

4）最后，采用不同的诊断方法来确定不同系统的具体故障部位。

2. 曲轴箱通风系统的检测步骤如下：

1）检查 PCV 软管及连接处有无漏气、断裂或堵塞现象。

2）起动发动机，使它怠速运转，轻轻地夹住 PCV 阀和进气支管间的软管，此时应听到 PCV 发出“咔哒”的声响。如果没有声响，那么应检查 PCV 阀的垫圈有无损坏，若垫圈正常，则应更换 PCV 阀并重新检测。

参 考 文 献

[1] 关文达，王耀斌. 汽车修理工（技师技能　高级技师技能）[M]. 北京：中国劳动社会保障出版社，2002.

[2] 杨志坚，等. ISO9000 信息行业实践指南 [M]. 北京：国防工业出版社，2004.

[3] 山东省劳动和社会保障厅. 汽车修理工（技师）[M]. 济南：山东科学技术出版社，2003.

[4] 劳动和社会保障部教材办公室. 汽车修理工（初级　中级　高级）[M]. 北京：中国劳动社会保障出版社，2003.

[5] 冯渊. 电控发动机维修 [M]. 北京：机械工业出版社，2002.

[6] 赵良红. 汽车底盘电控技术 [M]. 北京：机械工业出版社，2001.